W0240004

Gabriele Metz

Pferde A–Z

Was Pferdefreunde wissen wollen

KOSMOS

Pferdewissen

Wussten Sie,

- *dass Murgesi auf wertvolle Berberrappen aus kaiserlicher Zucht zurückgehen?*
- *dass im Zweiten Weltkrieg 2,7 Millionen Pferde umkamen?*
- *dass Quarter Horses die Rasse mit den meisten Pferden weltweit sind?*
- *dass die Körpertemperatur des Pferdes bei Belastung auf bis zu 40 Grad ansteigen kann?*

Nein? Dann sollten Sie unbedingt weiter lesen, denn dieses Lexikon enthält viele spannende Informationen rund ums Pferd. Dabei kommen „alte Hasen" genauso auf ihre Kosten wie Neueinsteiger.

Sie halten 192 Seiten geballtes Pferdewissen in den Händen. Wenn Sie alles an einem Stück durchgelesen haben, ist Ihr Kopf voller Informationen. Vielleicht sogar so voll, dass Sie sich gar nicht mehr an alles erinnern können. Das ist aber nicht schlimm. Denn „Pferde A – Z" versteht sich nicht nur als unterhaltsame Lektüre für Pferdefreunde, sondern auch als klassisches Nachschlagewerk.

Wenn Sie selbst ein Pferd besitzen, bewahren Sie dieses Lexikon am besten in Ihrem Sattelschrank auf. Dann ist es immer greifbar, wenn gerade eine brennende Frage aufkommt. Bestimmt gibt dieses Buch auch Anlass zu angeregten Diskussionen. Denn längst nicht jeder Pferdekenner weiß in allen Bereichen gleich gut Bescheid.

Vielleicht ist „Pferde A – Z" für Sie aber auch die erste Annäherung an ein Hobby, das Sie vermutlich nie mehr loslässt, der Einstieg in die Pferdehaltung, der erste Schritt zum eigenen Pferd. Damit Sie hierfür gerüstet sind, vermittelt dieses Lexikon auch Basiswissen, zum Beispiel Fakten über den Körperbau, die Farben und Organe des Pferdes. Aber auch die Körpersprache wird erklärt, denn die sollten Sie auf jeden Fall richtig verstehen, bevor Sie das Abenteuer „eigenes Pferd" wagen.

Die Lese-Reise führt Sie auch zu den berühmtesten Gestüten, zu den beliebtesten und auch zu ganz seltenen Pferderassen. Die neusten Erkenntnisse zur Ernährung und Haltung von Pferden finden sich hier ebenso wie verblüffende Erkenntnisse zum Sozialverhalten.

Informieren Sie sich, wie man Pferde gesund erhält. Erfahren Sie Wissenswertes über Krankheiten, angefangen von Arthritis und Chips über Infektiöse Anämie, Kissing Spines und das West Nile Virus bis hin zu Zahnproblemen und Zwanghufen. Dieses Lexikon greift die wichtigsten Krankheiten auf und hilft, sie rechtzeitig zu erkennen und vorzubeugen.

Um Vorbeugung geht es auch in anderen Bereichen, um das Vermeiden von Ärger und rechtlichen Konsequenzen, um genau zu sein. Denn damit müssen Pferdehalter rechnen, die sich beispielsweise nicht mit Equidenpässen, der EU-Transportverordnung, Ankaufsuntersuchungen und Pferdegutachtern auskennen. Nach der Lektüre von „Pferde A – Z" dürften viele Fragen beantwortet sein.

Und haben Sie keine Angst vor trockenem Lehrstoff: Dieses Lexikon ist anschaulich gestaltet, didaktisch gut aufbereitet und dabei unterhaltsam und verständlich geschrieben. Dabei vermittelt es bewährtes und hoch aktuelles Wissen, auf das kein Pferdefreund verzichten sollte.

Ich wünsche Ihnen viel Spaß beim Schmökern.

Herzlichst, Ihre

Pferde A – Z

Aalstrich

Ein vom Widerrist bis zum Schweifansatz verlaufender Fellstreifen, der dunkler ist als die übrige Fellfarbe. Der Aalstrich zieht sich entlang der Wirbelsäule und gilt als Überbleibsel der Tarnfarbe verschiedener Wildpferderassen. Dülmener Wildpferde, Fjordpferde, Sorraias, Przewalski-Pferde und ähnliche Rassen zeigen Aalstriche, die durch das Falb-Gen entstehen und angeboren sind.

Typisch bei Dülmener Wildpferden: der Aalstrich.

Abfohlen

Nach durchschnittlich elf Monaten Trächtigkeit steht die Geburt des Fohlens an: Die Stute fohlt ab.

Vier bis sechs Wochen vorher schwillt das Euter der Stute an. In der letzten Woche vor dem Abfohlen sind meistens Harztropfen an den Euterspitzen zu sehen. Kurz vor der Geburt tropft oft Milch zu Boden. Nervosität, Ruhelosigkeit, Schwitzen, Scharren, Hinlegen sowie Kot- und Urinabsatz sind Anzeichen für das Einsetzen der Wehen.

Die meisten Stuten legen sich zum Abfohlen hin. Zuerst erscheint die Wasserblase, die den Geburtskanal dehnt. Dann folgt die Fruchtblase, in der das Fohlen mit nach vorne gestreckten Beinen und darauf ruhendem Kopf liegt.

Sobald das Fohlen geboren ist, steht die Stute auf, wobei Eihäute und Nabelschnur reißen. Bleiben die Eihäute geschlossen, muss man sie aufreißen, damit das Fohlen atmen kann. Schleim an Nüstern und Maul sollte man ebenfalls entfernen.

Die Nachgeburt fällt bis spätestens zwei Stunden nach dem Abfohlen von allein ab. Geschieht das nicht, sollte man den Tierarzt rufen.

Abkürzungen

a. d.	*aus der (Stute, Mutter des Pferdes)*
DOKR	*Deutsches Olympiade-Komitee für Reiterei*
FEI	*Fédération Equestre Internationale, Dachverband aller nationalen reiterlichen Vereinigungen*
FN	*Deutsche Reiterliche Vereinigung (Fédération Equestre Nationale)*
ox	*Arabisches Vollblut*
v.	*von (Vater des Pferdes)*
x	*Anglo-Araber*
xx	*Englisches Vollblut*

Absetzer

Ein Saugfohlen, das von seiner Mutter getrennt wird und sich zukünftig nicht mehr von Milch, sondern von Saft-, Rau- und Kraftfutter ernährt.

Die Trennung erfolgt frühestens mit dem sechsten Lebensmonat. Wildpferde schlagen ihr Fohlen erst wenige Tage vor der Geburt des nächsten ab, das heißt, sie dulden das Fohlen nicht mehr in ihrer Nähe.

Abstammungspapiere

Pferde und Ponys, die aus anerkannten Zuchten stammen oder von einem Zuchtverband anerkannt werden, haben einen Abstammungsnachweis – auch > *Pedigree* genannt. Darin finden sich Auskünfte über die Vorfahren des Pferdes, sein Geburtsdatum, seine Farbe und Geschlecht sowie > *Abzeichen.* Name und Anschrift des Besitzers werden im Abstammungsnachweis eingetragen.

Abzeichen am Kopf *von links nach rechts: Flocke, Stern, Blesse, Schnippe, Laterne*

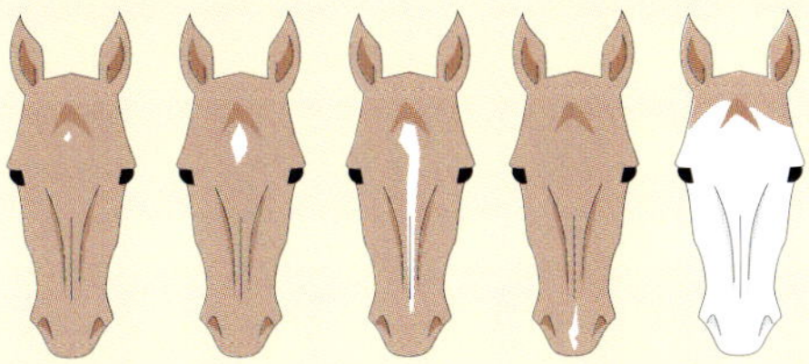

Abzeichen an den Beinen *von links nach rechts: weißer Vorderballen, weiße Vorderkrone, weiße Vorderfessel, halbweißer Vorderfuß, weißer Hinterfuß, weißes Hinterbein*

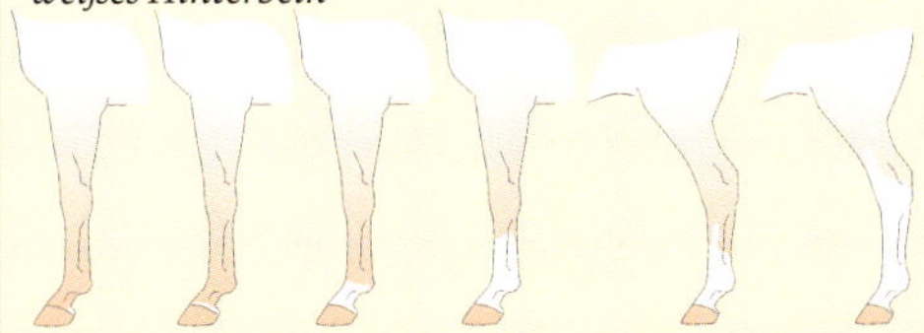

Abzeichen

Sie sind der Fingerabdruck des Pferdes und machen es unverwechselbar.

Keines der angeborenen Merkmale des Haarkleids ist identisch – ganz gleich, ob es markante dunkle Stellen oder auffällige weiße Flecken sind.

Zu den dunklen Abzeichen gehören > *Aalstriche* (Querstriche, die vom Widerrist aus hinunter zu den Schultern verlaufen) oder Zebrastreifen, die sich vor allem bei ursprünglichen Pferderassen an den Außenseiten der Vorder- und Hinterbeine finden.

Helle Abzeichen bestehen dagegen aus weißem Fell auf rosafarbener Haut. Sie zieren hauptsächlich den Kopf und den unteren Beinbereich, außer bei Schecken, die am ganzen Körper Abzeichen zeigen.

Brandzeichen und vernarbte Druckstellen sind auch Abzeichen – allerdings erworbene, keine angeborenen.

Achal-Tekkiner

Achal-Tekkiner zählen zu den ältesten Pferderassen überhaupt. Sie wurden nach ihrem Ursprungsgebiet – den Achal Teke-Oasen Turkmenistans – benannt.

Die kargen Lebensbedingungen schufen ein extrem widerstandsfähiges und sehr ausdauerndes Pferd, das sich im Distanzsport gut behauptet. Achal-Tekkiner werden auch im Rennsport eingesetzt.

Die zwischen 1,50 und 1,60 Meter Stockmaß großen Rappen, Braunen, Füchse, Falben und Schimmel zeigen insgesamt ein recht uneinheitliches > *Exterieur.* Auffällig ist, dass sie Merkmale haben, die bei vielen anderen Rassen unerwünscht sind: sehr lange Rücken, schwache Lenden, extrem hoch angesetzte, dünne Hälse und auch eine kuhhessige Gliedmaßenstellung sind bei Achal-Tekkinern oft zu sehen.

In ihrer Heimat leben die mit viel Raumgriff ausgestatteten Pferde in großen Herden. Liebhaber der Rasse schätzen die Trittsicherheit, Nervenstärke und Langlebigkeit der galoppierfreudigen Turkmenen.

Aegidienberger

Islandpferde und Paso Peruanos bilden die Basis der Aegidienberger-Zucht, die in Nordrhein-Westfalen entstand. Walter Feldmann und sein gleichnamiger Sohn wollten ein Gangpferd züchten, das die rasante Geschwindigkeit des Islandpferdes bewahrt, durch den Einfluss des Pasos aber einen besseren Tölt und mehr Größe aufweist. Die Robustheit und die Leichtrittigkeit des Islandpferdes sollte dabei erhalten bleiben.

Um ihr Ziel zu erreichen, verpaarten die Feldmanns ihren Paso Peruano-Hengst El Paso mit Islandstuten. Die Nachzucht (F1-Generation), größere elegante Naturtölter, wurden mit Islandpferden rückgekreuzt. Und das daraus entstandene Pferd (R1-Generation) wiederum mit der F1-Generation angepaart. Schließlich entstanden innerhalb von drei Generationen Pferde, die zu $^5/_8$ isländisches und zu $^3/_8$ peruanisches Blut führten. Nun war es möglich, den neuen Rassetyp ohne Fremdblut weiterzuzüchten. Alle weiteren Anpaarungen erfolgten innerhalb des neuen Bestandes.

Das Feldmann-Projekt scheint geglückt. Das belegt auch die offizielle Anerkennung der Rasse Aegidienberger durch das Rheinische Pferdestammbuch und zahlreiche Zuchtverbände. Die Idealgröße liegt zwischen 1,48 und 1,52 Meter Stockmaß.

Aggression > *Verhalten*

Abwehrverhalten des Pferdes, das sich durch eine eindeutige Körpersprache äußert. Hierzu gehören angelegte Ohren, ein schief gelegter Kopf, gebleckte Zähne, Beißen, Schweifschlagen, nach vorne Springen oder auch Austreten. Aggressionsverhalten dient der Abwehr oder auch dem Angriff.

Albino > *Farben*

Echte Albinos sind Pferde, die mit einem Gendefekt auf die Welt kommen und extrem wenig Pigmente haben. Sie gelten als krankheitsanfällig und kurzlebig. Typisch sind rote Augen, rosafarbene Haut und helles Fell. Der Begriff Albino wird allerdings auch für Pferde verwendet, die nicht unter Albinismus leiden, sondern einfach nur sehr hell sind.

Allergie

Nicht nur Menschen leiden unter übertriebenen Abwehrreaktionen des Immunsystems, sondern auch Pferde. Wenn Schleimhäute, die Atemwege, die Haut oder der Verdauungstrakt auf eigentlich völlig harmlose Umweltstoffe mit Problemen reagieren, leidet das Pferd an einer Allergie. Hauptauslöser sind schimmeliges Heu, altes oder falsch gelagertes Kraftfutter, zu schnelles Anweiden im Frühjahr, Insekten und Insektenabwehrsprays sowie Medikamente. Zu den häufigsten Symptomen gehören Quaddeln, Hautknötchen, Augen- und Nasenausfluss und Durchfälle. Allergien müssen fachkundig behandelt werden.

Altér-do-Chão > *Altér Real*

Ein Aegidienberger-Hengst. Die Rasse entstand aus der Kreuzung von Paso Peruanos mit Islandpferden.

Altér Real

Das Altér-do-Chão-Gestüt in der portugiesischen Alentejo-Provinz ist die Keimzelle des Altér Real-Pferdes. Mit dem ebenfalls aus Portugal stammenden Lusitano darf man den Altér Real allerdings nicht gleichsetzen, denn er ist eine eigenständige Rasse, die sich durch Intelligenz, Sensibilität und Eigenwilligkeit auszeichnet.

Große, ausdrucksvolle Augen und ein kleiner trockener Kopf mit einem leichten Ramsprofil gelten als rassetypisch. Ein schön geschwungener Hals mit einem ausgesprochen leichten Genick schafft die besten Voraussetzungen für eine natürliche Aufrichtung.

Es ist ein Vergnügen, die athletisch und doch elegant wirkenden Pferde mit ausbalancierten Bewegungen und einer spektakulären Knieaktion über den Sandplatz „fliegen" zu sehen. Alles an ihnen ist prädestiniert für die Hohe Schule. Auch als Stierkampfpferd genießt der durchschnittlich 1,52 bis 1,63 Meter Stockmaß große, überwiegend braune Altér Real einen hervorragenden Ruf.

Vor über 250 Jahren erfolgte in Vila de Portel die Grundsteinlegung des ehemaligen Hofgestüts, das 1756 nach Altér do Chão verlegt wurde und heute portugiesisches Nationalgestüt ist. Als Grundlage der Zucht dienten 50 handverlesene Andalusier-Stuten aus dem renommierten Gebiet rund um Jerez de la Frontera. Dem Gestüt oblag die Aufgabe, den Lissabonner Hof mit exzellenten Reit- und Fahrpferden zu versorgen. Dort benötigte man durchschnittlich einen Bestand von 150 Pferden.

Die Blütezeit der Zucht endete mit der Besetzung durch den französischen Kaiser Napoléon Bonaparte (1807). Auch die Besetzung durch die Briten (1808–1814) fügte dem Gestüt großen Schaden zu. Die Franzosen beschlagnahmten die wertvollsten Pferde. Man versuchte, die Verluste u.a. durch die Einkreuzung von Arabern und Vollblütern auszugleichen, aber es gelang nicht, die Qualität des Altér Real-Pferdes wiederzuerlangen.

Den traditionellen Prinzipien ist man bis heute treu geblieben: Für die Zucht werden in Altér do Chão ausschließlich Hengste zugelassen, die ihre Qualitäten unter den prüfenden Augen der „Escola Portuguesa de Arte Equestre" unter Beweis stellen konnten.

Rittigkeit und die Veranlagung zur Hohen Schule sind die wichtigsten Kriterien des Altér Reals und machen den Weltruf dieses Pferdebestands aus.

Altersbestimmung

Wie alt können Pferde werden? Theoretisch bis zu 40 Jahre und mehr, allerdings ist das nur selten der Fall. Bei Ponys liegt die durchschnittliche Lebenserwartung bei 25 bis 30 Jahren, bei Großpferden bei 20 bis 25 Jahren. Das Alter hinterlässt Spuren, die bei Pferden jedoch längst nicht so ausgeprägt sind wie bei Menschen. Dass ein kleines Fohlen noch nicht erwachsen ist, sieht jeder – aber die richtige Alterseinschätzung eines ausgewachsenen Pferdes ist sehr viel schwieriger.

Der Kopf bietet Anhaltspunkte: Weiche Konturen sind typisch für junge Pferde, mit zunehmendem Alter verlaufen diese Konturen oft markanter. Aber es gibt auch Ausnahmen: Manche Rassen haben auch in jungen Jahren bereits knochige, trockene Köpfe. Auch tiefe Augengruben verraten ein fortgeschrittenes Alter. Manchmal sind sie jedoch auch die Folgen von Stress oder Krankheit. Glanzlose Augen gehören ebenfalls zum gängigen Klischee des alten Pferdes, aber sie kommen ebenso oft bei jüngeren Pferden vor wie glänzende Augen bei vierbeinigen Senioren. Da sind die weißen Stichelhaare, die sich erst über den Augenbögen zeigen und sich dann immer weiter ausbreiten, schon verräterischer. Weitere Alterszeichen sind an Hängebrücken erinnernde Senkrücken, hängende Unterlippen und steife Gliedmaßen. All das kann aber auch ganz andere Ursachen haben.

Relativ untrügliche Hinweise liefern vor allem die Zähne des Pferdes, zumindest bis zum elften Lebensjahr. Danach wird es auch

Natürliche Zahnpflege

Pferdezähne müssen nicht mit Bürste und Zahnpasta geputzt werden. Dennoch hilft regelmäßige Pflege, sie gesund zu erhalten. Dabei ist eine artgerechte Ernährung das A und O. Viel Raufutter mit hartem Halm, Knabbermöglichkeiten (z. B. nicht splitternde, ungiftige Hölzer) und regelmäßige Zahnkontrollen durch den Tierarzt runden das Service-Paket für gepflegte Zähne ab.

Was die Zähne über das Alter des Pferdes verraten

Geburt: *drei Milchbackenzähne*

Ende der 1. Lebenswoche: *Durchbruch der inneren Milchschneidezähne*

6. Lebenswoche: *Durchbruch der danebenliegenden Milchmittelzähne*

2 Jahre: *Wechsel der Zangen, Wechsel des ersten und zweiten Backenzahns*

3 Jahre: *Wechsel der Mittelzähne und des dritten Backenzahns*

4 Jahre: *Wechsel der Eckschneidezähne*

5 Jahre: *Der Zahnwechsel ist abgeschlossen.*

6 Jahre: *Hakenzähne sind spitz, an den Zangen des Unterkiefers sind keine Kunden mehr zu sehen.*

7 Jahre: *Die Kunden der unteren Mittelschneidezähne verschwinden.*

8 Jahre: *Die Kunden der Eckschneidezähne sind nicht mehr zu erkennen, die Hakenzähne werden stumpf.*

bei dieser Möglichkeit kompliziert. Die Bestimmung des Alters erfolgt zuerst anhand des Durchbruchs der Zähne, später durch Beobachtung des Zahnwechsels, der Abnutzung und Stellung der Zähne. Auch ihre Form lässt Rückschlüsse auf das Alter zu.

Alt-Kladruber > *Kladruber*

American Saddlebred

American Saddlebreds sind auch als American Saddle Horses bekannt. Ursprünglich war das Zuchtziel ein vielseitiger Allrounder. Inzwischen konzentriert man sich auf Show-Qualitäten: Brillanz und spektakuläre Gänge sind gefragt. Diese werden durch extrem lange Hufe forciert. Der hoch getragene Kopf ist rassetypisch. Die 1,51 bis 1,63 Meter Stockmaß großen Pferde sind meistens Braune oder Füchse.

American Saddlebreds entstanden auf der Basis importierter Reit- und Fahrpferde unterschiedlicher Herkunft. Später wurden auch englische Pferde mit vielseitigen Fähigkeiten in die Zucht eingebracht. Rassen mit extrem hoher Knieaktion förderten den 4-Takt-Tölt, den Slow Gait und den Rack. Englische Vollblüter und Morgan Horses veredelten die Rasse. Der Englische Vollblut-Hengst Gaines Denmark (geb. 1851) prägte eine der wichtigsten Saddlebred-Blutlinien.

Das Zuchtgeschehen konzentrierte sich von Anfang an in den Südstaaten Kentucky und Virginia. Man schätzte Pferde mit bequemen Gängen, die keinerlei Erschütterungen des Reiters verursachen. Auch auf Ausdauer wurde bei der strengen Zuchtauslese geachtet. Hierdurch entstanden nicht nur elegante Reit-, sondern auch hervorragende Fahrpferde.

Andalusier

Wie Andalusier zu ihrem Namen kamen, ist interessant. Denn entgegen der verbreiteten Meinung hat er nicht direkt mit der spanischen Provinz zu tun. Der Ursprung des Namens ist im 8. Jahrhundert zu suchen. Als die Sarazenen einfielen, nannten sie die Iberische Halbinsel „Al Andalus“ und meinten

Edle spanische Pferde begeistern durch schöne Bewegungen und herrliches Langhaar.

damit Vandalus, Vandalenland. Später bezeichnete man mit Andalusien tatsächlich eine bestimmte Region, in der sich mehrere Klöster im 16. Jahrhundert auf die Zucht hochedler Pferde spezialisierten. Man strebte nach einem vollkommenen Ross – zu Ehren Gottes und um die spanische Kavallerie auszurüsten. Dies war auch die Zeit, in der Andalusier die Entstehung europäischer Warmblutzuchten beeinflussten. Berühmte Gestüte wie > *Lipizza*, > *Kladrub* und > *Frederiksborg* wurden mit Pferden aus spanischer Zucht gegründet.
1912, als die Einführung des nationalen Gestütsbuchs erfolgte, erkannte man, dass die Bezeichnung Andalusier den spanischen Pferden, die nicht in der gleichnamigen Provinz gezüchtet wurden, kaum gerecht wurde. Es kam zur offiziellen Rassebezeichnung Pura Raza Española (PRE).
Das Stutbuch wird heute vom spanischen Verteidigungsministerium verwaltet. Nur hier eingetragene Pferde sind zur Zucht zugelassen und dürfen als PRE bezeichnet werden. Jerez de la Frontera und Sevilla gelten als Zuchthochburgen.
PRE steht für harmonisch gebaute Pferde mit gerundeten Formen. Ein guter Spanier sollte zwischen 1,55 und 1,62 Meter Stockmaß groß, muskulös und athletisch sein.
Das spanische Pferd ist nicht nur extrem lern- und leistungsfähig, sondern auch ausgesprochen willig. Dank Intelligenz und Auffassungsgabe lernen Andalusier schnell. Ein guter Ausbilder kann diese Pferde bis zu den schwersten Klassen der Dressur ausbilden. Aber auch vor der Kutsche machen die mit Berberpferden verwandten Südeuropäer eine Top-Figur. Nicht zu vergessen beim Rejoneo, dem spanischen Stierkampf.
Schimmel erfreuen sich besonderer Beliebtheit. Gleich danach kommen braune Andalusier, und manchmal sieht man auch Rappen, Falben und Mausfalben. Füchse und auch Schecken werden nicht ins Stutbuch eingetragen, weil sie als nicht reinrassig gelten. Dabei soll es früher gescheckte Andalusier gegeben haben. Diese verschwanden im Zuge der Napoleonischen Kriege aus Spanien: Der französische Kaiser ließ alle gescheckten Pferde erbeuten.

Anglo-Araber

Englische Vollblüter und Vollblutaraber bilden die Basis der Anglo-Araber-Zucht, die Anfang des 19. Jahrhunderts entstand, als die französische Regierung nach Pferden für die Kavallerie suchte. Das Gestüt Pompadour galt lange als Zentrum der Zucht. Die Gründung des französischen Stutbuches erfolgte 1823.
Anglo-Araber gelten als älteste Sportpferderasse Frankreichs und stehen heute im Typ des modernen Sportpferdes. Mit bis zu 1,65 Meter Stockmaß fallen sie von der Größe her nicht aus dem Rahmen, wenn sie sich mit Warmblutrassen wie Hannoveranern oder Holsteinern messen. Ihre Eleganz und Ausdruckskraft überzeugen. Das Vollblutaraber-Blut sorgt für edle Köpfe und ein feuriges und doch zügelbares Temperament.
Vielseitigkeitsreiter schätzen die elastische Bewegungsmechanik der Anglo-Araber, ihre raumgreifende, flache Galoppade, ihr hervorragendes Springvermögen und ihren Leistungswillen.

In der Vielseitigkeit sind Anglo-Araber sehr erfolgreich. Die modernen Sportpferde haben eine besonders raumgreifende Galoppade.

Anglo-Normanne

Die alte Rasse stammt ursprünglich aus der Normandie. Dort entstanden zwei recht unterschiedliche Typen: eine Warmblutlinie, aus der die Rasse Selle Français hervorging, und eine in Richtung Kaltblut tendierende Linie, der Cob Normand.

Ankaufsuntersuchung

Vertrauen ist gut, Kontrolle ist besser. Vor dem Kauf eines Pferdes sollte stets eine gründliche Untersuchung durch einen unabhängigen Tierarzt erfolgen. Wichtig: Das Pferd vorher nicht reiten oder frei laufen lassen. Manche Erkrankungen sind nach dem „Einlaufen" nicht mehr gut zu sehen.

Zu einer Ankaufsuntersuchung gehört eine Überprüfung des Allgemeinzustandes, des Atemsystems und der Gliedmaßen, sowohl im Ruhezustand als auch nach Belastung. Röntgen, Ultraschallaufnahmen, Blutbilder und andere tierärztliche Leistungen sind in Einzelfällen sinnvoll.

Je nach Aufwand belaufen sich die Kosten für eine Ankaufsuntersuchung auf durchschnittlich 200 bis 500 Euro. Ob diese Kosten der Käufer oder der Verkäufer trägt oder ob beide sich die Kosten aufteilen, sollte vor dem Tierarztbesuch geklärt werden. Üblicherweise bezahlt der Käufer den Tierarzt, wenn die Ankaufsuntersuchung ohne Befund verlief, der Verkäufer übernimmt die Kosten, wenn die Untersuchung Mängel aufdeckt. Eine gesetzliche Grundlage hierfür gibt es nicht.

Apfelschimmel › *Farben*

Apfelgroße, runde Flecken zieren das ansonsten weiße Fell des Apfelschimmels. Jungpferde haben hell- bis dunkelgraue, ältere Pferde deutlich hellere Flecken.

Appaloosa

Jeder der weltweit rund 670.000 Appaloosas ist ein Unikat. Die Farbvielfalt ist somit das wichtigste Merkmal der Appaloosa-Zucht. Auch eine weiß umrandete Iris und vertikal gestreifte Hufe gehören zum Steckbrief. Das Idealstockmaß liegt zwischen 1,42 und 1,65 Meter. Nervenstärke, Trittsicherheit und Robustheit zeichnen Appaloosas aus.

Die Nez Percé gelten als erste Indianer überhaupt, die selektive Pferdezucht betrieben. Sie lebten entlang des Palouse Rivers, der zur Rassebezeichnung Appaloosa beitrug. 1877 wurden sie und ihre Pferde durch General Howard aus ihrer Heimat vertrieben. Auf dem unmenschlichen Weg ins Reservat starben viele Stammesmitglieder und insgesamt rund 900 Pferde. Es kam zum Krieg, die Indianer konnten gegen die weiße Übermacht nichts ausrichten und flohen mit ihren bunten Pferden über 2.500 Kilometer weit Richtung Kanada. Kurz vor der Grenze ergriff sie die Armee und beschlagnahmte alle Appaloosas.

Hier sind deutlich die kreisrunden hellen Flecken zu erkennen, die Apfelschimmel auszeichnen. Mit dem Alter werden die Flecken immer heller.

Jeder Appaloosa hat eine andere Farbe. Einst von den Indianern gezüchtet, gehört die amerikanische Rasse heute zu den populärsten Pferden der USA.

Viele Amerikaner hatten den menschenunwürdigen Treck aufmerksam verfolgt. Dementsprechend groß war das Interesse an den robusten Pferden. Die Armee versteigerte sie und erzielte Höchstpreise. Der Rasse kam das leider nicht zugute. Die Pferde wurden in alle Winde zerstreut und willkürlich verpaart.
Dank des Engagements einiger weniger Züchter starb die Rasse nicht aus. Heute gehören Appaloosas zu einer der am stärksten vertretenen Rassen überhaupt.

Araber

Die arabische Rasse unterteilt sich in > *Vollblutaraber*, > *Shagya-Araber*, > *Anglo-Araber* und > *Arabische Halbblüter*.

Araberknick

Wenn Pferde eine mehr oder weniger stark nach innen gebogene Nasenlinie haben, nennt man das Araberknick. Warum? Weil die konkave Linie bei Vollblutarabern am stärksten ausgeprägt ist.
Es gibt aber auch andere Rassen, die einen leichten Araberknick zeigen und somit ebenfalls einen Hechtkopf haben – z. B. Welsh A-Ponys. Das liegt am Einfluss der arabischen Vorfahren.

Arabisches Halbblut

Im Grunde genommen sind Arabische Halbblüter keine eigenständige Rasse. Weil Kreuzungen aus Arabern und anderen Rassen aber gefragt sind, ergänzte der Verband der Züchter und Freunde des Arabischen Pferdes (VZAP) sein Rasse-Portfolio um die Rassegruppe Arabisches Halbblut.
Die Basis der Arabischen Halbblut-Zucht bilden überwiegend Pferde, die aus der Verpaarung von Vollblutaraber-Hengsten mit Stuten anderer Rassen entstanden. Oft ist bei den zur Zucht eingesetzten Stuten bereits ein Anteil arabischen Blutes vorhanden. Besonders gerne werden Reitponystuten genommen, wobei auch viele andere Rassen in Frage kommen.
Inzwischen gibt es unter anderem Araber-Pintos (Schecken x Araber) Araappaloosas (Appaloosa x Araber), Quarabs (Quarter Horse x Araber) und in den USA auch Pintabians (Pintos x Araber). Trotz der Vielfalt ist Rittigkeit ein wesentliches Kriterium der Zucht. Deshalb wird beim Arabischen Halb-

Vollblutaraber haben eine konkave Nasenlinie. Der sogenannte Hechtkopf wirkt besonders elegant.

Es gibt keine gescheckten Vollblutaraber, dafür aber wunderschöne, bunte Arabische Halbblüter. Rittigkeit und ein korrektes Fundament sind erklärte Zuchtziele.

blut auf ein korrektes Fundament und gute Gänge geachtet. Man ist bemüht, Pferde zu züchten, die dem Menschen vertrauen, nicht zu Hysterien neigen und alle Voraussetzungen mitbringen, die ein gutes Freizeit- oder Sportpferd braucht. Die Eleganz des arabischen Pferdes darf dabei natürlich nicht verloren gehen.

Arabisches Vollblut > *Vollblutaraber*

Ardenner
Eine aus den Ardennen stammende Kaltblutrasse, die früher in der Landwirtschaft zum Einsatz kam und heute überwiegend für den Fleischhandel gezüchtet wird.
Schimmel, Braune und Füchse kommen am häufigsten vor. Das durchschnittliche Stockmaß der stämmigen Zugpferde liegt zwischen 1,55 und 1,62 Metern. Ardenner werden vor allem in Frankreich, Belgien und Luxemburg gezüchtet.

Arthritis
Eine Gelenkentzündung und gleichzeitig eine der häufigsten Erkrankungen des Sportpferdes. Überlastung, stoffwechselbedingte Einflüsse, Toxine und Bakterien können am Krankheitsbild mitbeteiligt sein.

Arthrose
Eine chronisch deformierende Gelenkentzündung. Knochen, Knorpel und Gelenkkapsel unterliegen deformierenden Änderungen, die durch Alter, Überlastung, Schwäche oder Vererbung bedingt sein können.
Arthrose beginnt mit einem Abbau der Knorpelsubstanz, die schließlich in einem vollständigen Abbau des Knorpels resultiert. Im Zuge dieser Entwicklung kann es zu Entzündungen der Knochenhaut und der Knochenkapsel kommen. Abgesehen von der primären, chronisch deformierenden Gelenkentzündung, kann auch die sekundäre Form auftreten, die meistens durch eine Verletzung oder eine eitrige Entzündung ausgelöst wird.
Altersarthrose verläuft anfangs recht unauffällig. Entzündungen und damit zusammenhängende Lahmheiten des Pferdes machen den Besitzer dann früher oder später auf das Problem aufmerksam.
Oft sind die Zehengelenke in Form einer Huf-, Kron- oder Fesselgelenksschale betroffen. Im Bereich des Sprunggelenks bezeichnet man diese Erkrankung als > *Spat*. Eine Arthrose sollte vom Tierarzt behandelt werden, um dem Pferd Schmerzen zu ersparen. Die Heilungs- und Behandlungschancen hängen vom individuellen Zustand des Pferdes ab.

Ataxie
Eine Störung der Bewegungskoordination. Meistens liegt die Ursache im Zentralnervensystem.

Atmung > *PAT-Werte*
Durchschnittlich neun bis 16 Mal pro Minute atmet ein Pferd im Ruhezustand. Bei Belastung steigt die Atemfrequenz auf bis zu 70 Atemzüge pro Minute an.

Auge
Die Augen sind angeblich der Spiegel der Pferdeseele. An allererster Stelle haben sie aber einen praktischen Wert: Pferde sind Fluchttiere. Deshalb sind die Augen für sie die wichtigsten Sinnesorgane. Ohne sie wäre es unmöglich, die Umgebung zu beobachten und blitzschnell zu reagieren, wenn Gefahr droht. Die seitliche Lage der Augen ermöglicht es dem Pferd, auch von hinten nahende Verfolger zu sehen. Doch der Rundumblick ist nicht perfekt. Dinge, die sich ganz dicht vor dem Pferd oder direkt hinter ihm befinden, kann es nur durch Drehen des Kopfes sehen.
Farbenblind sind Pferde übrigens nicht. Allerdings können sie Farben wie Braun, Grün und Grau nicht so gut voneinander unterscheiden wie Weiß, Rot oder Gelb.

Ruhiger Freizeitpartner oder nervöses Hemd? Kenner blicken ins Auge des Pferdes und sehen dort so einiges.

Auktion
Pferde, Kaufinteressenten und ein Mann mit einem kleinen Holzhämmerchen gehören typischerweise zu einer Auktion. Wer gute Pferde sucht, ist vor Ort, wenn Zuchtverbände zu sogenannten Eliteauktionen laden. Das System ist einfach: Wer am meisten bietet, bekommt den Zuschlag und damit das Pferd.

Auskeilen
Die Hufe sind neben den Zähnen die wichtigsten „Waffen“ des Pferdes. Meistens kommen die Hinterhufe zum Einsatz, manch-

mal – und gerade bei Hengsten – aber auch die Hufe der Vorderbeine. Beim Auskeilen tritt das Pferd mit einem oder zwei Hufen zielgenau nach etwas. Die Gründe hierfür sind vielfältig: Abwehr, Dominanz, Übermut. Doch ganz gleich, was die Ursache für die tief fliegenden Hufe ist: Auf jeden Fall sollte man Abstand halten. Denn der Tritt eines Pferdes schmerzt nicht nur sehr, er kann sogar tödlich sein.

Ausschachten
Stuten spielen hierbei eine eher nebensächliche Rolle, denn Ausschachten können nur Hengste und Wallache. Allerdings sind

Dieser PRE-Hengst lässt die Hufe vor Übermut fliegen. Auskeilen kann jedoch auch eine Abwehrreaktion sein oder dem Angriff dienen.

Stuten oft der Auslöser: Als Ausschachten bezeichnet man es, wenn der ansonsten gut versteckte Penis des männlichen Pferdes zum Vorschein kommt. Aber auch Wohlbefinden und Harnlassen sind typische Anlässe fürs Ausschachten.

Ausschuhen

Schwere Huferkrankungen oder Verletzungen können zum Ablösen der Hornkapsel vom Fußskelett führen. Für das betroffene Pferd ist das meistens ein Todesurteil. Es gibt Behandlungsansätze, die jedoch höchst problematisch sind. Sollte die Hornkapsel nachwachsen, kann es zu Deformationen kommen.

Ausstrahlung

Manche nennen es den „Look at me"-Effekt, andere Präsenz, meistens ist jedoch von Ausstrahlung die Rede. Gemeint ist dasselbe: ein Pferd, das sofort alle Blicke auf sich zieht. Das hat mit einem feurigen Augenausdruck zu tun und mit weit geblähten Nüstern. Auch ein stolz gewölbter Hals und schwungvolle Gänge tragen zur Ausstrahlung bei.

Axthieb

Wenn die Oberlinien von Hals und Rücken nicht sanft fließend ineinander übergehen, sondern an genau dieser Stelle eine tiefe Kerbe prangt, hat das Pferd einen Axthieb. Gewalteinwirkungen sind hieran jedoch nicht schuld, sondern z. B. besonders hohe Dornfortsätze am Widerrist.

Ein edler Kopf, ein geschwungener Hals und raumgreifende Bewegungen verleihen einem Pferd Ausstrahlung.

Ballen

Zu jedem Pferdebein gehört ein Ballen. So nennt man den Bereich, der sich oberhalb der Rückseite des Hufes befindet. Die Ballen sind nicht durch Hufhorn geschützt, sondern mit Haut und Fell überzogen. Das macht sie recht empfindlich für Verletzungen.

Ballentritt

Ein Ballentritt schmerzt das Pferd und heilt nicht gut. Meistens ist ein anderes Pferd daran beteiligt, denn Ballentritte entstehen unter anderem, wenn Pferde zu dicht hintereinander herlaufen. Dabei tritt das hinten laufende Pferd mit dem Vorderhuf in den Ballen des Vorderpferdes.

Die Ballen sind besonders anfällig für Verletzungen.

Bábolna

Das Land brauchte Kavalleriepferde, und so kam es 1790 zur Gründung des im heutigen Ungarn gelegenen Gestüts Bábolna. Zu besonderer Berühmtheit gelangte das Gestüt aufgrund seiner herausragenden Araberzucht, die sich sowohl auf Vollblutaraber als auch auf Shagya-Araber erstreckte. Aber auch Lipizzaner und Englische Vollblüter fanden in Bábolna eine züchterische Heimat. Das Gestüt existiert noch immer und kann besichtigt werden.

Backen

Genau genommen hat jedes Pferd vier davon: Zwei Backen, die (jeweils rechts und links) zwischen Maulwinkel und > *Ganaschen* liegen und zwei Hinterbacken, die sich beidseitig zwischen Sitzbeinhöcker und Unterschenkel erstrecken. Meistens sind die Backen am Kopfbereich gemeint. Ihre Innenseiten liegen an den Backenzähnen an. Hat das Pferd ungepflegte Zähne mit scharfen Kanten, kommt es an den Schleimhäuten der Backen oft zu Verletzungen.

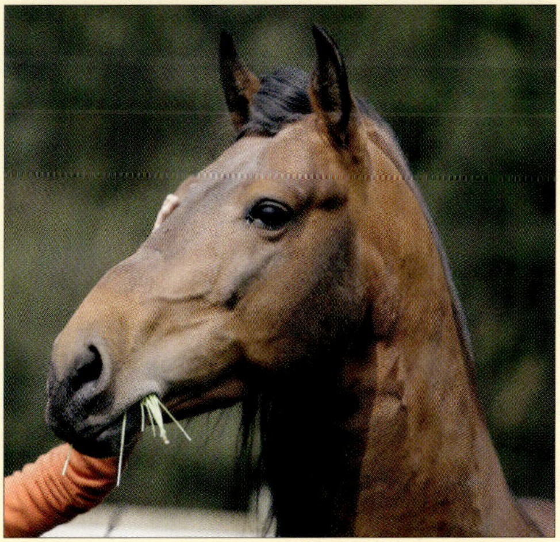

Volle Backen sieht man bei Pferden, die sich begeistert über Gras, Heu oder Stroh hermachen.

B

Es gibt aber auch Ballentritte an den Vorderbeinen. Die verursacht das Pferd selbst, indem es mit den Hinterhufen in die Ballen der Vorderbeine tritt und diese verletzt. Gummiglocken helfen, Ballentritten vorzubeugen.

Seitlich herabhängende Bammelohren können auch eine Reaktion auf Fliegen sein oder Verdruss ausstrahlen.

Bammelohren

Sie sind in der Zucht absolut unerwünscht, denn Bammelohren lassen das schönste Pferd unedel aussehen. Von vorne betrachtet hängen Bammelohren leicht rechts und links herab – manchmal in einem 45-Grad-Winkel zum Pferdekopf, manchmal sogar mehr.
Das lässt sich allerdings auch bei Pferden beobachten, die nicht mit diesem Makel auf die Welt gekommen sind. Lässt ein Pferd die Ohren hängen, kann das Entspannung, Verdruss oder Ratlosigkeit ausdrücken. Auch bei alten Pferden ist diese Ohrenstellung keine Seltenheit.

Bandmaß

Die Größe des Pferdes wird entweder mit dem Band- oder mit dem > *Stockmaß* angegeben. Dabei kommt es zu unterschiedlichen Ergebnissen, weil das flexible Bandmaß direkt am Pferdekörper anliegt. Üppige Muskeln oder Speck sorgen dann schnell für ein paar Zentimeter mehr auf der Messskala.
Anfangs- und Endpunkt des Messens sind bei beiden Varianten gleich: Man misst vom Boden bis zum > *Widerrist*. Der Unterschied zwischen dem Stock- und dem Bandmaß kann beim selben Pferd bis zu zehn Zentimeter betragen.

Bärentatzig

Bei Pferden mit Bockhufen (> *Huf*) verläuft die Achse zwischen Fessel und Huf mit einem Knick und nicht gerade wie bei Normalstellung. Das hat schwerwiegende Folgen: Bärentatzige Pferde sind nicht zum Reiten geeignet, weil die Fehlstellung ihre Sehnen extrem strapaziert und schnell verschleißt. Dieses Problem ist entweder angeboren oder durch Krankheit und/oder falsche Hufpflege bedingt.

Bauch

Bei zu reichem Nahrungsangebot ist er kugelrund – in knappen Monaten kaum zu sehen: der Pferdebauch. Er beginnt zwischen den Vorderbeinen und endet direkt vor Schlauch oder Euter. Er bedeckt Brustbein und Rippenknochen.

Behang

Schopf, Mähne, Schweif und > *Köten* werden als Behang bezeichnet, während unter den Begriff > *Langhaar* nur Schopf, Mähne und Schweif fallen. Der Behang unterliegt im Gegensatz zum Körperfell keinem Fellwechsel im Frühjahr und Herbst.

Belgisches Warmblut

Eine recht junge, kalibrige Rasse, deren Zuchtziel ein großrahmiger Sportpferdetyp ist. Die Eignung des Belgischen Warmbluts ist vor allem im Springsport zu sehen.
Die durchschnittlich 1,60 Meter Stockmaß großen Pferde sind in allen Grundfarben zu haben. Neben Belgien sind die USA als Hauptzuchtgebiet zu nennen.

Berber

Berber sind eine eigenständige Rasse, die nach einer langen, eigenen Entwicklungsgeschichte arabischem Einfluss unterlag. Typische Berber unterscheiden sich deutlich von Arabern: Ihre Köpfe sind meistens ramsnasig und nicht konkav. Auch tragen sie ihren Schweif nicht erhoben, sondern fallen eher durch einen tiefen Schweifansatz auf. Das markante Gangwerk des Berbers zeigt extrem viel Raumgriff, verläuft flüssig bei schöner Knieaktion und überzeugt in jeder Gangart durch Schnelligkeit und Trittsicherheit. Manche Berber sind Naturtölter.
Berber sollen neben Vollblutarabern eine der ältesten Pferderassen überhaupt sein. Ihre Heimat liegt im Norden des afrikanischen Kontinents. Dort kann man ihre Spuren angeblich bis zur Eiszeit zurückverfolgen. Ähnlichkeiten mit Sorraias und iberischen Pferderassen wie Andalusiern und Lusitanos sind kein Zufall. Es hat bereits in den ersten Jahrhunderten nach Christus einen regen Austausch zwischen Nordafrika und Spanien gegeben. Erst im 7. Jahrhundert n. Chr. gelangten dagegen arabische Pferde auf die iberische Halbinsel.
Es spricht einiges dafür, dass Nomaden wie die Touareg eine Berber-Reinzucht betrieben. Diese edlen Pferde scheinen die Entwicklung der iberischen Rassen maßgeblich beeinflusst zu haben. Dieser Einfluss intensivierte sich erneut, als die Mauren in Spanien einfielen und das Land schließlich eroberten.
Berberpferde gelangten von den afrikanischen Häfen aus mit Schiffen in viele Teile der Welt. Dort wurden sie unter anderem für die Veredelung weiterer Rassen eingesetzt. Einer der berühmtesten Berberhengste war Godolphin Barb, der die Zucht des Englischen Vollbluts prägte.
Obwohl sich heute in fast allen Landschlägen Nordafrikas Berberblut findet, ist die Reinzucht überwiegend auf die Staatsgestüte beschränkt. In Marokko, Algerien, Libyen und Tunesien sind viele Berber-Araber-Kreuzungen zu finden, die vielerorts „Barbarabe" genannt werden. Diese Pferde gelten als hart und ausdauernd. Sie zeigen einen deutlichen Arabereinfluss, der sich im Profil und im feinen Körperbau niederschlägt.
Die Gründung der Weltorganisation des Berberpferdes (OMCB), die es seit 1988 gibt, hat sich den Erhalt der Rassebestände auf die Flaggen geschrieben.

Iberische Rassen wurden anfangs maßgeblich von Berberpferden beeinflusst.

Ein Berber-Deckhengst, der in Tunesien für den Fortbestand der Rasse sorgt.

Die Ursprungsländer des Berbers (Algerien, Marokko, Libyen, Tunesien und Frankreich) machen sich stark, um die Reinzucht zu bewahren und der Rasse eine neue Basis zu verschaffen.

Beschäler

Ein Hengst, der staatlich gekört wurde (> *Körung*).

Beugeprobe

Mit einer Beugeprobe überprüft der Tierarzt, ob ein Pferd Schäden an den Gliedmaßen hat. Dazu hebt er das Bein am Huf an und hält es mindestens zwei Minuten lang in gewinkelter Stellung. Dabei übt er leichten Druck aus. Anschließend muss das Pferd sofort auf hartem Boden vortraben. Zeigt es nun Unregelmäßigkeiten im Bewegungsablauf, besteht akuter Krankheitsverdacht.

Birkauge

Pferdeaugen sind meistens braun, was durch Farbstoffeinlagerungen (Pigmente) in der Gefäßhaut gesteuert wird. Pigmentmangel lässt die Aderhaut durchschimmern, was zu einem grau-weißen > *Glasauge* führt.
Bei einem Birkauge wechseln sich farblose und pigmentierte Bereiche ab, es sind einzelne Farbflecken zu sehen. Das Sehvermögen wird hierdurch nicht beeinträchtigt.

Blesse > *Abzeichen*

Ein mehr oder weniger langer weißer Fellstreifen, der sich entlang des Nasenrückens erstreckt.
Es gibt regelmäßige, unregelmäßige, durchgängige und auch unterbrochene Blessen. Experten unterscheiden viele weitere Details. Dabei wird auf die genaue Form und auf die Verteilung der weißen Haare geachtet.
Blessen gehören zu den > *Abzeichen* und sind ein unverwechselbares Kennzeichen des jeweiligen Pferdes.

Markant

Abzeichen sind unverwechselbare Merkmale eines Pferdes – ähnlich wie ein Fingerabdruck. Obwohl alle Abzeichen in bestimmte Kategorien eingeteilt werden, gleicht kein einziges exakt dem anderen. Abzeichen sind übrigens das Produkt gezielter Rassezucht. Bei Wildpferden kamen ursprünglich keine Abzeichen vor.

Blitzen > *Rosse*
Das rhythmische Öffnen und Schließen der Schamlippen einer rossigen Stute mit Harn- und Schleimabsonderung.

Bosniake
Im westlichen Balkan hatten Bosnische Ponys seit jeher eine tragende Rolle. Die robusten Gebirgspferde verdienten ihren Lebensunterhalt lange als Arbeitstiere der Bergbauern. Ihr Ursprung könnte mit dem Tarpan verknüpft sein. Später unterlag die Rasse arabischem Einfluss, der im 20. Jahrhundert jedoch wieder gezielt herausgezüchtet wurde. Schließlich weckten die trittsicheren, belastbaren Bosniaken auch die Aufmerksamkeit des Militärs.
Nachdem das allgemeine Interesse an der Rasse nachließ, versuchte man im Staatsgestüt Borike eine gezielte Zucht zu etablieren. Der Bürgerkrieg im ehemaligen Jugoslawien setzte dem jedoch ein Ende. In Deutschland gibt es nach wie vor Bosniaken, deren Betreuung dem Rheinischen Pferdestammbuch obliegt. Mehrere Interessengemeinschaften kümmern sich um die durchschnittlich zwischen 1,32 und 1,47 Meter Stockmaß großen Ponys.

Botulismus
Eine durch Giftstoffe verursachte Erkrankung, die u. a. mit Lähmungserscheinungen einhergeht. Auslöser sind Toxine, die vom Bakterium Clostridium botulinum produziert werden.
An Botulismus erkrankte Pferde leiden unter Zungenlähmungen, Schluckbeschwerden, Zurückfließen des Futters über die Nase, Muskelzittern und Atemlähmung. Neben der schweren, tödlich verlaufenden Form gibt es auch mildere Verläufe, diese sind aber im Vergleich zur schweren Verlaufsform eher selten. 70 bis 90 Prozent aller erkrankten Pferde sterben. Botulismus scheint gehäuft bei Pferden vorzukommen, die mit verunreinigter Grassilage gefüttert werden.

Boulonnais
Eine aus der französischen Picardie stammende Kaltblutrasse. Die durchschnittlich zwischen 1,60 und 1,70 Meter Stockmaß großen Boulonnais sind meistens Schimmel. Es gibt einen leichteren und einen schwerer gebauten Typ. Seit dem 17. Jahrhundert sind die Boulonnais als Zug- und Lastpferde im Einsatz, heute allerdings kaum noch gefragt.

Box
Ein aus vier Trennwänden bestehender Bereich, in dem sich das Pferd frei bewegen kann.
Boxenhaltung ist nach wie vor die populärste Haltungsform, weil sie Platz, Arbeit und Pflegeaufwand einspart. Das Pferd kommt bei dieser Haltungsform jedoch oft zu kurz, weil es seinen natürlichen Bedürfnissen nicht oder nur eingeschränkt nachkommen kann. Um sich einer artgerechten Haltungsform zumindest anzunähern, sollte eine Box bestimmte Kriterien erfüllen, z. B. mindestens 4 x 4 Meter groß sein, Sicht- und Körperkontakt zu anderen Pferden ermöglichen und optimale Licht- und Luftverhältnisse bieten. Viele Boxen sind im oberen Bereich durch Gitterstäbe voneinander getrennt. Diese müssen so eng sein, dass kein Pferdehuf hindurchpasst. Ansonsten besteht akutes Verletzungsrisiko, wenn ein Pferd mal nach dem Nachbarn auskeilt.
In Boxen gehaltene Pferde brauchen täglich Auslauf – am besten in der Herde. Auch ein direkt an die Box angrenzender Paddock verbessert die Lebensqualität des Pferdes.

Brandenburger
Der moderne Brandenburger gilt als hartes, edles Warmblut. Die Verschmelzung eines ausgeglichenen Temperaments mit deutlicher Leistungsbereitschaft, lässt den Brandenburger sowohl in der Reiterei als auch im Fahrsport überzeugen. Er gilt als belastbarer Freizeitpartner, der mit seinem Reiter durch Dick und Dünn geht.

Brandenburger gelten als ausgezeichnete Reit- und Fahrpferde.

Deutsche Rassebrände. Der Verband hessischer Pferdezüchter ging 2005 im Verband hannoverscher Warmblutzüchter auf.

Obwohl Brandenburger keinen festen Platz innerhalb des Spitzensports einnehmen, gibt es hervorragende Rassevertreter, z. B. die Stute Poetin I (v. Sandro Hit). Die im Landgestüt Neustadt/Dosse gezogene Dressur-Begabung wurde für 2,5 Millionen Euro versteigert. Auch die Hengste Samba Hit und Samba Hit II gelten als Ausnahmepferde.

Brandzeichen

Früher kennzeichneten Großgrundbesitzer ihre frei laufenden Pferde- und Rinderherden mit Brandzeichen. Heute sieht man sie an reinrassigen Pferden, die > *Abstammungspapiere* haben, auf Hals, Rücken oder auch am Hinterschenkel.

Bei dem Symbol kann es sich um Zahlen, Buchstaben oder ein individuelles Zeichen handeln, das mit einem glühenden Eisen in die oberen Hautschichten des Pferdes gebrannt wird (Heißbrand). Außerdem gibt es auch einen Kaltbrand mit flüssigem Stickstoff.

Das Fell wächst an den gebrannten Stellen nicht mehr nach. So bleibt das Brandzeichen ein Leben lang sichtbar.

Rassebrände zieren in der Regel den linken Hinterschenkel, Gestütsbrände den rechten. Nummern sind meistens an Hals oder Rücken zu finden (Nummernbrände).

Brauner > *Farben*

Ein Pferd mit brauner Fellfarbe und schwarzem Langhaar beziehungsweise Behang. Oft sind die unteren Bereiche der Gliedmaßen ebenfalls schwarz.

Es gibt hellbraune, braune, dunkelbraune und auch schwarzbraune Pferde.

B

Braunes Fell und schwarzes Langhaar zeichnen einen Braunen aus. Die Intensität des Brauntons kann jedoch variieren.

Brennen > *Brandzeichen*

Bretone
Eine aus der Bretagne stammende Pferderasse, die in drei unterschiedlich schweren Schlägen gezüchtet wird. Bretonen sind vor allem im Nordwesten Frankreichs zu finden, wo sie früher viel in der Landwirtschaft eingesetzt wurden. Ihr durchschnittliches Stockmaß liegt zwischen 1,50 und 1,60 Meter. Die meisten Bretonen sind Schimmel, Braune oder Füchse.

Bretthals
Schwach bemuskelter, langer, dünner Hals. Ein Bretthals gilt in vielen Zuchten als unerwünschtes Merkmal. Er erschwert die gewünschte Aufrichtung, kann aber durch Gymnastizierung und damit verbundenen gezielten Muskelaufbau verbessert werden.

Budjonny
Eine russische Warmblutrasse, die deutlich im Vollbluttyp steht. Der Name Budjonny geht auf den russischen Marschall Budjonny zurück, der die Rasse in den zwanziger Jahren des 20. Jahrhunderts gründete, um leistungsstarke Kavalleriepferde für das Militär zu züchten. Englische Vollblüter, Donpferde und Tschernomor-Pferde prägten die Zucht. 1948 folgte die offizielle Anerkennung der rittigen und ausgesprochen schnellen Rasse.
In Russland sind Budjonnys nicht gerade selten. Sie glänzen im Springsport und behaupten sich auch im Rennsport. Das Hauptzuchtgebiet der durchschnittlich 1, 60 Meter großen Füchse und Braunen liegt rund um die Stadt Rostow am Fluss Don.

Camargue-Pferd

Das malerische Rhône-Delta Frankreichs ist die Heimat des Camargue-Pferdes. Die sumpfige und wasserreiche Landschaft, in der die weißen Hirtenpferde seit Jahrtausenden leben, hat der Rasse bemerkenswerte Besonderheiten beschert: Salzpflanzen, die an und unter der Wasseroberfläche wachsen, gelten bei den halbwilden Ponys als Delikatesse. Damit beim genüsslichen Verzehr kein Wasser in die Atemwege dringt, verschließen Camargue-Pferde einfach kurz ihre Nüsternöffnungen. Außerdem bekommen die Crins Blancs, wie Camargue-Pferde auch genannt werden, keine > *Mauke*. Und das, obwohl sie die meiste Zeit auf sumpfigen Böden stehen.

Es ist ungeklärt, wann die ersten Camargue-Pferde nach Südfrankreich gelangten. Manche Fachleute vermuten, es könnte sich um die Nachfahren von Vollblutarabern und Berberpferden handeln, die im achten Jahrhundert von den Sarazenen zurückgelassen wurden. Eine andere Theorie nimmt an, dass die Camargue-Pferde auf das > *Solutré-Pferd* aus grauer Vorzeit zurückgehen.

Als Jährlinge werden alle Junghengste des 70.000 Hektar großen Rhône-Deltas mit einem > *Brandzeichen* versehen. Das kann bis zu

Renommierte Zuchten legen Wert auf Pferde, die sich unter dem Sattel oder vor der Kutsche als unkompliziert und leistungswillig erweisen.

17 Zentimeter groß sein und ist das Wiedererkennungszeichen des jeweiligen Herdenbesitzers (Manadier). Im Alter von drei bis vier Jahren werden die jungen Hengste erneut eingefangen, kastriert und meistens recht grob gefügig gemacht. Den Stuten bleibt das gefürchtete „Einbrechen" erspart. Sie dürfen zeitlebens Wildpferde bleiben.
Als Freizeitpferd überzeugen die durchschnittlich zwischen 1,35 und 1,45 Meter großen Franzosen aufgrund ihrer Trittsicherheit, ihres Balancegefühls und ihrer Robustheit. Diese Qualitäten gelten sowohl für den kleinen, kompakten Camargue-Typ als auch für den hochbeinigeren, leichten Typ. Natürlich auch für die Mischtypen, die ebenfalls häufig in den Herden zu finden sind.

Celle

Kurfürst Georg II. von Hannover, gleichzeitig König von England, initiierte 1735 die Gründung des Landgestüts Celle. Um 1800 gab es bereits rund 100 Deckhengste, die landesweit auf über 50 Deckstationen aktiv waren. Heute umfasst der Bestand des niedersächsischen Landgestüts 140 Hengste, überwiegend Hannoveraner, aber auch Englische Vollblüter und Anglo-Araber. Darüber hinaus sind circa 40 Junghengste in der Hengstprüfungsanstalt Adelheidsdorf aufgestallt. Durchschnittlich belegen die Hengste des Celler Landgestüts jährlich 8.000 Stuten.

Charakter > *Interieur*

Er umfasst die inneren Werte des Pferdes und ist angeboren. Zum größten Teil jedenfalls, denn auch äußere Reize beeinflussen die Ausprägung des Charakters.
Viele Reiter stufen die inneren Werte des Pferdes höher ein als den Körperbau. Denn was hat man von einem perfekt geformten Pferd, das unangenehme Charakterzüge zeigt? Es gibt allerdings keine feste Definition für den erwünschten Charakter, denn die reiterlichen Ansprüche sind sehr variabel. Der eine sucht ein ruhiges, braves Pferd, das sich durch nichts aus der Fassung bringen lässt. Andere wissen, dass „Musterschüler" längst nicht die Ausstrahlung entwickeln wie Pferde mit charakterlichen Ecken und Kanten. Zumindest, solange es sich um Persönlichkeiten mit Kampfgeist handelt, die vollen Einsatz bringen, wenn es gilt. Bestehen die Ecken und Kanten aus chronischer Leistungsverweigerung oder Unarten wie Beißen und Schlagen, stößt das Pferd in der Regel auf wenig Gegenliebe.
Negative Eigenschaften werden in renommierten Zuchten seit vielen Jahrzehnten gezielt züchterisch eliminiert. Linien, in denen wiederholt schwierige Pferde auftreten, haben kaum noch Zukunft. Unkomplizierte, leistungsbereite Freizeit- und Sportpartner sind erwünscht.

Chips können beim Anschlagen an ein Hindernis in den Gelenkspalt gedrückt werden. Danach zeigt sich sofort eine hochgradige Lahmheit.

Da Unarten wie Beißen, Schlagen und mangelnde Rittigkeit auch aufgrund falscher Haltung und Behandlung auftreten können, sollte man sich vor allzu schnellen Rückschlüssen auf den Charakter hüten. Er offenbart sich meistens erst nach Wochen oder Monaten.

Chip

Eine sehr schmerzhafte und weit verbreitete Skeletterkrankung bei Pferden, die offensichtlich vererbbar ist. Aber auch Haltungsbedingungen und Intensität der Belastung sowie der Gehalt der im Futter enthaltenen Spurenelemente wirken sich auf das Entstehen dieser Erkrankung aus. Ihr wissenschaftlicher Name lautet Osteochondrose (OCD). Reiter bezeichnen Osteochondrose oft flapsig als „Gelenkmaus", Fachleute sprechen von Chips. Damit bezeichnen sie Zubildungen am Knochen, die sich abkapseln. Diese Knochensplitter oder Knorpelstücke sind außen mit glatter Haut überzogen und befinden sich häufig an den Rändern von Gelenken. Ursachen können abgesplitterte Knochenteile oder Knochenneubildungen sein.

Ist eine derartige Absplitterung vorhanden, so führt dies allein nach Erfahrung von Tierärzten nur selten zu Lahmheit. Wird der Chip allerdings durch einen Schlag (z. B. einen Tritt von einem anderen Pferd oder das Anschlagen an einem Hindernis) in den Gelenkspalt gedrückt, dann geht das Pferd sofort hochgradig lahm. Flutscht die Gelenkmaus gleich wieder raus, wird das Pferd auch nach kurzer, spektakulärer Lahmheit schnell wieder lahmfrei sein. Das Krankheitsbild aber bleibt. Eine Behandlung ist oft unerlässlich.

Ist eine hochgradige Lahmheit vorhanden und ein äußerer Einfluss nicht zu erkennen, so sollte eine radiologische Untersuchung (Röntgen) folgen. Ohne Röntgen des betroffenen Körperteils kann man Chips nicht nachweisen. Provokationsproben (Beuge- und Wendeproben), die bei Ankaufsuntersuchungen praktiziert werden, geben keine Auskunft über etwaige Chips.

Tierärzte raten dazu, Chips erst dann chirurgisch entfernen zu lassen, wenn sie den Bewegungsablauf des Pferdes beeinträchtigen. Ist ein solcher Eingriff unumgänglich, so setzt er das Pferd nicht nur für eine gewisse Zeit außer Gefecht, der Besitzer des Tieres muss zudem mit erheblichen Kosten rechnen (circa 800 bis 1500 Euro). Potenzielle Pferdekäufer können im Zuge einer > *Ankaufsuntersuchung* alle Gelenke röntgen lassen. Werden hierbei Chips festgestellt, obwohl das Pferd noch lahmfrei ist, empfiehlt es sich, die Kosten für eine eventuelle Operation vom Kaufpreis abzuziehen.

Chlumetzer > *Kinsky-Pferd*

Cleveland Bay

Die Wurzeln des braunen Cleveland Bays reichen bis ins Mittelalter zurück. Doch heute gilt die bis zu 1,72 Meter Stockmaß große, aus England stammende Rasse als gefährdet. Das Hauptzuchtgebiet war stets Yorkshire, und das ist noch immer so.

Cleveland Bays gehen auf kräftige Packpferde zurück, die anfänglich fast ausschließlich in Klöstern gezüchtet wurden. Später beeinflusste und veredelte andalusisches Blut die Rasse. Als New Cleveland Bay oder auch Yorkshire Coach Horse machte die Rasse lange als Kutschpferd Furore. Mit dem Aufkommen der ersten Autos und dem Ausbau anderer Transportmittel wie der Eisenbahn sank das Interesse an den Clevelands.

Parallel hat auch der alte Typ, Old Cleveland Bay, überlebt, allerdings wäre er nach dem Zweiten Weltkrieg beinahe ausgestorben. Königin Elizabeth II. setzte sich persönlich für den Erhalt der Rasse ein.

Dennoch gelten Cleveland Bays noch längst nicht als gerettet. Nach wie vor gibt es Liebhaber, die Cleveland Bays gerne im Fahrsport und auch zum Springen einsetzen, aber der Rassebestand reduziert sich weiterhin drastisch.

Clydesdale

Dem schottischen Fluss Clyde verdankt die Kaltblutrasse Clydesdale ihren Namen. Sie entstand im 18. Jahrhundert in Schottland, wurde aber erst über einen Umweg populär: Eine amerikanische Bierbrauerei entdeckte die bis zu 1,70 Meter Stockmaß großen Schwergewichte als Werbeträger und machte sie zu ihrem Maskottchen.

Das Hauptzuchtgebiet liegt dementsprechend auch längst nicht mehr in Schottland, sondern in den USA.

Clydesdales sind hervorragende Zugpferde, aber auch bei Pferdeshows oft zu sehen. Die bis zu 1000 Kilogramm schweren Exil-Schotten sind meistens braun und oft mit vier weißen Stiefeln und einer Blesse versehen.

Connemara-Pony

Die hügelige, steinige Küstenlandschaft Westirlands ist die Heimat des Connemara-Ponys. Dort soll es die Rasse bereits vor vielen Jahrhunderten gegeben haben. Später erfolgten Einkreuzungen mit spanischem Blut. Seit 1960 kennt und schätzt man Connemaras auch auf dem europäischen Festland. Kinder, Jugendliche und auch Erwachsene haben ihre Freude an den durchschnittlich 1,28 bis 1,48 Meter Stockmaß messenden Ponys.

Connemaras sind robust, wendig und trittsicher. Viele sind ausgesprochen springfreudig. Und auch vor der Kutsche machen sich die vielseitigen Iren gut. Schimmel und Falben sind am häufigsten, gefolgt von Braunen. Rappen und Füchse sieht man selten.

Cremellos sehen ungewöhnlich aus, was früher auch das Interesse europäischer Königshäuser auf sich zog.

Cremello

Farbbezeichnung für ein Pferd mit weißlichem, leicht goldfarben schimmerndem Fell, weißer bis cremefarbener Mähne, blauen Augen und rosafarbener Haut – auch Weißisabell genannt. Eigentlich handelt es sich hierbei um einen Fuchs, dessen Farbe durch das doppelte Cream-Gen aufgehellt wurde.

Criollo

Eine argentinische Pferderasse, die als extrem zäh gilt. Die durchschnittlich zwischen 1,42 und 1,52 Meter Stockmaß großen Criollos sind in ihrer Heimat Südamerika vielerorts anzutreffen und als Reit- bzw. Arbeitspferde geschätzt. Ihre Leistungsfähigkeit wird bei sogenannten Marchas überprüft, bei denen die Pferde unter körperlichen Entbehrungen große Strecken zurücklegen müssen.
Criollos gehen auf spanische Pferde und auf Berber zurück, die im 16. Jahrhundert nach Südamerika gelangten. Über 300 Jahre lang lebten die Nachfahren verwilderter Hauspferde in der argentinischen Pampa, dabei unterlagen sie einer harten Selektion.
Die kleinen, kompakten Pferde sind meistens mausgrau oder falbfarben, aber es gibt auch fast alle anderen Farbschläge.

Curly Horse

Es gibt eine Rasse, die gelockt durchs Leben galoppiert: Curly Horses. Die Optik ist das eine, die unterdrückten Allergene sind das andere Merkmal der Curlys. Es gibt Pferdehaar-Allergiker, die beim Umgang mit Curlys keine Probleme haben, da deren Hautzellen andere Proteinmuster aufweisen.
Curly Horses entstanden aus Kreuzungen von Mustangs, Morgan Horses und einem Araber, Quarter Horses und Missouri Foxtrottern. Hierbei entstanden unterschiedliche Curly-Typen. Bis heute lässt die Rasse – abgesehen von ihrem gelockten Fell – Einheitlichkeit vermissen. Wobei nicht alle Curlys Locken zeigen: Manche vererben dieses Merkmal nur.

Cushing Syndrom

Eine durch eine tumorartige Veränderung der Adenohypophyse (Teil der Hirnanhangsdrüse) verursachte Überfunktion der Nebennierenrinde. Das führt zu einer Hormonstörung, die mit auffälligen Symptomen einhergeht. Dazu gehören unter anderem: verstärktes Fellwachstum, schleppend verlaufender Fellwechsel, im Sommerfell bleiben Haare des Winterfells zurück, Löckchenbildung, langer Kötenbehang, verstärkter Durst, häufiges Wasserlassen, Muskelrückbildung und Abmagerung. Da all diese Symptome auch ganz andere Ursachen haben können, sollten Pferde bei Verdacht auf das Equine Cushing Syndrom vom Tierarzt untersucht und einem Test unterzogen werden.
Das Cushing Syndrom, das übrigens auch beim Menschen vorkommt, ist nicht heilbar. Es gibt jedoch Medikamente, die ein beschwerdefreies Leben ermöglichen.

Curly Horses haben gewelltes Mähnen- und Schweifhaar. Und sogar ihr Körperfell kräuselt sich – im Winter übrigens besonders stark.

C

Dales-Pony

Eine kleine, kompakte Ponyrasse, die aus dem Norden Englands stammt und ursprünglich vor allem als Packpferd für Bleierz-Transporte diente. Meistens schwarz oder dunkelbraun, erreichen Dales-Ponys ein durchschnittliches Stockmaß von 1,35 bis 1,47 Metern und fallen durch ihre stämmigen Beine auf. Die robuste Rasse gilt als ausdauernd und zuverlässig. Zu ihrer Entstehung trugen Pennine-Ponys, Friesen und die bereits ausgestorbenen Galloways bei.

Im 18. Jahrhundert entdeckte man die Qualitäten der Dales-Ponys beim Trabrennen und bei der Jagd. Auch die Kavallerie nutzte die trittsicheren Ponys.

Um den Trab noch zu verbessern, kreuzte man Yorkshire Roadster, Clydesdale und Norfolk ein. Welsh Cobs trugen ebenfalls zur Perfektionierung des Gangwerks bei.

Der Erste Weltkrieg löschte den Bestand fast vollständig aus. Seit Anfang der sechziger Jahre gibt es wieder ein recht reges Zuchtgeschehen, und die Dales-Ponys kehren in viele Sparten der Reiterei zurück.

Dales-Ponys sind vor allem als Kinder- und Jugendreitpferde geeignet. Aber auch leichte Erwachsene haben ihre Freude an ihnen.

Dämpfigkeit

Chronische Atembeschwerden – meistens durch eine Lungenentzündung oder eine verschleppte akute Erkrankung der Lungen oder des Herzens bedingt.

Dämpfigkeit ist kein seltenes Phänomen, sondern eher ein relativ verbreitetes. Schon ein harmlos anmutender Husten, der innerhalb von drei Wochen nicht abklingt, kann zur Dämpfigkeit und den damit verbundenen Symptomen führen: Die Atmung des Pferdes ist angestrengt, weil die Lunge die eingeatmete Luft nicht mehr selbständig aus dem Körper herauspressen kann. Diese Funktion übernimmt die Bauchmuskulatur, wodurch sich entlang des Rippenbogens eine Vertiefung – die sogenannte Dampfrinne – bildet. Auch geblähte Nüstern beim Einatmen sind ein Symptom der Dämpfigkeit, das auf Sauerstoffmangel hinweist. Nach körperlichen Anstrengungen dauert es lange, bis die erhöhte Atemfrequenz wieder normal ist. Hohl klingender Husten, der bei feuchter Witterung stärker ist als bei trockener, ist eine typische Begleiterscheinung der Dämpfigkeit.

Dämpfige Pferde brauchen viel Frischluft. Außenboxen oder eine Offenstallhaltung sind für sie angenehmer als eine Innenbox. Vom Tierarzt verordnete Inhalationen können den Zustand des Pferdes ebenfalls verbessern.

Dampfrinne > *Dämpfigkeit*

Eine krankheitsbedingte Vertiefung, die sich entlang des Rippenbogens zieht.

Darm

Der wichtigste Teil des Verdauungstrakts. Bei Pferden kann er bis zu 30 Meter lang sein und bis zu 200 Liter fassen. Zum Vergleich: Der menschliche Darm misst acht Meter.

Allesfresser und Lebewesen, die sich ausschließlich pflanzlich ernähren, haben einen längeren Darm als Fleischfresser, weil es länger dauert, Pflanzenfasern zu verdauen. Nahrung hat eine lange Reise bis zum After vor sich: Vom Magen aus gelangt sie erst in den

Offenstallhaltung ist aktive Gesundheitsvorsorge und verbessert die Lebensqualität dämpfiger Pferde.

Dünndarm des Pferdes. Von dort aus geht es im verflüssigten Zustand weiter in den Blinddarm. Der arbeitet wie eine Gärkammer. Der Übergang zum angrenzenden Dickdarm ist so klein, dass der Futterbrei keinesfalls schnell vom einen Darmbereich in den anderen gelangt. Wertvolle Rohfasern und Kohlenhydrate löst der Körper während der Magen- und Darmpassage aus der Nahrung. Den verbleibenden Nährstoffen und der Flüssigkeit geht es im Dickdarm an den Kragen. Was unverdaulich ist, verlässt den Körper als kugelrunder Pferdeapfel durch den After. Wasserreste, Salze und andere Reststoffe entsorgt das Pferd über die Harnorgane.

Darmpech

Dunkelbrauner, fester Kot, der sich bei der Geburt im Darm des Fohlens befindet.

Die Kolostralmilch, die das Fohlen in den ersten Lebensstunden trinkt, sorgt für den Abgang des Darmpechs. Wird das Darmpech nicht innerhalb der ersten Lebenstage ausgeschieden, muss der Tierarzt vermutlich mit Einläufen, Injektionen oder Medikamenten eingreifen.

Darmverschlingung

Eine sehr schmerzhafte Verlagerung des Darms.

Der Ablauf einer Darmverschlingung ist dramatisch und lebensbedrohlich. Betroffene Pferde haben plötzlich starke Schmerzen. Schwitzen und ein ängstlicher Gesichtsausdruck sind typische Reaktionen. Oft zittert die Schultermuskulatur. Auch ein erhöhter Puls sowie gerötete Lidbindehäute sind Symptome.

Früher war eine Darmverschlingung ein sicheres Todesurteil. Heute kann manchen Pferden mithilfe einer aufwendigen Operation geholfen werden. Allerdings nur dann, wenn sie so schnell wie möglich in die Klinik kommen.

Auslöser des Ganzen ist meistens eine Anschoppungskolik, verursacht durch zu trockenen Nahrungsbrei, der durch falsche Fütterung entstehen kann. Die trockene Masse führt zu einer Verstopfung. Wenn sich das Pferd nun wälzt oder stark bewegt, kann sich der betroffene Darmabschnitt drehen. Das unterbricht den Blutkreislauf – der abgeschnürte Darmabschnitt stirbt ab. Dann hilft nur noch eine Operation, bei der der abgestorbene Bereich entfernt wird. Nicht jedes Pferd überlebt diesen Eingriff.

Dartmoor-Pony

Robustheit, Ausdauer und ein ausgesprochen freundliches Wesen zeichnen das Dartmoor-Pony aus.

Die meistens zwischen 1,16 und 1,27 Meter Stockmaß große Ponyrasse stammt aus der Dartmoor-Heide im Südwesten Englands. Rappen, Braune, Füchse und manchmal auch Schimmel prägen die Farbvielfalt. Scheckungen und große Abzeichen sind aber nicht erwünscht.

Dartmoor-Ponys sind gute Kinderreitponys und lassen sich von Erwachsenen auch gerne vor die Kutsche spannen. Zunehmend werden sie auch zur Landschaftspflege eingesetzt. Dennoch gilt die Rasse als gefährdet.

Dassellarven

Ihre Eier sehen aus wie kleine, gelbe Punkte und kleben vorzugsweise an den vorderen Pferdebeinen. Eigentlich dürften sie dort gar nicht sein, denn Dassellarven fühlen sich auf Rindern am wohlsten. Dennoch siedeln sie immer wieder auch auf Pferden und verursachen manchmal sogar dicke Beulen am Rücken, die Rinderzüchtern nur allzu bekannt sind.

Schuld an allem ist die Dasselfliege. Sie ist gerade mal 15 Millimeter groß und von Juni bis August aktiv. Eine einzige Fliege legt bis zu 2.500 Eier an den Haaren der Vorderbeine oder im Maulbereich des Pferdes ab. Nach nur einer Woche schlüpfen Dassellarven aus den Eiern. Das Pferd leckt sie auf und für die Larven beginnt eine Wanderung durch den Körper. Nach einem vierwöchigen Zwischenstopp in der Zunge des Pferdes werden sie verschluckt und nisten sich in der Magenschleimhaut ein, wo sie Entzündungen und Geschwüre auslösen können. Kolik, Durchfall und Abmagerung sind Symptome des Befalls. Nach neun Monaten gelangen sie mit dem Kot wieder hinaus an die Frischluft. Dann erfolgt die Verpuppung und nach einigen Wochen schlüpfen bereits geschlechtsreife Dasselfliegen.

Waschungen mit Weinessig und die Entwurmung von mit Eiern befallenen Pferden gelten als effektive Gegenmaßnahmen.

Deckakt

Das Aufreiten des Hengstes mit dem Ziel, eine empfängnisbereite Stute zu befruchten. Es gibt den sogenannten Natursprung, bei dem der Hengst die Stute frei laufend in der Herde deckt, und den Deckakt an der Hand, bei dem der Hengst während des Aufreitens am Zügel oder an der Longe gehalten wird.

Deckhaar

Fell, das den Körper des Pferdes bedeckt. Außer dem Deckhaar gibt es das > *Langhaar*, zu dem Schopf, Mähne und Schweif gehören.

Deutsches Reitpony

Deutsche Reitponys sind elegant und überzeugen in vielen Sparten der Sportreiterei. Sie brillieren auf dem Springparcours, glänzen im Dressur-Viereck und zeigen auch im Gelände und vor Kutschen ihr Können.

Viele erfolgreiche Sportreiter begannen ihre Karriere als Kinder oder Jugendliche im Sattel eines Deutschen Reitponys. Mit einer Widerristhöhe von 1,22 bis 1,48 Meter Stockmaß sind Deutsche Reitponys die idealen Turnier-Einstiegspferde für junge Reiter.

Auf Connemara-Linien zurückgehende Reitponys sind relativ groß und eignen sich oft für den anspruchsvollen Springsport. Bei diesen Qualitäten verwundert es nicht, dass die im vollendeten Reitpferdetyp stehenden Ponys auch gerne von leichten Erwachsenen geritten werden.

Die häufig Welsh-Blut führenden Ponys sind hervorragende Lehrmeister. Ihr bisweilen feuriges Temperament, das durch einen hohen Vollblutanteil oder den Einfluss Arabischer Vollblüter verstärkt wird, stellt allerdings Ansprüche an die reiterlichen Fähigkeiten. Doch wer damit umgehen kann, hat viel Freude an seinem rittigen, trittsicheren und robusten Freizeitpartner.

Ein arabischer Halbbluthengst beim Deckakt an der Hand. Beim Natursprung laufen Hengst und Stute frei.

Mit den vielseitigen Deutschen Reitponys begann schon so manche Reitkarriere.

Während in England, der Heimat des Reitponys, vor allem Braune und Füchse beliebt sind, präsentiert sich das Deutsche Reitpony in einer kunterbunten Farbenvielfalt. Schimmel sind besonders oft zu sehen, was auf Vorfahren aus Wales und der Connemara schließen lässt. Unabhängig von der Farbe schwebt Züchtern Deutscher Reitponys stets der Typ des Riding Ponys vor, der sich in England bewährt hat.
Die Anfänge der Riding Pony-Zucht liegen über hundert Jahre zurück, in Deutschland zündete der Pony-Boom ungefähr Mitte der siebziger Jahre des 20. Jahrhunderts, und die Euphorie ist bis heute ungebrochen.

Dillenburg

Die Nassauischen Marstallgebäude boten einen idealen Rahmen, um 1869 unter Einbeziehung der Landgestüte Kassel, Korbach und Weilburg das Landgestüt Dillenburg zu gründen. Damals stand die Bereitstellung von Kavalleriepferden im Mittelpunkt. Heute versteht sich das Hessische Landgestüt als Kompetenzzentrum für Pferdezüchter und Pferdesportler.
Die Landesreit- und Fahrschule von Dillenburg genießt internationalen Ruf. Es stehen hochkarätige Deckhengste der unterschiedlichsten Rassen in Dillenburg – darunter Hannoveraner, Holsteiner, Trakehner, Oldenburger und Rheinisch-Deutsche Kaltblütern.

Dölepferd

Das Dölepferd ist ein norwegisches Kaltblut, wenn auch ein kleines und eines mit einem bemerkenswerten Trabvermögen.
Die Ursprünge der recht uneinheitlich proportionierten Rasse sollen bis ins frühe Mittelalter zurückreichen. Es gibt Ähnlichkeiten mit Dales-Ponys, Fell-Ponys und Friesen, die vermutlich Einfluss auf die Rasse nahmen. Ein durchschnittliches Stockmaß von 1,45 bis 1,57 Metern ist typisch für die Zug-, Reit- und Fahrpferde, die auch als Gudbrandsdalpferde bezeichnet werden.
Braune, Rappen und Füchse beherrschen das Rassebild. Die Optimierung der Trableistung steht heute züchterisch im Mittelpunkt.

Domestikation

Die Wandlung vom Wildpferd zum Hauspferd. Wann genau sie sich vollzog, ist nicht nachgewiesen. Es gibt Darstellungen von Pferdeköpfen mit Halftern, die vermutlich circa 12.000 v. Chr. entstanden, doch ob sie domestizierte Pferde oder lediglich gefangene Wildpferde zeigen, ist unklar.

Die Rheinisch-Deutschen Kaltblüter des Hessischen Landgestüts Dillenburg sind auf Pferdeschauen absolute Publikumslieblinge.

Viele Shetland-Ponys haben üppige Doppelmähnen, die entschieden zu ihrem kecken Aussehen beitragen.

Domestikation beinhaltet viel mehr: eine über mehrere Generationen hinweg geführte Zucht mit dem Ziel, erwünschte Merkmale zu festigen. Hierzu gehören vor allem Gebrauchseigenschaften, die das Pferd für den Einsatz im Krieg, als Transportmittel und in der Landwirtschaft befähigen.
Vieles spricht dafür, dass die „Haustierwerdung" des Pferdes 4.000 Jahre v. Chr. erfolgte. Südosteuropa scheint hierbei eine wichtige Rolle gespielt zu haben.

Donpferd

Russische Donkosaken würden vermutlich keine andere Rasse satteln, denn schon ihre Vorfahren verließen sich seit jeher auf Donpferde aus der russischen Steppe, die später mit mongolischen Rassen und Arabern veredelt wurden. Zu internationaler Berühmtheit brachten es die durchschnittlich 1,56 bis 1,60 Meter Stockmaß großen, oft knochigen Donpferde bei der Schlacht gegen den französischen Kaiser Napoléon Bonaparte.
Donpferde sind typische > *Quadratpferde* und gelten als besonders trittsicher.

Doppelmähne

Üppiges, zu beiden Seiten des Halses fallendes Langhaar. Doppelmähnen sind oft bei Islandpferden, Shetland-Ponys und Kaltblutrassen zu sehen.

Dornfortsatz

Nach hinten gerichtete Verlängerung des Wirbels – einem knöchernen Element der Wirbelsäule. Berühren sich die Dornfortsätze aufgrund von Überlastung, kann es zum > *Kissing Spine Syndrom* kommen.

Drohverhalten

Eine Abwehrreaktion des Pferdes mit eindeutiger Körpersprache: Die Ohren liegen flach am Kopf an, die Nüstern verjüngen sich zu schmalen Schlitzen und bilden Falten, die Augen blitzen weiß auf. Auch gebleckte Zähne und Schnappen gehören zum Repertoire. Meistens richtet sich das Drohverhalten gegen rangniedere Artgenossen oder fremde

Die Stute legt die Ohren an und bleckt die Zähne, um dem Rappen zu signalisieren, dass er auf Abstand gehen soll.

Pferde. Aber auch andere Tiere und Menschen können damit konfrontiert werden, wenn sie in die Komfortzone des Pferdes eindringen.

Drosselrinne

Eine längs verlaufende Muskelfurche im Halsbereich, die am oberen Rand des Brustbeins endet.

Druse

Eine hochansteckende Krankheit, bei der die Lymphknoten im Kopfbereich vereitern. Betroffene Pferde leiden unter Schluckbeschwerden, hohem Fieber, trockenem Husten und eitrigem Nasenausfluss. Die vereiterten Lymphknoten brechen nach einigen Wochen auf und sondern Eiter ab.

Es scheint sich um eine Virusform zu handeln, die mit der Pferdegrippe in Zusammenhang steht. Druseabszesse können auch die inneren Organe betreffen und schwere Schäden anrichten. An Druse erkrankte Pferde gehören in strenge Quarantäne und in tierärztliche Behandlung. Menschen, die mit ihnen Kontakt pflegen, müssen höchste Hygiene walten lassen. Sie gelten als Hauptüberträger von einem Pferd auf das andere.

Impfstoffe gegen Druse befinden sich zur Zeit in der Testphase.

Dülmener Wildpferde

Dülmener Wildpferde gehören zu den letzten europäischen Primitiv-Pferderassen, die seit Jahrhunderten wild leben mehr oder weniger zumindest. Die Ausgeglichenheit und das freundliche Wesen der Ponys aus dem Merfelder Bruch, machte sie seit jeher zu beliebten Helfern. Milchkutscher, Kleinhändler und Gärtnerbetriebe spannten die maximal 140 Zentimeter großen Dülmener im wahrsten Sinne des Wortes gerne ein.

Natürliche Haltungsbedingungen schufen eine robuste Rasse, die mit wenig Futter auskommt, lange lebt und fruchtbar ist. Am seltensten sind Dunkelbraune, gefolgt von Gelb- und Braunfalben. Am häufigsten sind Mausfalben. Der dunkelbraune Typ ist am edelsten und etwas kleiner als die anderen. Charakteristisch ist auch das > *Mehlmaul*. Die größeren und gröberen Typen zeigen meist > *Aalstriche* und oft auch Zebrastreifen an den Beinen.

Bei diesem edlen Hengst zeichnet sich die Drosselrinne im Halsbereich deutlich ab.

Dülmener Wildpferde gibt es im Merfelder Bruch zu sehen.

Dülmener Pferde gehören zu den „Wildbahn-Ponys". Früher gab es in Westfalen mehrere davon. Dort lebten unter anderem Daverts, Klei-Pferde und „Dickköppe". Ihr Lebensraum wurde längst von der modernen Welt überlagert. Der Merfelder Bruch ist eine Ausnahme, aber weit davon entfernt, ein wirklicher Wildpferde-Lebensraum zu sein. Seit 1988 gibt es eine Interessengemeinschaft, die die Rasse bekannter machen und ihre Vielseitigkeit zeigen möchte.
Zucht-Programme außerhalb des Merfelder Bruchs werden durch die Tatsache erschwert, dass keine Stuten mehr das Gehege verlassen dürfen. Dülmener Hengste gelangen auch in die Hände ponybegeisterter Reiter.

Dummkoller

Bezeichnet eine Gehirnwassersucht. Dummkoller ist eine unheilbare Krankheit des Gehirns, das Bewusstsein und das Reaktionsvermögen des Pferdes sind getrübt. Die Symptome sind recht variabel. Sie reichen von einem schläfrigen Blick über ein unkoordiniertes Ohrenspiel und einen gesenkten Kopf bis hin zu gekreuzten Beinen und einer Schrägstellung des gesamten Körpers. Die Nutzung des Pferdes ist stark eingeschränkt, die Krankheit verläuft jedoch nicht tödlich. Dummkoller gehörte zu den Gewährsmängeln, die seit 2002 nicht mehr anerkannt sind.

Einflechten

Eine gepflegte Mähne ist ein Blickfang, manchmal stört sie aber auch: zum Beispiel beim Turnier, wenn der Richter das Pferd hinter einer üppig wallenden Haarpracht mehr vermuten als wirklich sehen kann. Um Ärger vorzubeugen, sollte man die Mähne einflechten. Bei manchen Pferderassen wird dies auch bei Zuchtschauen gefordert.

Wichtig ist, dass man angefeuchtetes Haar nicht zu fest einflechtet, denn wenn es trocknet, könnten zu stramm geflochtene Zöpfe ziepen. Um ein ordentliches Flechtmuster zu erhalten, unterteilt man die gesamte Mähne in circa zwei Finger breite Strähnen. Dann jede Strähne von oben nach unten flechten und mit einem Gummiband fixieren, ein- oder zweimal nach innen einschlagen und mit einem weiteren Gummiband befestigen. Die Zöpfe sollten nie länger als drei Tage drin bleiben, sonst schädigen sie das Haar.

Einhufer

Als Einhufer bezeichnet man Tiere, deren Gliedmaßen in einer mit Horn umkleideten Zehe enden. Pferde, Halbesel, Esel, Zebras, Maultiere, Maulesel und Zebroide gehören dazu. Sie alle sind Pferdeartige (Equidae).

Einschuss

Eine eitrige Entzündung im Unterhautbindegewebe des Pferdebeins. Meistens entsteht ein Einschuss als Folge einer Verletzung. Häufig werden die eiterbildenden Bakterien durch eine sehr kleine Wunde, die nur wenig blutet, unter die Haut gebracht.

Das verletzte Bein schwillt plötzlich an. Es ist druckempfindlich, hart und wärmer als die anderen Beine. Lahmheit und Fieber sind oft Begleitsymptome des Einschusses.

Als Erste Hilfe-Maßnahme kann man das betroffene Bein kühlen – z. B. mit einem Kühlverband, der wiederholt mit klarem, kalten Wasser angegossen wird. Ein Tierarztbesuch ist unumgänglich, weil die Entzündung bei mangelhafter Versorgung auch lebensbedrohlich werden kann. Meistens klingen Fieber und Schmerzen bei professioneller Versorgung nach drei Tagen ab. Sobald der Tierarzt grünes Licht gibt, kann das Pferd täglich etwas im Schritt geführt werden. Um sicherzustellen, dass sich die Verdickung des Beines auch wirklich vollständig zurückbildet, bleibt vorübergehend ein Watteverband am Bein.

Das Einflechten schützt lange Mähnen vor Verknotungen und hält das Haar beim Reiten von den Reiterhänden fern.

Einsiedel > *Marbach*

Einstreu
In eine Pferdebox gehört Einstreu. Das ist ein weicher, saugfähiger Belag. Es gibt verschiedene Sorten von Einstreu, z. B. Stroh, Späne, Strohhäcksel, Hanfeinstreu, Holzpellets und vieles mehr. Weizenstroh gilt als besonders staubfrei, Haferstroh schmeckt am besten, Gerstenstroh kann Koliken auslösen. Sägespäne sind eine gute Lösung für Pferde, die sehr staubempfindlich sind oder in einer Strohbox kugelrund werden.
Bei der Entscheidung für eine bestimmte Sorte Einstreu spielt auch die Entsorgung eine Rolle. Unabhängig von der Einstreusorte ist eines wichtig: Sie darf keine Giftstoffe wie Holzschutzmittel oder Ähnliches enthalten.

Ellenbogenhöcker
Eine knöcherne Verlängerung des Unterarmknochens – genau genommen der Elle des Pferdes. Man kann sie spüren, wenn man die Hand vor dem Sattelgurt an das oberste Ende des Vorderbeines legt.

Englisches Vollblut
Englische Vollblüter gelten als die schnellsten Pferde der Welt. Kenner raunen bewundernd, wenn die Namen der großen Rennpferde-Vererber Darley Arabian, Byerley Turk, Godolphin Barb (Berber) oder Curwen Bay Barb fallen. Die Nachzucht dieser legendären Hengste machte auf den Rennbahnen der Welt Furore. Großbritannien, Irland, die USA und Frankreich gelten heute als Hochburgen der Vollblut-Zucht. Aber auch im Jagdsport und in anderen Disziplinen überzeugen die edlen Vollblüter. Ein guter Ausbilder kann sie bis zu den schwersten Klassen der Dressur und auch im Springen ausbilden.
Die Anfänge der Zucht gehen bis auf die Zeit der römischen Besatzung zurück. Schon damals sollen die Bewohner der Britischen Inseln Pferde gegeneinander laufen lassen haben. Inzwischen haben sich zwei Zuchtlinien herausgebildet: Zum einen recht große Vollblüter, die für Langstreckenbahnen prädes-

Jedes in Europa lebende Pferd braucht einen Equidenpass. Der Ausweis enthält unter anderem Informationen über die Abstammung und besondere Merkmale des Pferdes.

tiniert sind, zum anderen kleinere, extrem bemuskelte Vollblüter, die in den USA entstanden und Sprinter-Qualitäten besitzen.
Die Zucht Englischer Vollblüter liegt traditionell in privater Hand. Das Gebiet um Newmarket ist nach wie vor eine Hochburg des Zuchtgeschehens. Hier gibt es zahlreiche Gestüte, die alle nicht weit voneinander entfernt liegen. In Newmarket ist auch das British National Stud beheimatet.
Obwohl die Englische Vollblut-Zucht traditionell „strictly british“ war, werden heute in über 50 Ländern die schnellsten Pferde der Welt gezüchtet. Das ist nicht zuletzt dem menschlichen Wetteifer zu verdanken, ohne den es Pferderennen nicht geben würde.

Entwurmen > *Wurmkur*

Equidenpass
Jeder > *Einhufer*, der innerhalb der Europäischen Union (EU) lebt, muss einen Equidenpass haben. Dieser EU-Beschluss gilt seit dem 1. Juni 2000.
Der Equidenpass enthält Informationen zur Abstammung des Pferdes und auffälligen äußeren Kennzeichen wie Abzeichen und Wirbel. Auch Impfungen und medikamentöse Behandlungen werden darin dokumentiert. Er gibt ebenfalls Auskunft darüber, ob das Pferd zur Schlachtung bestimmt ist oder nicht. Der „Pferdeausweis“ muss bei jedem Transport des Pferdes mitgeführt werden – egal, ob es zum Tierarzt, zum Turnier oder auf eine gemeinsame Urlaubsreise geht.
Anträge für den Equidenpass gibt es beim Tierarzt. Falls nicht, erteilen auch die Landeskommissionen der Deutschen Reiterlichen Vereinigung (FN) und die Zuchtverbände Auskünfte. Antragspapiere können auch direkt bei der FN bestellt werden. Wer bei einer Kontrolle keinen Equidenpass vorweisen kann, muss mit einem Bußgeld rechnen.

Equines Cushing Syndrom > *Cushing Syndrom*

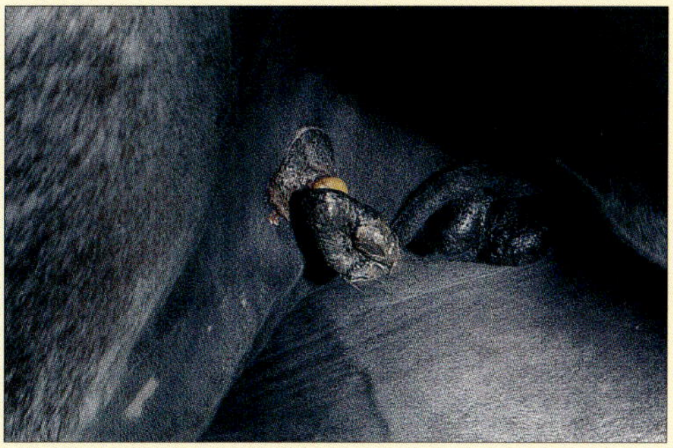

Ein Equines Sarkoid, direkt neben dem Euter einer Stute

Equines Sarkoid
Eine warzenähnliche Veränderung und der häufigste Hauttumor beim Pferd. Viele Pferdebesitzer kennen das Equine Sarkoid (ES) allerdings nicht unter dem einschlägigen Fachbegriff, sondern als Warze. Warzen gibt es aber viele und nicht jede ist ein Equines Sarkoid. Für die Behandlung der Hautveränderung kann eine präzise Bestimmung wichtig sein.
Studien haben gezeigt, dass zwar Pferde jedes Alters an ES erkranken können, die meisten Tiere aber jünger als sechs Jahre sind, wenn der Hauttumor zum ersten Mal auftritt. Die Veranlagung zu dieser Erkrankung scheint genetisch bedingt zu sein.
Equine Sarkoide sind nicht nur unschön anzusehen, sie können auch die Funktionalität eines Pferdes einschränken (z. B. dann, wenn sie sich in der Gurtlage befinden). An und für sich sind Equine Sarkoide nicht schmerzhaft und jucken auch nicht. Das kann sich allerdings ändern, wenn sie durch äußere Einflüsse gereizt werden. An feuchter, wenig behaarter oder dünner Haut wuchern sie besonders oft – auch an Hautbereichen, die mechanischen Reizungen ausgesetzt sind (Lippenränder, Gurtlage) oder an Narbengewebe.
Und sind Equine Sarkoide ansteckend? Vermutlich schon, aber nur unter bestimmten Bedingungen. Bei Untersuchungen wurden Viruspartikel nachgewiesen. Deshalb ist

Das Eohippus war lediglich fuchsgroß und hatte wenig Ähnlichkeit mit unseren heutigen Pferden.

eine Übertragung von einem Pferd zum anderen – vermutlich durch Insekten – nicht auszuschließen. Offenbar besteht auch eine Verbindung zu Rindern, bei denen ähnliche Viren beobachtet wurden. Es gibt aber keine Hinweise darauf, dass durch Putzzeug oder Hände eine Übertragung von einem Pferd zum anderen begünstigt wird.
ES werden entweder chirurgisch entfernt oder mit Medikamenten behandelt, die die Zellvermehrung eindämmen oder zum Stillstand bringen sollen. Wie vorgegangen wird, hängt von der Größe und Ausbreitung der Warzen und von ihrer Lage ab. Es ist aber nicht auszuschließen, dass das ES wiederkommt. Eine Impfung gibt es bislang nicht.

Equus
Lateinische Bezeichnung für Einhufer: Equus caballus (Pferd), Equus asinus (Esel), Equus hemionus (Halbesel), Equus quagga (Zebra).

Evolution
Über 60 Millionen Jahre sind vergangen, seitdem der erste Vorfahr des modernen Pferdes seine Zehen auf die Erde setzte. Das geschah vermutlich in Nordamerika, wo das Urpferd (Hyracotherium) verschiedene Entwicklungsstufen durchlief, bevor es zum Equus caballus wurde. Dessen Körper perfektionierte sich im Verlauf von einer Million Jahren, es wurde schneller und die Futteraufnahme verbesserte sich. Außerdem wanderten die Urpferde über Landbrücken nach Asien, Europa und Afrika.
Über eine Million Jahre dauerte es, bis aus Pferden das wurde, was sie heute sind. Und sogar davor – vor 60 Millionen Jahren – gab es bereits frühe Vorfahren. Eohippus war gerade mal so groß wie ein Fuchs und hatte Zehen, keine Hufe. Obwohl es heute auch das „Pferd der Morgenröte“ genannt wird, sah es unseren Reitpferden nun wirklich überhaupt nicht ähnlich. Das Eohippus ist längst ausgestorben. Da aber einige Versteinerungen dieses Pferde-Vorfahren gefunden wurden, konnten Wissenschaftler sein Aussehen nachvollziehen. Und sie wissen auch, was er gefressen hat – kein Gras, sondern Laub! Das ist zumindest höchstwahrscheinlich.
Der Übergang vom fuchsartigen Eohippus zum Reitpferd verlief schleppend. Zunächst bevölkerten zwei ungewöhnliche Gesellen die Erde: Mesohippus und Miohippus. Ihr Körper war etwas größer als der des Eohippus, aber beide hatten noch immer keine Hufe, sondern Zehen.

E

Urtypen

Da nicht alle Pferde gleich aussehen, vermutet die heutige Wissenschaft vier unterschiedliche Urtypen:

Typ 1: *Nordpony*
Typ 2: *Tundrenpony*
Typ 3: *Steppenpferd*
Typ 4: *Ramskopfpferd*

Aus Mesohippus und Miohippus entwickelte sich das Merychippus. Dieses sorgte wiederum für die Entstehung von sechs weiteren Arten. Und eine dieser Arten, das Pliohippus, war entscheidend: Es entwickelte sich im Laufe von einer Million Jahren zum Equus caballus.
Unsere heutigen Pferde gehören zur Gattung Equus caballus. Der Ursprung dieser Gattung liegt ungefähr eine Million Jahre zurück. Diese Zeit brauchte Equus caballus, um seinen Körper zu perfektionieren. Sein Laufvermögen verbesserte sich und seine Zähne wurden zu idealen Graszerkleinerern.
In Nordamerika hat man die meisten Versteinerungen des Equus caballus gefunden. Von dort aus wanderten die Vorfahren der Pferde erst nach Asien, dann nach Afrika und Europa. Warum es in Amerika vor einigen Tausend Jahren plötzlich gar keine Pferde mehr gab, ist unbekannt. Im 16. Jahrhundert wurden sie von europäischen Siedlern erneut eingeführt.
Offensichtlich entwickelten sich in heißeren Ländern eher zierliche und in kälteren Regionen eher kompaktere Pferde. Die meisten modernen Pferderassen sind Mischformen der vier Urtypen.

Exmoor-Pony

Das Exmoor-Pony stammt aus den Mooren Südwestenglands und gilt als ursprünglichste englische Pferderasse, aber auch als eine der seltensten. Falben und Braune herrschen bei den Exmoor-Ponys vor, das Stockmaß reicht von 1,20 bis 1,30 Meter.
In England gibt es noch immer wild lebende Herden. Das hügelige und buschreiche Exmoor wurde in einen Nationalpark umgewandelt. Verschiedene Verbände setzen sich für den Erhalt der geschichtsträchtigen Rasse ein, die gut als Kinderreitpony geeignet ist.

Exterieur

Die äußeren Körpermerkmale des Pferdes – auch Gebäude genannt.

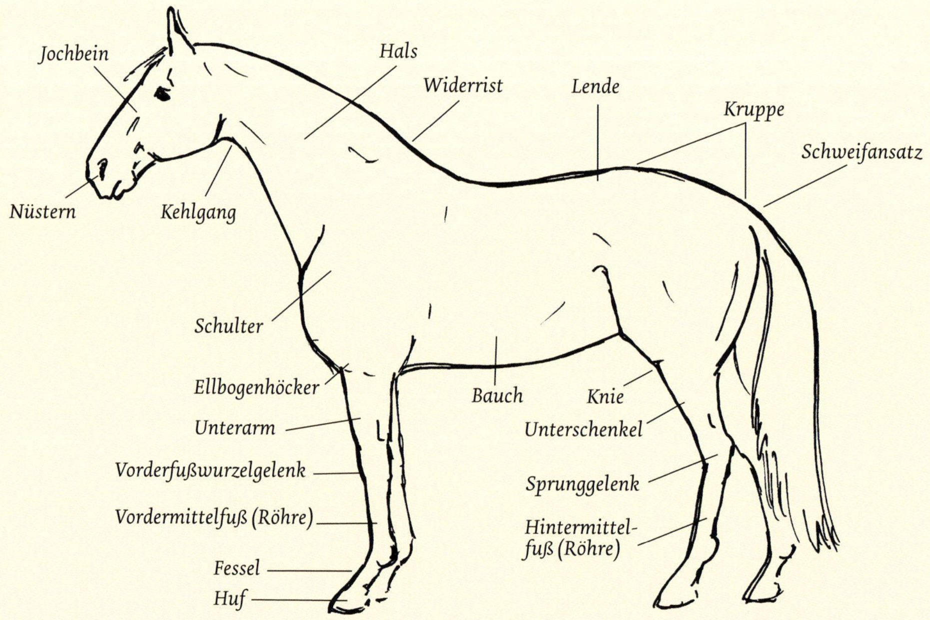

Falabella

Mit einem Höchststockmaß von 89 Zentimetern sind die argentinischen Falabellas die kleinsten Pferde der Welt. Der Name stammt von der Züchterfamilie, die die Rasse durch eine selektive Zucht mit sehr kleinen Shetland-Ponys begründete.

Falabellas sind zu klein, um als Reitponys genutzt zu werden. Die größten Exemplare ziehen manchmal kleine Kutschen, die anderen zeigen sich meistens auf Zuchtschauen, wo es um extreme Typausprägungen geht, was der Gesundheit der eleganten Minis nicht immer zugute kommt.

Falbe

Eine Farbvariante des Pferdes, die einem aufgehellten Braun entspricht. Die Farbe variiert von dunklem, torfähnlichem Braun bis hin zu einem hellen Ockergelb. Falben haben meistens dunkle Gliedmaßen und dunkles Langhaar. Helle Falben mit goldfarbenem Kurzhaar erfreuten sich in Adelskreisen lange großer Beliebtheit.

Die bekannteste Variante des braunen Falben ist der Norweger. Ihn gibt es zwar auch mit einer ins Grau gehenden Falbfarbe, die ist jedoch bei Dülmener Wildpferden noch

Falben sind bei den Dülmener Wildpferden besonders häufig anzutreffen.

F

viel häufiger anzutreffen. Die Wildlinge aus dem Meerfelder Bruch haben auch > *Aalstriche* – ein verbreitetes Merkmal bei Falben. Auch Zebrastreifen an den Beinen kommen bei diesem Farbschlag mitunter vor, z. B. bei > *Sorraia-Pferden.*

Farben

Sie sollen rein und klar sein – zumindest in der Pferdezucht: > *Füchse*, > *Braune*, > *Rappen* und > *Schimmel* repräsentieren die Grundfarben. Alle anderen Farbvarianten bei Pferden entstehen daraus.
Anders verhält sich das Ganze bei Wildpferden. Sie sind nicht umsonst meistens tarnfarben: Die unauffällige Farbe ist eine Anpassung an die Umgebung und somit ein effektiver Schutz vor potenziellen Feinden. Die gezielte Pferdezucht setzte der Verbreitung unauffälliger Tarnfarben jedoch Grenzen. Kräftige, leuchtende Farben sind weitaus begehrter. Dadurch kam es allerdings auch zur Ausprägung von Merkmalen, die in der freien Wildbahn kaum vorkommen: weiße Abzeichen, pigmentlose (rosafarbene) Haut, elfenbeinfarbenes oder weißes Deckhaar.

Fassbeinig > *Stellungsfehler*

Fehlstellung der Hintergliedmaßen, bei der sich die Sprunggelenke bei jedem Schritt nach außen drehen. Auch im Stand ist die o-förmige Stellung der Hinterbeine zu sehen. Fassbeinigkeit kann auch ein Anzeichen für Überanstrengung der Hinterhand und konstitutionelle Schwäche sein.

Fell

Es bedeckt den gesamten Körper des Pferdes. Das > *Deckhaar* ist im Sommer dünner und seidiger als im Winter. Während der kalten Monate bildet es eine dichte, wärmende Schutzschicht, die im Frühjahr abgestoßen wird. Bei Ponys, Wildpferden und robust gehaltenen Pferden ist der Unterschied zwischen Sommer- und Winterfell besonders ausgeprägt.

Während des Fellwechsels hilft gründliches Bürsten, die haarigen Zeiten schneller zu überstehen.

Fell-Pony

Mit dem Haarkleid hat der Name Fell-Pony nichts zu tun, sondern vielmehr mit dem in Nordengland liegenden Fell-Gebirge, der Heimat dieser Rasse.
Die robusten Ponys schufteten früher als Lasttiere in den Bergwerken und standen Schafhirten bei der Hütearbeit zur Seite. Heute sind die freundlichen und ausgesprochen trittsicheren Fell-Ponys beliebte Freizeitpfer-

de. Rappen sowie Schwarzbraune kommen am häufigsten vor. Das Stockmaß des Fellponys darf nicht über 1,42 Meter liegen.

Fersenhöcker
Eine kugelförmige Erhebung oberhalb der Sprunggelenke an der Rückseite der Hinterbeine. Vergrößert sich der auf dem Fersenhöcker liegende Schleimbeutel aufgrund einer Verletzung, nennt man das > *Piephacke*.

Fieber
Erhöhte Körpertemperatur. Da Pferde abhängig vom Alter unterschiedliche Normalwerte haben, ist Fieber bei ihnen eine individuellere Bezeichnung als beim Menschen.
Wichtig: Auch äußere Reize beeinflussen die Körpertemperatur. Sie ist in Warmställen höher als in Kaltställen, sinkt nach dem Tränken mit kaltem Wasser ab und steigt bei körperlicher Anstrengung auf bis zu 40 Grad Celsius an. In der Ruhephase sinkt sie alle 30 Minuten um circa ein Grad Celsius ab.

Fieber bei Pferden

Ein Pferd hat Fieber:
> *über 39,3 Grad Celsius bei Saugfohlen bis zum fünften Lebenstag;*
> *über 38,7 Grad Celsius bei Fohlen bis zum sechsten Monat;*
> *über 38,6 Grad Celsius bei Absetzern und Jährlingen;*
> *über 38,3 Grad Celsius bei heranwachsenden und erwachsenen Pferden.*

Fischauge
Als Fischaugen bezeichnet man helle, pigmentarme Augen, die oft blau wirken. Ist das Bindegewebe in der Iris stellenweise verdichtet, wodurch weiße Flecken entstehen, handelt es sich um ein Birkauge. Wirkt die gesamte Iris weiß, handelt es sich um ein sogenanntes Glasauge.

Fjordpferd
Manche nennen sie Fjordpferde, andere Norweger. Gemeint ist ein und dieselbe skandinavische Rasse. Eine dichte, oft zur Stehmähne geschnittene, blond-schwarze Haarpracht ist ein typisches Merkmal des aus dem norwegischen Vestland stammenden Kleinpferdes. Und auch der dunkle Aalstrich, der sich bis zur Schweifrübe zieht, ist unverkennbar.
Die durchschnittlich zwischen 1,36 und 1,45 Meter Stockmaß großen Skandinavier mussten in der Vergangenheit so einiges über sich ergehen lassen: Sie schufteten im Straßenbau, schnauften als Packpferde auf steilen Gebirgspfaden, schleppten Baumstämme und zogen den bäuerlichen Pflug.

Pferde mit blauen Augen haben einen ganz besonderen Ausdruck.

Seit ungefähr 30 Jahren erobern die zwischen Pony und Kaltblut stehenden, falbfarbenen Vierbeiner auch die Herzen der Freizeitreiter. Ihr ausgeglichenes Gemüt macht sie zu guten Anfängerpferden und zuverlässigen Partnern ängstlicher Reiter. Was nicht heißt, dass Fjordings – wie Norweger in ihrer Heimat genannt werden – nicht auch zu Hochtouren auflaufen können. Mit Geduld, Einfühlungsvermögen und entsprechenden reiterlichen Fähigkeiten lassen sie sich bis zu schweren Klassen der Dressur ausbilden.

Flanke

Hinter den Rippen liegender Bereich zwischen Hüfthöcker und Bauchunterseite. Meistens bilden die Flanken eine leichte Grube. Ist das nicht der Fall, hat das Pferd geschlossene Flanken. Eingefallene Flanken sind möglicherweise Anzeichen für Durst, Überanstrengung, Unwohlsein oder einen schlechten Futterzustand.

Flankenschlag

Schnelles Heben und Senken der Flanken, meistens nach körperlichen Anstrengungen. Im Ruhezustand beruhigt sich der Flankenschlag bei gesunden Pferden schnell. Bei dämpfigen oder konstitutionell geschwächten Pferden bleibt er länger oder sogar dauerhaft sichtbar.

Fleck

Angeborenes, unveränderliches > *Abzeichen* an der Oberlippe des Pferdes.

Flehmen

Hochstülpen der Oberlippe mit gleichzeitigem Nach-oben-Strecken von Hals und Kopf. Meistens lösen Duftstoffe diese Reaktion aus, z. B. der Körpergeruch rossiger Stuten, der bei Hengsten umgehend zum Flehmen führt. Aber auch Wallache und Stuten flehmen, wenn sie etwas Ungewöhnliches riechen. Flehmen kann man Pferden auch auf Kommando beibringen – ein beliebtes Kunststück, das immer für Gelächter sorgt.

Normalerweise flehmen Pferde, wenn sie einen interessanten Geruch wahrgenommen haben.

Flocke

Ein kleines weißes > *Abzeichen* auf der Stirn des Pferdes.

Flocken werden meistens durch den Schopf des Pferdes verdeckt. Eigentlich schade, denn das kleine weiße Abzeichen wirkt sympathisch.

F

Das Deutsche Olympiade-Komitee für Reiterei e. V.

Seit dem Gründungsjahr 1913 setzt sich das Deutsche Olympiade-Komitee für Reiterei für den Spitzenreit- und -fahrsport ein. 1970 wurde in Warendorf ein Bundesleistungszentrum gegründet, das keine Wünsche offen lässt. Hier können sich Profis und talentierte Nachwuchsreiter auf Championate verschiedenster Disziplinen vorbereiten: Dressur, Springen, Vielseitigkeit, Fahren, Voltigieren und Reining gehören zum Angebot. Kein Wunder, dass viele weltweit erfolgreiche Reiter im Bundesleistungszentrum trainiert haben, bevor sie Ruhm erlangten.

1968 gab es tiefgreifende Veränderung beim DOKR. Das Komitee gab die Eigenständigkeit auf und ging in der Deutschen Reiterlichen Vereinigung (FN) auf – wie alle anderen Pferdesport- und Zuchtverbände. Zu den Aufgaben des DOKR gehören:

> *die Auswahl vielversprechender Reiter und Pferde, die dann zu internationalen Prüfungen, Championaten und Olympischen Spielen entsandt werden;*
> *die Berufung von Kadermitgliedern, die vom Bundestrainer betreut werden;*
> *die systematische Heranführung von Nachwuchsreitern an den Hochleistungssport;*
> *der Einkauf für den Hochleistungssport bestimmter Pferde;*
> *die finanzielle Beteiligung am Einkauf hoch qualifizierter Pferde;*
> *die Betreuung wehrpflichtiger Spitzensportler in Zusammenarbeit mit der Sportschule Warendorf der Bundeswehr.*

Fluchttier

Ein Tier, das sofort flieht, wenn es Gefahr wittert. Verteidigung und Angriff erfolgen in der Regel nur dann, wenn es keine andere Möglichkeit der Konfliktlösung gibt.

FN

Abkürzung für Fédération Equestre Nationale, die Deutsche Reiterliche Vereinigung. Hierbei handelt es sich um den Bundesverband für Pferdesport und -zucht mit Sitz in Warendorf. Die FN ist der Dachverband aller Züchter, Reiter, Fahrer und Voltigierer in Deutschland. Der Turniersport und die Förderung des Spitzensports nehmen einen Großteil der FN-Arbeit ein, wobei der Spitzensport dem angegliederten Deutschen Olympiade-Komitee für Reiterei (DOKR) und dem Bundesleistungszentrum (BLZ) obliegt. Rund 7.500 Mitgliedsvereine mit insgesamt über 760.000 Mitgliedern sind der FN angeschlossen.

Fohlen

Ein noch nicht ausgewachsenes Pferd. Solange es Stutenmilch trinkt, ist es ein Saugfohlen. Absetzer heißt es nach der Trennung von der Mutterstute, die meistens nach dem sechsten Lebensmonat erfolgt. Ab dem zwölften Monat sind Fohlen Jährlinge, ab dem 24. Monat Zweijährige.
Fohlen sind ganz anders proportioniert als erwachsene Pferde. Sie haben sehr lange Gliedmaßen, auf denen sie schon wenige Stunden nach der Geburt herumgaloppieren.
Angeblich sehen Pferdekenner einem Fohlen in den ersten drei Lebenstagen an, ob es ein wertvolles oder ein weniger gutes Pferd wird. Danach folgen viele Wachstumsphasen, die das Fohlen körperlich unausgewogen machen und die Beurteilung erschweren. Fohlen sollten nie alleine aufwachsen, sondern am besten in Gesellschaft mit Gleichaltrigen. Auf diese Weise erlernen sie wichtiges Sozialverhalten, das sie später zu unkomplizierten Herdenmitgliedern macht.

Solange sich Fohlen noch überwiegend von Muttermilch ernähren, nennt man sie Saugfohlen.

Regelmäßiger Auslauf muss auch gewährleistet sein, wenn sie außerhalb der Fohlen-Hauptsaison (April bis Juli) geboren werden.

Fohlenlähme

Eine Fohlenkrankheit, die als häufigste Todesursache gilt. Früher unterschied man zwischen der Früh- und der Spätlähme. Heute wird der Fohlenlähme-Komplex als Polyseptikämie zusammengefasst.
Die Infektion erfolgt manchmal bereits im Mutterleib, öfter aber nach der Geburt, meist bedingt durch ein unhygienisches Umfeld. Fieber tritt meistens auf. Die anderen Symptome sind vielfältig und reichen von Lungenentzündungen über Gelenks- und Muskelbeschwerden bis hin zu Darmentzündungen mit heftigen Durchfällen. Auch die früher stets beschriebenen Lahmheiten und schmerzhaft geschwollenen Gelenke können, müssen aber nicht auftreten.
Ohne tierärztliche Behandlung sterben an Fohlenlähme erkrankte Tiere. Die beste Vorbeugung sind eine tadellose Hygiene vor und nach der Geburt und eine gründliche Desinfektion des Nabels. Der Tierarzt kann während der ersten Lebensstunden den Gammaglobulingehalt überprüfen und daran erkennen, ob erhöhte Gefahr besteht oder nicht.

Frederiksborg

König Friedrich II. gründete 1560 das Hofgestüt Frederiksborg im Kloster Esrom bei Kopenhagen. Spanische und neapolitanische Hengste veredelten die dänischen Pferde des Gestüts. 1602 erfolgte eine Verlegung des Gestüts nach Sparepenge. 1720 gab es einen erneuten Umzug nach Hillerödsholm. In diesen Gestüten entstand der Frederiksborger, ein barockes Pferd, das vom 16. bis 18. Jahrhundert an den europäischen Höfen Furore machte. Ende des 19. Jahrhunderts bewegte sich die Zucht in Richtung Arbeitspferd, was den alten Frederiksborger fast vollständig auslöschte.

Frederiksborger

Die durchschnittlich 1,60 Meter großen Füchse mit hellem Langhaar und Abzeichen sind eine sehr alte dänische Rasse, die als bedroht gilt. Die Zuchtbasis bildeten spanische und neapolitanische Hengste, die mit dänischen Stuten verpaart wurden. Das Zuchtziel war ein barockes Parade- und Militärpferd, das sich außerdem gut als Reit- und Fahrpferd eignete.
Frederiksborger waren an den europäischen Höfen beliebt und begehrt. Und die Rasse schrieb auch Zuchtgeschichte: Der 1765 geborene Hengst Pluto, Mitbegründer der

Lipizzaner-Zucht, war ein Frederiksborger und nahm auch auf die Orlow-Traber-Zucht Einfluss. Doch dann kam eine dramatische Wende: Anfang des 19. Jahrhunderts entwickelte sich die Rasse immer mehr zum mittelschweren Warmblut. Der alte Barocktyp ging verloren. Seitdem hat es immer wieder Rückzuchtversuche gegeben, die bislang nicht das erwünschte Ergebnis brachten.

Freiberger

Western-Altmeister Jean-Claude Dysli hat auf Freibergern seine ersten Reitstunden genommen, und auch viele andere schätzen

Früher setzten Bergbauern die kräftigen Freiberger als Arbeitspferde ein. Heute sind sie beliebte Freizeitpferde, die sich durch Robustheit und Vielseitigkeit auszeichnen.

sie als Einsteigerpferde. Die Trittsicherheit der Schweizer Rasse ist legendär. Deshalb werden die vielseitigen Freiberger gerne für Wanderritte eingesetzt. Sie haben Temperament, sind aber gutmütig.
Es wäre schön, wenn mehr Reiter die Qualitäten der Freiberger für sich entdecken würden. Das könnte vielleicht dazu beitragen, dass nicht etwa zwei Drittel aller in der Schweiz geborenen Freiberger-Fohlen im Alter von sechs Monaten geschlachtet würden. Diese tragische Entwicklung ist relativ neu. Früher wurden Freiberger von Bergbauern als Arbeitspferde eingesetzt. Man nutzte sie überwiegend als Pack- und Zugtiere, manchmal aber auch als Reitpferd.
Seit den sechziger Jahren des letzten Jahrhunderts konzentriert sich die Zucht verstärkt auf den Reitpferdetyp. Ein schwedisches Warmblut und ein polnisch gezogener Araber brachten mehr Adel in die Rasse. Freiberger tendieren seither eher in Richtung Warmblut.
Ursprünglich war die Rasse direkt an der französischen Grenze, der Franche Comté des Schweizer Juras, angesiedelt. Deshalb werden Freiberger auch Franches Comtés oder Jurarasse genannt. Der Name Freiberger leitet sich aus dem Französischen ab: Franches Montagnes, freie Berge. Daher auch die Rasseabkürzung F.M.
Die meisten der durchschnittlich 1,50 bis 1,60 Meter Stockmaß großen Freiberger sind braun, aber es gibt auch Füchse. Und manchmal sieht man sogar Schecken. Das sind aber echte Raritäten.

Freisprung > *Deckakt*

Friese

Friesen gehören heute zu den beliebtesten Pferderassen. Dabei wären sie im 18. und 19. Jahrhundert beinahe ausgestorben. Es ist dem Engagement einer kleinen, bäuerlichen Züchterschaft zu verdanken, dass die imposante Rasse ein Comeback feierte.

Friesen sind die schwarzen Perlen der Pferdezucht. Ihre spektakuläre Knieaktion macht sie zu den Stars jeder Pferdeshow.

1879 wurde das „Het Friesch Paarden Stamboek“ gegründet, und von da an ging es mit der Rasse wieder bergauf. Wenn auch nicht ganz problemlos: Die kleine Stutenbasis machte eine enge Inzucht erforderlich, die nicht nur Vorteile brachte. Der 1885 geborene Hengst Nemo 51 ist der Stammvater aller eingetragenen Friesenpferde.

Friesen waren im 18. und 19. Jahrhundert nicht nur beliebte Kutsch- und Arbeitspferde. Sogenannte Harddraver, Friesen mit einer spektakulären Trabaktion, maßen sich bei spannenden Rennen, denen die gesamte Dorfbevölkerung zusah. Noch früher – im Mittelalter – galten friesische Pferde als hervorragende Streitrösser und Turnierpferde für Ritterspiele.

Friesen nahmen Einfluss auf verschiedene andere Zuchten, z. B. die der Oldenburger oder der Orlow-Traber. Auch einige Pony- und Kaltblutrassen profitierten von den Friesengenen. Nach dem Zweiten Weltkrieg wurde die Rapplinie der Kladruber mit ihrer Hilfe wiederaufgebaut.

Inzwischen sind Friesen, deren Stockmaß zwischen 1,55 und 1,75 Metern liegt, längst zum Nationalsymbol Frieslands geworden. Sie sind einzigartig, keine andere Pferderasse zeigt wirklich überzeugende Ähnlichkeiten. Selbst der kleine Bestand der südafrikanischen „Flamen“, der stark an Friesen erinnert, geht auf sie zurück.

Früher gab es auch braune Friesen und sogar Füchse. Beide Farben sind nicht erwünscht. Zur Zucht werden ausschließlich Rappen zugelassen.

Friesen bieten sich für die klassisch-barocke Reiterei an. Fahrsportler schätzen die nervenstarken Pferde ebenfalls.

Fuchs

Hell- bis dunkelbraune Pferde mit gleichfarbigem Deck- und Langhaar, manchmal sind Mähne und Schweif auch etwas heller. Die Fuchsfarbe vererbt sich immer rezessiv. Um sicher zu sein, dass aus einer Verpaarung ein fuchsfarbenes Fohlen entsteht, muss man also zwei Füchse miteinander verpaaren. Die seltenste Fuchsvariante sind Dunkelfüchse. Ihr Fell glänzt im Sonnenlicht wie flüssiges Kupfer.

Dunkelfüchse mit hellem Langhaar nennt man Kohllichtfüchse.

Fundament

Die vier Beine des Pferdes. Ein gutes Fundament ist gerade und korrekt. Klar markierte, kräftige Gelenke, kurze Röhrenknochen und sich deutlich abzeichnende Sehnen sind für Reitpferde ideal.

Das Fundament verrät viel über das Bewegungsvermögen des Pferdes. Hat es einen langen Unterarm und ein kurzes Röhrbein, zeigt es eine lange, flache Aktion – optimal für Galopper. Ist die Röhre hingegen lang und der

Füchse haben fast immer auch fuchsfarbene Eltern. Die Fellfarbe vererbt sich rezessiv.

F

Unterarm kurz, erhöht das die Knieaktion, was sich günstig auf die Dressurveranlagung auswirkt. Die Winkelung der Fesseln zum Boden erlaubt Rückschlüsse auf den Komfort im Sattel. Pferde mit langen, weichen Fesseln sind bequemer zu sitzen als welche mit kurzen, steilen Fesseln. Allerdings sind weiche Fesseln auch anfälliger für Verschleiß. Die optimale Winkelung der Fessel zum Boden beträgt 45 Grad.

Fünftes Bein

Das Pferd stützt sich beim Reiten mit dem Maul auf dem Gebiss ab. Der Reiter braucht viel Kraft, um den Kopf des Pferdes oben zu halten. Das führt zu einer Abstumpfung des Pferdemauls, was wiederum die Nutzung des „fünften Beins" verstärkt. Diese Kettenreaktion widerspricht den Grundsätzen der klassischen Reitkunst, die das leichte Herantreten des Pferdes an die Hilfen fordert. Die Versammlung bleibt bei einem gut gerittenen Pferd sogar bei leicht durchhängendem Zügel bestehen.

Wenn sich das Pferd mit dem Maul auf dem Gebiss abstützt, nutzt es sein „fünftes Bein", was unerwünscht ist.

Furioso North Star

Ein ungarisches Halbblut, das nicht nur in Ungarn, sondern auch in Bayern gezüchtet wird. Dort heißt die Rasse Leutstettener.
Die durchschnittlich 1,63 Meter Stockmaß großen Furiosos gelten als gute Vielseitigkeitspferde und werden auch im Fahrsport eingesetzt.
Der Name der Rasse geht auf die beiden Gründungsväter, die Englischen Vollbluthengste Furioso und North Star, zurück. Sie wurden

F

mit ungarischen Nonius-Stuten angepaart. Nachdem beide Linien erst getrennt voneinander weitergezüchtet wurden, erfolgten später Kreuzungen. Die Rasse entstand Mitte des 19. Jahrhunderts auf dem ungarischen Gestüt > *Mezöhegyes.*

Fütterung

Wildpferde sind fast den ganzen Tag lang mit der Futteraufnahme beschäftigt. Dabei haben sie freie Wahl und suchen instinktiv Pflanzensorten, die gut für ihre Gesundheit sind. Bei domestizierten Pferden sieht das ganz anders aus. Ihre Nahrung wird fremdbestimmt. Sie fressen, was man ihnen in den Trog schüttet. Gezwungenermaßen. Dabei reicht das Angebot von verschiedenen Kraftfuttersorten und Zusatzfuttermitteln bis hin zu Saft- und Raufutter.

Was und wie viel ein Pferd fressen sollte, hängt von vielen Faktoren ab: seiner Größe, seinem Kaliber, seiner Rasse, seinem Stoffwechsel, seinem Alter und dem täglichen Bewegungspensum. Ein guter Fütterungszustand äußert sich unter anderem durch glänzendes Fell, gutes Hufwachstum und Leistungsfähigkeit. Dazu gehört auch eine gute Figur, bei der man die Rippen nicht mit bloßem Auge sehen, aber dennoch problemlos mit den Händen erfühlen kann. Die leicht feuchten Pferdeäpfel sollten rund sein und leicht aufbrechen, wenn sie zu Boden fallen.

Generell ist es gut, wenn Pferde viele kleine Mahlzeiten über den Tag verteilt erhalten. Besser ist es noch, wenn sie ständig Zugang zu Nahrung haben, weil das ihrem natürlichen Verhalten und den Ansprüchen ihres Verdauungsapparates am nächsten kommt. Allerdings ist das nicht einfach umzusetzen, denn die oft üblichen Weiden mit Hochleistungsgras eignen sich nicht zur Dauerbeweidung.

Um Erkrankungen wie z. B. > *Hufrehe* vorzubeugen, sollte unbegrenzter Weidegang nur auf mageren Weiden erfolgen. Heu und gutes Futterstroh eignen sich auch dazu, längere Futterpausen zu überbrücken. Aber hierbei ist Vorsicht geboten. Zu viel Raufutter führt in Kombination mit wenig Bewegung auch zu Übergewicht. Sinnvoll sind das Portionieren der Raufuttergabe und Wechselbeweidung auf nahrhafteren und weniger nahrhaften Weiden. Erfolgen Umstellungen von einer Futtersorte auf eine andere, sollten diese stets schrittweise geschehen. Der Stoffwechsel des Pferdes braucht circa drei Wochen, um sich auf ein neues Nahrungsangebot einzustellen. Zu schnelles Umstellen kann Durchfälle und Koliken verursachen. Das gilt auch für alte, minderwertige und falsch gelagerte Futtermittel.

Wer Zweifel am Ernährungszustand seines Pferdes hat, kann mithilfe eines Bluttests ermitteln, ob es tatsächlich mit allen erforderlichen Nährstoffen versorgt ist.

Pferde sollten immer etwas zum Knabbern haben, weil das ihrem natürlichen Fressverhalten am nächsten kommt.

Obwohl es viele Behandlungsansätze für Gallen gibt, enden die wenigsten Therapien mit einer Heilung. Dennoch sollte der Tierarzt der Ursache des Problems auf den Grund gehen, um Folgeschäden zu vermeiden.

Galopp

Die schnellste der drei > *Grundgangarten.*
Galopp ist eine Dreitakt-Gangart, bei der entweder ein, zwei oder drei Beine am Boden sind – außer in der Schwebephase.
Pferde beherrschen Rechts-, Links- und Kreuzgalopp, wobei der Kreuzgalopp unerwünscht ist. Beim Rechtsgalopp greift das rechte Vorderbein weiter vor, beim Linksgalopp das linke.

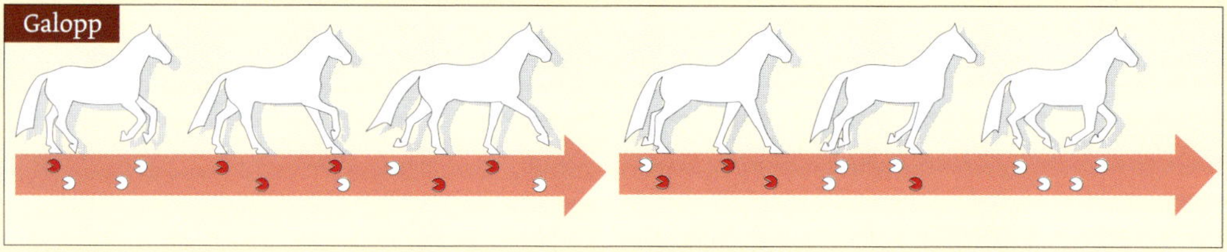

Gähnen

Weites Öffnen des Mauls. Meistens ein Zeichen von Ermüdung oder Langeweile. Es gibt aber auch Pferde, die mit Gähnen auf Stress reagieren.

Galle

Eine Beule, die auf eine vermehrte Füllung eines Gelenks, einer Sehnenscheide oder eines Schleimbeutels zurückgeht. Weiche Gallen enthalten klare Gelenkflüssigkeit. Sie gelten als Schönheitsfehler. In harten Gallen, die sich oft aus weichen entwickeln, sind bindegewebsähnliche Einlagerungen zu finden. Sie schränken manchmal die Beweglichkeit von Gelenken ein.
Überanstrengung, viel Arbeit auf zu hartem Boden, äußere Einwirkungen, Infektionskrankheiten, Entzündungen, Mineralstoff- und Vitaminmangel und starke Verwurmung können Ursachen einer Gallenbildung sein.

Ganasche

Die halbrunden Begrenzungen der Unterkieferäste am hinteren Ende des Pferdekopfes. Sie bilden den Übergang vom Kopf zum Hals.

Dieser Altér Real-Hengst hat sehr ausgeprägte Ganaschen.

Dieses Pferd hat viel Ganaschenfreiheit.

Ganaschenfreiheit

Weit gestellte, hintere Begrenzung der Unterkieferäste, die eine problemlose Beizäumung des Pferdes ermöglicht. Bei eng gestellten Ganaschen entsteht hierbei Druck auf den Kehlgang und auf die Ohrspeicheldrüsen. Das ist unangenehm für das Pferd (Ganaschenzwang).

Gangarten

Verschiedene Fortbewegungsarten des Pferdes. Man unterscheidet drei > *Grundgangarten*: > *Schritt*, >*Trab* und > *Galopp*. Außerdem gibt es weitere Gangarten wie > *Tölt* und > *Pass*. Die meisten Pferde beherrschen nur die Grundgangarten.

Galopp ist die einzige asymmetrische Gangart.

> *Gangpferderassen* wie Islandpferde, Paso Peruano, Missouri Foxtrotter und Tennessee Walker bringen hingegen die Veranlagung für weitere Gangarten mit.

Gebäude
Das > *Exterieur* des Pferdes.

Geburt > *Abfohlen*

Gelderländer
Eine niederländische Kutschpferderasse, deren Ursprung in der Provinz Gelderland liegt. Die durchschnittlich zwischen 1,55 und 1,63 Meter großen, meist ramsköpfigen Pferde werden seit dem 19. Jahrhundert gezüchtet. Hackneys, Oldenburger, Friesen und Englische Vollblüter nahmen Einfluss. Füchse, Schimmel und Schecken sind am häufigsten.

Genick
Wenn das Genick den höchsten Punkt des Halses bildet, zeigt das Pferd eine perfekte Aufrichtung (Beizäumung). Aufgrund anatomischer Eigenarten, wie z. B. eines > *Schwanenhalses* kann der höchste Punkt jedoch auch weiter hinten liegen.

Geruchssinn
Pferde haben ein feines Näschen. Sie nehmen Gerüche sehr differenziert wahr – sogar, wenn die Duftquelle weit entfernt ist. Unbekannte Gegenstände und auch andere Lebewesen werden genau beschnuppert. Diese wichtige Verhaltensweise sollte man keinesfalls unterbinden, weil sie eine Grundlage einer vertrauensvollen Beziehung zwischen Mensch und Pferd ist.

Geschlechtsorgane
Zur Fortpflanzung erforderliche Körperteile bei Stute und Hengst. Man unterscheidet zwischen inneren und äußeren Geschlechtsorganen. Zu den äußeren gehören die Scheide der Stute, die sich unterhalb des Afters unter der Schweifrübe befindet, und das

Ein korrektes Gebäude ist eine gute Voraussetzung für eine erfolgreiche Sportpferdekarriere.

G

Deutsche Staatsgestüte

- Landgestüt Celle *(Niedersachsen)*
- Landgestüt Dillenburg *(Hessen)*
- Landgestüt Moritzburg *(Sachsen)*
- Landgestüt Redefin *(Mecklenburg-Vorpommern)*
- Landgestüt Sachsen-Anhalt *(Sachsen-Anhalt)*
- Landgestüt Warendorf *(Nordrhein-Westfalen)*
- Landgestüt Zweibrücken *(Rheinland-Pfalz)*
- Hauptgestüt Graditz *(Sachsen)*
- Haupt- und Landgestüt Marbach/Lauter *(Baden-Württemberg)*
- Haupt- und Landgestüt Neustadt/Dosse *(Brandenburg)*
- Haupt- und Landgestüt Schwaiganger *(Bayern)*

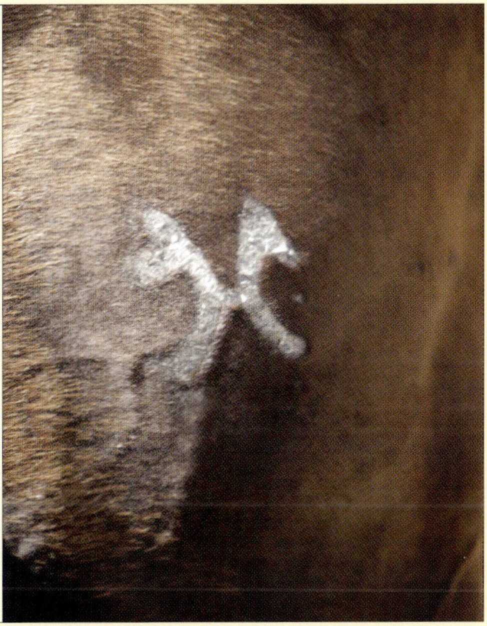

Euter zwischen den Hinterschenkeln. Beim Hengst sind es der Hodensack und der Penis, der beim Urinabsetzen und vor dem Deckakt ausgeschachtet wird. Zu den inneren Geschlechtsorganen zählen: die Eierstöcke, Eileiter und Gebärmutter (Stute) sowie Hoden, Nebenhoden und Samenleiter (Hengst).

Geschlechtsreife

Der Zeitpunkt, an dem Stute und Hengst fortpflanzungsfähig werden. Der Hengst samt dann zum ersten Mal ab. Die Stute durchlebt die erste > *Rosse*. Die Geschlechtsreife tritt bei manchen Rassen früher, bei anderen später ein – durchschnittlich im Alter von anderthalb bis zweieinhalb Jahren.

Gestiefelt

Weiße > *Abzeichen* an den Beinen, die deutlich über den Fesselkopf hinausgehen.
Reichen sie genau bis zur Mitte zwischen Fesselkopf und Vorderfußwurzelgelenk bzw. Sprunggelenk, ist das Pferd halb gestiefelt. Endet das Abzeichen erst kurz unterhalb dieser Gelenke, ist es gestiefelt. Zieht sich das weiße Fell über die Gelenke hinweg, ist das Pferd hoch gestiefelt.

Gestüt

Eine Zuchtstätte für Pferde, die sich in privatem oder staatlichem Besitz befindet. In Deutschland gibt es elf Staatsgestüte: ein Hauptgestüt, drei Haupt- und Landgestüte und sieben Landgestüte, auf denen nur Hengste leben.

Gewährsmängel > *Hauptmängel*

Gewichtsträger

Pferde, die auch schwergewichtige Reiter problemlos tragen können. Dabei kommt es nicht unbedingt auf die Größe und auf das > *Kaliber* des Pferdes an, sondern vielmehr auf seine Muskulatur und den Knochenbau.
Kleine, stämmige Pferde wie z. B. > *Isländer* können manchmal mehr Gewicht tragen als große, zierliche Pferde. > *Welsh Cobs* gelten als typische Gewichtsträger.

Giftpflanzen

Bilsenkraut

Goldregen

Roter Fingerhut

Buchsbaum

Eibe

Schöllkraut
Gefleckter Schierling
Tollkirsche
Maiglöckchen
Herbstzeitlose

Glasaugen verleihen dem Pferd einen speziellen Ausdruck.

Gnadenbrot

Altertümlich anmutende Bezeichnung für Pferde-Senioren. Gemeint ist die Finanzierung eines behaglichen Lebensabends für ein betagtes Pferd, das nicht mehr geritten oder anderweitig genutzt werden kann.
Zu einem artgerechten Rentner-Dasein gehört einiges: Gesellschaft von Artgenossen, regelmäßige Pflege, auch eine dem Alter angepasste Ernährung. Betreuung durch Hufschmied und Tierarzt, ausreichend Bewegung und menschliche Zuwendung sind selbstverständlich. Den Pferde-Senior einfach irgendwo kostengünstig abzustellen und ihn zu Weihnachten einmal mit einem Sack voller Äpfel und Möhren zu besuchen, ist missverstandene Tierliebe. Vollmundige Inserate von angeblichen Gnadenbrothöfen sollte man genau auf Qualität prüfen.

Glasauge

Eine hell wirkende Iris, die aufgrund mangelnder Pigmente (Farbstoffe) eine leicht bläuliche bis ockerfarbene Farbe hat. Glasaugen können ein- und auch beidseitig vorkommen.

Go

Schwung, Power, Energie, Schub.

Dieser elegante Warmblüter hat jede Menge Go. Er zeigt viel Schwung und Vorwärtsdrang, ganz ohne reiterliches Zutun.

Graditz

Das Gestüt Graditz wurde 1722 von August dem Starken gegründet. Es sollte den kurfürstlichen Marstall mit einer ausreichenden Anzahl an hochkarätigen Pferden bestücken. Da der Kurfürst mit einem Tross von 127 Vierspännern auf Reisen zu gehen pflegte, war sein Bedarf an qualitativ guten Pferden enorm.

Das Gestüt gelangte schnell zur Blüte, litt allerdings erheblich unter verschiedenen Kriegen. Franzosen, Russen und Preußen raubten weit über 1.000 Pferde aus den sächsischen Hofgestüten. Nach dem Napoleonischen Krieg gehörte Graditz zu Preußen und wurde zum königlich-preußischen Hauptgestüt. 1816 begann die Landespferdezucht.

Unter der Leitung Graf Georg von Lehndorffs zentralisierte sich die Vollblutzucht in Graditz. Importe aus England frischten den Bestand auf und eines dieser Pferde sollte zu einem Meilenstein der deutschen Vollblutzucht avancieren: Dark Ronald.

Der Zweite Weltkrieg brachte einen dramatischen Einschnitt: Wertvolle Vollblutstuten wurden nach Russland verschleppt, die herrliche Vollblutherde in alle Winde zerstreut. Auch den Derbysieger Alchimist ereilte ein schlimmes Schicksal: Ihn verspeisten russische Soldaten, nachdem es ihnen nicht gelang, den kostbaren Hengst vor einen Wagen zu spannen.

Nach 1948 erfolgte in Graditz der planvolle Wiederaufbau der Vollblutzucht mit evakuierten Hoppegartener Rennpferden und auch Pferden aus westlichen Zuchten. Die erfolgreiche Geschichte setzte sich fort, als zusätzlicher Schwerpunkt wurde eine Warmblutzucht etabliert.

Heute gehört das sächsische Hauptgestüt dem Freistaat Sachsen. Die noble Gestütsanlage und das angrenzende Schloss stehen unter Denkmalschutz. Pferde aus Graditz sind nach wie vor im Rennsport erfolgreich.

Griffelbeine > *Huf*

In Deutschland pflegen die meisten Pferdehalter ihre Tiere selbst. In den USA erfüllen dies oft professionelle Groomer.

Groom

Pferdepfleger. Der Begriff Groom oder Groomer kommt vom englischen „to groom“, was so viel heißt wie „putzen“ oder „pflegen“.

Grundgangarten > *Schritt*, > *Trab*, > *Galopp*

Die Grundgangarten waren seit jeher eine wichtige Voraussetzung für das Überleben in der freien Wildbahn. Schritt ist die bevorzugte Gangart bei der Nahrungssuche. Trab dient der schnelleren Bewältigung größerer Distanzen. Galopp ermöglicht eine schnelle Flucht.

G

Haarkleid > *Fell*

Haarlinge
Ektoparasiten, die zur Gruppe der Tierläuse gehören. Allerdings saugen sie im Gegensatz zu vielen anderen Läusen kein Blut, sondern ernähren sich von Hautschuppen, Haaren und Hautdrüsensekret. Haarlinge belästigen Pferde vorzugsweise gegen Ende des Winters. Stecknadelkopfgroße Eier (Nissen) und die etwas über einen Millimeter großen Haarlinge selbst weisen auf einen Befall hin. Die lästigen Parasiten lassen sich mit Insektiziden bekämpfen, die der Tierarzt verordnet.
Haarlinge treten vor allem bei Tieren mit langem Haarkleid, vorzugsweise an der Mähne und am Schweifansatz, auf.

Hackney
Eine extreme Knieaktion und eine besondere Eignung als repräsentatives Kutschpferd zeichnet die englische Rasse Hackney aus. Die zwischen 1,43 und 1,54 Meter Stockmaß großen Traber vereinen Temperament und Leistungsbereitschaft. Das Hauptzuchtgebiet ist England. Dort und in den USA ist die Rasse auch verbreitet, gilt jedoch als selten. Um 1900 beeinflussten Hackneys maßgeblich die Welsh Cob-Zucht und brachten eine beeindruckende Knieaktion in die Rasse.

Haflinger
Die blonden Schönheiten stammen aus Süd-Tirol. Das fuchsfarbene Fell des Haflingers, das es in hellen und dunkleren Varianten gibt, macht die vielseitigen Gebirgspferde unverwechselbar. Früher sah man die durchschnittlich zwischen 1,38 und 1,48 Meter Stockmaß großen Haflinger vor allem bei Bergbauern. Inzwischen sind sie auch außerhalb Italiens zu beliebten Freizeitpferden geworden.
Moderne „Hafis“ sind keine schweren Pferde mehr. Sie stehen eher im Warmbluttyp, haben aber nichts von ihrem rustikalen Charme verloren. Ihr anständiger Charakter macht sie zu echten Allroundern. Reiter aller Altersstufen finden im Haflinger einen ehrlichen und unternehmungslustigen Freund. Dabei bereiten ihm stundenlange Wanderritte durchs Gelände ebenso Freude wie anspruchsvolles Trekking auf schwierigen Strecken. Trittsicher und ausbalanciert meistern Haflinger jeden Gebirgspfad.
Aber auch das Dressurviereck und der Springparcours sind für Haflinger-Reiter interessant. Dort glänzen die vielseitigen Ponys nicht minder, wenn sie zuvor mit Sachver-

Haflinger sind angenehme, pflegeleichte Freizeitpartner.

Halsformen

stand ausgebildet wurden. Das Gleiche gilt für den Fahrsport. Zur Zeit gibt es mehrere Haflinger-Gespanne, die auf internationalem Niveau mitmischen.
In Italien gibt es circa 12.000 Haflinger. Aber auch in vielen anderen Ländern gibt es bedeutende Zuchten. Allen voran in Deutschland, wo Haflinger mit zu den am weitesten verbreiteten Ponyrassen überhaupt gehören.

Hahnentritt
Das ruckartige Aufwärtsschnellen der Hinterhand in der Vorwärtsbewegung. Früher sprach man auch vom Zuckfuß.
Die Ursache für diesen optischen Makel kann eine schmerzhafte Erkrankung sein. Aber auch Reiterfehler wie übermäßiger Sporeneinsatz begünstigen ihn.

Hakenstute
Ein weibliches Pferd mit > *Hakenzähnen*, einer hengst- und wallachtypischen Bezahnung.

Hakenzähne
Die Hakenzähne sind einzeln stehende Eckzähne im Ober- und Unterkiefer. Sie liegen zwischen den Schneide- und den Backenzähnen in einer ansonsten zahnfreien Lücke (Diastema).

Halbblut
Ein Pferd, das aus der Verpaarung eines Warmbluts mit einem Vollblut hervorgeht.

Halskerbe
Eine Einbuchtung oberhalb des > *Widerrists*. Eine allzu deutliche Einkerbung ist unerwünscht und wird > *Axthieb* genannt. Die Halskerbe sollte einen fließenden Übergang vom Widerrist zum Hals bilden.

Hammelschwanz
Ein kraftlos herabbaumelnder Schweif. Nervenprobleme und eine schwache Kruppenmuskulatur gelten als Hauptursachen.

Hanken
Teil der Hinterhand des Pferdes. Hüftgelenk, Kniegelenk und Sprunggelenk bilden die Hanken, die sich eindrucksvoll strecken und beugen können. Eine starke Winkelung, die mit einem deutlichen Untersetzen der Hinterhand einhergeht, bezeichnet man als Hankenbeugung.

Hannoveraner
Edel, korrekt und großrahmig ist der um 1,65 Meter Stockmaß große Hannoveraner. Zu seiner Veredelung trugen Englische Vollblüter und Trakehner bei. Markant sind die schwungvollen, raumgreifenden Bewegungen. Der Hannoveraner gilt als rittig und bietet sich für die unterschiedlichsten Sparten der Reiterei an. Viele Reiter sind von dem edlen Warmblut überzeugt, denn weltweit stammen die meisten Reit- und Sportpferde aus der Hannoveraner-Zucht.

Hannoveraner sind weltweit als Sportpferde begehrt. Sie haben schon viele Reiter zu olympischem Gold getragen.

Hengste wie der Celler Landbeschäler Weltmeyer (v. World Cup – Absatz) gelten als Idealtyp des Hannoveraners. Berühmte Dressurreiter wie auch Isabell Werth schwören auf die gangstarke Rasse. Sie erritt mit ihrem Hannoveraner Gigolo mehrfach olympisches Gold. Gigolo gilt als eines der erfolgreichsten Pferde der Welt.
Das Herz der Hannoveraner-Zucht schlägt im Landgestüt Celle, das auf eine 250-jährige Tradition zurückblickt. Lange Zeit lag die Zucht in bäuerlicher Hand. Heute haben sich auch viele Privatzüchter der Rasse verschrieben. Braune, Rappen, Füchse und Schimmel dominieren die Zucht.

Hasenhacke

Eine kleine Wölbung an der Linie vom Sprunggelenk zum Röhrbein, die am besten von der Seite zu sehen ist. Hasenhacken gelten als Mangel, weil sie oft auf ein schwaches Sprunggelenk hinweisen.

Hauptbeschäler

Die besten Zuchthengste eines staatlichen Hauptgestüts oder eines Privatgestüts.

Hauptgestüt > *Gestüt*

In einem Hauptgestüt gibt es Zuchtstuten, Zuchthengste und auch Fohlenaufzucht, wogegen > *Landgestüte* reine Hengstdepots sind.

Haupt- und Landgestüt > *Gestüt*

Hauptmängel

Eine Gruppe von Pferdekrankheiten, die bis zum 1. Januar 2002 das Kaufrecht beeinflusste. Hauptmängel sind auch unter der Bezeichnung Gewährsmängel bekannt. Zu ihnen gehörten folgende Krankheiten: Rotz, Dummkoller, Mondblindheit, Dämpfigkeit, Kehlkopfpfeifen, Koppen.

Die auf eine alte Form des Bürgerlichen Gesetzbuches zurückgehende Regelung sah vor, dass Pferde- oder Viehverkäufer das Tier vom Käufer zurücknehmen mussten, falls es innerhalb von 14 Tagen eine zu den Hauptmängeln gehörende Krankheit aufwies.
Seit der Streichung der Sonderregelung sind Pferde im Verkaufsrecht „Gegenständen" gleichgesetzt, für die der Verkäufer generell eine zweijährige Gewährleistung geben muss.

Hautmilben

Ektoparasiten, die sich auf der Haut des Pferdes ansiedeln. Es gibt drei unterschiedliche Milbenarten: Grabmilben, Saugmilben und Milben, die sich in den > *Köten* des Pferdes festsetzen. Grabmilben bevorzugen den Hals des Pferdes und die Sattellage. Saugmilben tummeln sich gerne an Mähne und Schweifansatz.
Die Übertragung von einem Pferd zum anderen erfolgt durch direkten Kontakt, Futtermittel oder Putzzeug. Typische Symptome sind schuppige Hautveränderungen und Juckreiz. Die Bekämpfung der Milben erfolgt mit vom Tierarzt verordneten Kontaktinsektiziden.

Hautpilz

Erkrankung der Haut, geht oft im Anfangsstadium mit erbsengroßen, eher flachen Schwellungen einher. Daraus entstehen haarlose Stellen mit feuchter Oberfläche. Es gibt aber auch Pilze, die etwa stecknadelkopfgroße Knubbel in der Sattellage bilden.
Pilzsporen übertragen sich leicht von Pferd zu Pferd, über das Putzzeug und sogar über die Luft. Da auch Ansteckungsgefahr für Menschen herrscht, ist beim Umgang mit an Pilz erkrankten Pferden größte Hygiene erforderlich.
Eine genaue Diagnose der Pilzart lässt sich über eine Laboruntersuchung erhalten. Anhand des Ergebnisses kann der Tierarzt dann eine individuell abgestimmte Behandlung einleiten.

Ein typischer Hechtkopf, wie man ihn bei Arabern findet.

Hechtkopf > *Kopfformen*

Ein Pferdekopf, dessen Profillinie eine konkave Einsenkung aufweist. Ein typisches Beispiel hierfür ist der Vollblutaraber.

Hengst

Ein potentes männliches Pferd. Da bei den meisten Rassen ein ausgeprägter Geschlechtstyp gefragt ist, sollte ein Hengst maskulin und imposant wirken.
Vor der Anschaffung eines Hengstes müssen die Möglichkeiten einer artgerechten Haltung gründlich überdacht werden. Insbesondere dann, wenn der Hengst nicht der Zucht dient. Da Hengste nicht einfach mit einer gemischten Herde auf die Weide können, stehen viele ein Leben lang in Isolationshaft. Empfehlenswert sind auf Hengste ausgelegte Reitanlagen, die Sozialkontakte mit Wallachen ermöglichen.

Traumpferd Hengst?

Hengste haben eine besondere Ausstrahlung und ziehen deshalb viele Reiter geradezu in ihren Bann. Doch es ist nicht einfach, einen Hengst artgerecht zu halten. Auch Probleme im täglichen Umgang sind nicht selten. Deshalb sollte jeder, der nicht züchten will, sich genau überlegen, ob er einem Hengst wirklich gerecht werden kann.

Hengstleistungsprüfung
Leistungsüberprüfung von Hengsten anhand der Feststellung von Zuchtwerten.
Die Hengstleistungsprüfungen werden als Stations- oder Feldprüfung oder aber als Turniersportprüfung durchgeführt. Das Interieur, die Grundgangarten, Rittigkeit und das Vermögen im Freispringen werden auf den Prüfstein gestellt. Eine Richterkommission bewertet im Rahmen eines Abschlusstests alle genannten Merkmale. Das Gesamtergebnis unterteilt sich in Noten für Dressur, Springen und Gesamteindruck.
Gekörte Hengste, die keine Leistungsprüfung abgelegt haben, erhalten in der Regel nur eine vorläufige Zuchtzulassung.

Herpes
Ein Virus, das bei Pferden eine schwere Infektionskrankheit verursachen kann. Das Equine Herpesvirus verursacht Fieberschübe und wässrigen Nasenausfluss, der sehr ansteckend ist. Hochtragende Stuten verfohlen, wenn sie sich mit Herpes infizieren. Die Ansteckung erfolgt über den direkten Kontakt zwischen Pferden, über Menschen, die Kontakt zu erkrankten Pferden haben und als Tröpfcheninfektion über die Luft.
Die im peripheren Nervensystem ruhenden Herpesviren können sich explosionsartig vermehren, wenn das Immunsystem angeschlagen ist. Schuld daran kann Stress sein. Transporte, Schauen, Turniere oder Deckeinsätze sind solche Stressverursacher.
Absetzer und Jungpferde, aber auch ältere Pferde, gelten als Risikogruppe. Sie können erkranken, viele Pferde kommen aber auch mit dem Virus in Kontakt, ohne Symptome zu zeigen. In den ersten drei Lebensjahren setzen sich 70 bis 80 Prozent aller Pferde mit dem Herpesvirus auseinander, ohne dass es zu einer lebensbedrohenden Infektion kommt. Einmal infiziert, bleibt der Erreger lebenslang latent vorhanden.
Herpes kann nur durch zwei Methoden nachgewiesen werden: durch einen Bluttest, dessen Auswertung circa zwei Wochen dauert, oder durch einen Schleimhautabstrich. Bei der Behandlung wird in der Regel ein Breitbandantibiotikum und ein virushemmendes Medikament eingesetzt. Mittel, die zur Stärkung der Immunabwehr führen, finden ebenfalls Anwendung, aber nur im Rahmen der tierärztlichen Behandlung – keinesfalls sollte der Pferdebesitzer selbst zu „Mittelchen“ greifen.
Menschen können sich nicht mit dem Equinen Herpesvirus infizieren, es aber durch direkten Viruskontakt von einem Pferd auf das andere übertragen. Das gilt auch für Hunde und Katzen.

Typische Herpes-Symptome

- *Nasenausfluss, meistens gräulich, wässrig*
- *Husten*
- *Mattigkeit*
- *Fieber bis 39,5 Grad Celsius*
- *Lähmungserscheinungen, meistens der Blase, des Anus und der Hinterhand*
- *Festliegen*
- *Verfohlen bei Mutterstuten*

Herz
Ein muskuläres Hohlorgan, das den Körper durch rhythmische Kontraktionen mit Blut versorgt. Ein Pferdeherz wiegt durchschnittlich zwischen drei und fünf Kilogramm.

Highland-Pony
In der rauen Landschaft Schottlands ist das Highland-Pony zu Hause. Die durchschnittlich 1,32 bis 1,48 Meter Stockmaß großen Kleinpferde haben oft falbfarbenes Fell. Aber auch Schimmel kommen häufig vor.
Das schottische Stutbuch existiert seit Ende des 19. Jahrhunderts. Die englische Königin Elisabeth II. ist Schirmherrin der Rasse. Highland-Ponys sind robust, freundlich und ausdauernd – die idealen Freizeitpartner für Kinder, Jugendliche und leichte Erwachsene.

Hinterhand

Die Hinterhand des Pferdes besteht aus einer Vielzahl von Knochen.

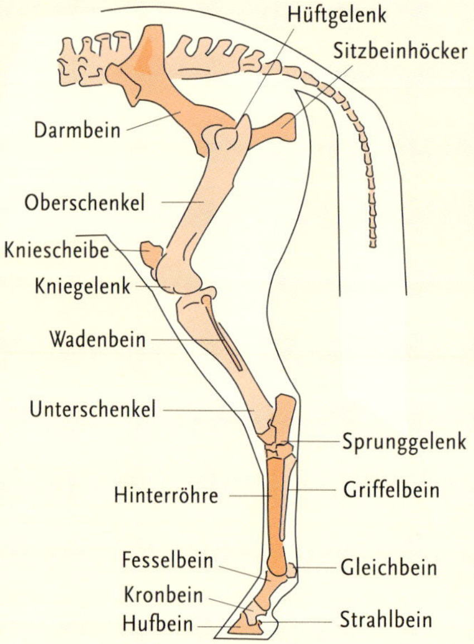

Hinterhand

Alle Körperteile des Pferdes, die sich hinter der Reiterhand befinden – zumindest aus Sicht des Reiters. Anatomisch betrachtet gehören nur Kruppe, Becken, Hinterbeine und Schweif dazu.

Hippologie

Wissenschaft, die sich mit Pferden beschäftigt. Seit 2006 ist Pferdewissenschaft auch ein offiziell anerkannter Studiengang, den man beispielsweise in Göttingen, Neustadt-Dosse und Wien belegen kann. Hippologen beschäftigen sich mit der Entstehungsgeschichte des Pferdes, seinem Körperbau, seinen Verhaltensweisen, seiner Gesundheit, Haltung, Ausbildung, Zucht und vielem mehr.

Wenn ein Pferd unter Sommerhitze leidet, kann man es mit kühlem Wasser vor hitzebedingten Schäden schützen.

Hirschhals > *Halsformen*

Ein Hals mit stark ausgeprägter Unterhalsmuskulatur. Die Oberlinie ist nach unten gebogen, weil die obere Halsmuskulatur – im Gegensatz zur unteren – nur schwach ausgeprägt ist. Ein Hirschhals ist ein angeborenes Merkmal, das die dressurmäßige Ausbildung des Pferdes erschwert. Für eine korrekte Haltung sind eine nach oben gewölbte Oberlinie des Halses und eine gut entwickelte obere Halsmuskulatur weitaus günstiger.

Hitzschlag

Durch zu hohe Temperaturen bedingter Zusammenbruch des Pferdes.
In der Regel entsteht ein Hitzschlag durch Überanstrengung bei hochsommerlichen Bedingungen. Zu den Symptomen gehört schnelles, stoßweises Atmen.
Bei Verdacht auf einen Hitzschlag sollte man sofort den Tierarzt informieren. Das Pferd wird bis zu seinem Eintreffen mit nassen Lappen bedeckt und mit kühlem Wasser übergossen. Auch das Zufächeln von Frischluft – zum Beispiel mit einer Pappe – ist hilfreich.

Holsteiner

Alle Farben außer Schecken finden sich in der deutschen Rasse Holsteiner, die überragende Sportpferde mit einem Stockmaß von 1,65 bis 1,75 Metern hervorbringt. Dabei wurden Holsteiner ursprünglich nicht nur als Reit-, sondern auch als Arbeitspferde in der Landwirtschaft eingesetzt.
Der Ursprung der Rasse lässt sich bis ins 14. Jahrhundert zurückverfolgen. Die Einkreuzung Englischer Vollblüter veredelte die Rasse immer weiter, bis der moderne Typ entstand, der sowohl im Spring- und Dressursport als auch in der Vielseitigkeit brilliert. Zentrum der Zucht ist die Reit- und Fahrschule Elmshorn in Deutschland.

Hornspalte

Ein senkrechter, von der Tragwand ausgehender Riss in der Hornwand. Um zu verhindern, dass sich der Spalt weiter nach oben hin ausdehnt, setzt der Schmied mit dem Hufmesser eine Querrille. Das Kürzen des Tragrands auf Höhe des Hornspalts ist ebenfalls sinnvoll. Wenn dieser Bereich keiner Traglast ausgesetzt ist, wächst der Riss schneller heraus.

Peter Kreinberg wird seit vielen Jahren weltweit als Horseman geschätzt.

Horseman

Ein Pferdekenner, der sich stets fair und respektvoll verhält. Horsemen sind die Gentlemen unter den Pferdemenschen. Sie vereinen fundiertes Fachwissen mit einem kompetenten und pferdefreundlichen Umgang.

Hörvermögen

Die Fähigkeit, akustische Signale wahrzunehmen. Bei Pferden ist das Hörvermögen sehr gut ausgeprägt. Schließlich ist es eine wichtige Voraussetzung für ein Fluchttier, das mögliche Feinde so früh wie möglich orten muss. Das Hörvermögen lässt sich auch bei der Ausbildung nutzen. Pferde reagieren ganz ausgezeichnet auf die menschliche Stimme, wenn man sie richtig einsetzt.

Hornspalten sollten genau beobachtet und bei Bedarf vom Hufschmied behandelt werden.

Hosen

Dieser Bereich umfasst die Ober- und Unterschenkelmuskulatur der Hinterbeine bis zu den Sprunggelenken.

Huf

Eine von einem Hornschuh umkleidete Laufzehe.

Urpferde hatten drei Zehen. Der Rest der mittleren Zehe verbirgt sich bei den heutigen Pferden im Huf, die anderen beiden haben sich zurückgebildet (Griffelbeine). Die Vorder- und Hinterhufe sind unterschiedlich geformt, weil sie auch voneinander abweichende Funktionen erfüllen: Den runden Vorderhufen obliegt vor allem das Stützen und Abrollen, während die ovalen Hinterhufe für das Abdrücken und den Schub zuständig sind

Hufe wachsen vom Kronsaum aus nach unten. Hufbein, Strahlbein und Kronbein bilden das Hufskelett. Rechts und links vom Hufbein gehen die Hufbeinknorpel in den Ballen über. Zwischen dem Hufbein und der Hufsohle liegt die Huflederhaut.

Ob ein Huf gesund bleibt oder nicht, liegt zu einem großen Teil an den Böden, auf denen ein Pferd laufen muss. Es hat sich im Laufe der Evolution zu einem Steppen-Fluchttier mit spezialisiertem Bewegungsapparat entwickelt. Offene, trockene Graslandschaften sind sein idealer Lebensraum. Nur wenig nachgebender Sandboden mit Bewuchs ist aufgrund optimaler Federung und Griffigkeit das Allerbeste. Natürlich ist klar, dass ein Reitwegenetz mit Steppencharakter Wunschdenken ist. Das ist aber auch nicht erforderlich. Denn Pferde sind anpassungsfähig, wie in Gebirgen und Wüsten lebende Rassen beweisen. Und man kann sie vor Schäden schützen, zumindest bis zu einem gewissen Punkt.

Doch dazu muss man wissen, welche Schutzmechanismen Pferde mitbringen, wie man sie aktiviert und wann sie nicht ausreichen. Hierbei sollte nicht allein der Huf im Fokus stehen. An ihm wird zwar die Bewegung umgesetzt, aber die Stoßdämpfung erfolgt im ganzen Körper.

Welche Rolle spielen die Hufe? Sie bestehen aus Wand- und Sohlenhorn, also weichem und hartem Material. Für die Stoßdämpfung ist vor allem der Strahl wichtig. Er arbeitet wie eine Pufferzone. Während sich im Bereich der Zehenspitzen fast nichts bewegt, ist am Strahl recht viel Bewegung möglich. Das setzt wiederum die sogenannte Hufpumpe in Gang, ohne die das Innenleben des Hufes nicht optimal durchblutet würde. Legt man diese „Hufpumpe“ durch einen Beschlag oder Hufschuhe lahm, wird die Durchblutung beeinträchtigt. Aus diesem Grund wird im hinteren Bereich des Hufes beim Beschlag auch nicht genagelt. Hufschuhe und Plastikeinlagen sollten nur vorübergehend eingesetzt werden.

Auf Asphalt sollte immer Schritt geritten werden, bei „Barhufern“ muss besonders auf übermäßigen Abrieb geachtet werden. Darunter leiden Pferde mit Hufeisen nicht, dafür sind sie dem sogenannten Klirreffekt ausgesetzt. Damit ist der knallharte Rückschlag gemeint, den das Pferdebein erfährt, wenn der beschlagene Huf auf dem Asphalt auftrifft. Das ist so, als wenn man mit einem

Aufbau des Hufes

Im Huf verbirgt sich ein äußerst komplizierter Bewegungsmechanismus.

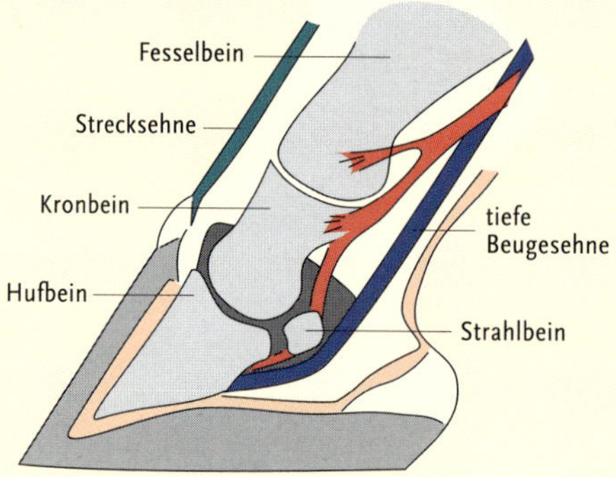

H

Hammer auf einen Amboss schlägt und die Hand voller Wucht zurückgeschleudert wird. Im Gegensatz zu Barhufern, die von einer natürlichen Polsterung profitieren, sind beschlagene Pferde, die viel auf Asphalt gehen, einem höheren Verschleiß ausgesetzt. Wenn es nicht ohne Eisen geht, können Kunststoffeisen helfen. Sie haben einen geringeren Rückschlag als eisenhaltige Modelle. Aber auch einen Haken: Nicht jedes Pferd kommt mit Kunststoffeisen klar. Bei > *Stellungsfehlern* droht einseitige Abnutzung.

Schotter ist ein Hufkiller. Die spitzen Steine verursachen unter den Hufen einen punktuellen Druck, der nicht nur unbeschlagenen Pferden zu schaffen macht. Sie erreichen durchaus auch die Hufunterseite beschlagener Pferde, können Huflederhautreizungen, > *Hufgeschwüre* und andere Probleme verursachen. Auf Schotter sollten Reiter daher das Tempo verringern und am besten absteigen.

Problematisch sind tiefe Böden. Sacken die Hufe mehr als 15 Zentimeter tief ein, werden die Sehnen auf eine Zerreißprobe gestellt. Doch nicht nur das. Schließlich sinkt der Huf nicht nur ein, er muss ja auch wieder herausgezogen werden. Hierbei weiten sich die Gelenkspalten. Bänder und Sehnen werden gedehnt. Tiefe Böden sind auch ungeeignet, weil sie den Hufmechanismus torpedieren: In tiefem Boden ist die Hufunterseite voll ausgefüllt und kann nicht arbeiten. Die Muskulatur ermüdet. Es kommt zu > *Ballentritten*, weil die Pferde mit den Hufen nicht schnell genug wegkommen.

Welche Alternativen haben nun Reiter, wenn ideale Reitböden so rar und schlechte so verbreitet sind? Nur noch in der Halle reiten? Nein, sondern umsichtig reiten und das Pferd trainieren. Pferde sollten sogar lernen, auf verschiedenen Böden zu laufen, wobei starke Belastungen auf extrem schlechten Böden natürlich zu meiden sind. Mal über den Waldweg, ein bisschen über Asphalt und Beton, dann wieder in den Sand und zurück auf den Grasstreifen.

Schottersteine sind Gift für den Pferdehuf.

Tiefer Sandboden strapaziert Bänder und Sehnen.

Federnder Waldboden ist ein idealer Untergrund.

Hufe immer von oben nach unten auskratzen.

Hufauskratzer

Hilfsmittel, um die Sohlenfläche und die Strahlfurchen der Hufe zu säubern. Meistens ein leicht gebogener, stumpfer Metallhaken mit einem Kunststoffstiel.

Der Hufauskratzer dient dazu, Schmutz und kleine Steinchen zu entfernen. Dabei wird immer von der breiten Seite des Strahls hin zur Spitze gekratzt. Anschließend ausbürsten. Pferdehufe sollten täglich gründlich ausgekratzt werden, weil Steine zu > *Hufgeschwüren* und anderen Beschwerden führen können.

Hufeisen

Hufschutz aus Metall oder Kunststoff.

Hufeisen haben sich aus „Hipposandalen" entwickelt, die in der Antike Einsatz fanden. Die Kelten setzten bereits frühe Hufeisenformen mit Nagellöchern ein. Ca. 1000 n. Chr. waren genagelte Hufeisen üblich. Im Spätmittelalter kannte man bereits Hufeisen mit Stollen und Griffen.

Der Beruf des Schmieds befindet sich in einem ständigen Wandel. Früher fertigte er noch jedes Eisen selbst, heute kann er auf Eisen „von der Stange" zurückgreifen, die er individuell anpasst. Außerdem gibt es verschiedene orthopädische Hufeisen und auch viele andere Spezialanfertigungen, wie z. B. leichte Kunststoffeisen.

Die meisten Hufeisen sind circa einen Zentimeter dick und haben sechs bis acht Löcher für Hufnägel. Eine kleine Metallzunge sorgt vorne in der Mitte des Eisens für einen besseren Sitz am Huf. Viele Eisen haben auch Schraublöcher, in denen Stollen Platz finden. Sie verhindern das Ausrutschen auf glatten Böden, sollten jedoch nicht dauerhaft eingesetzt werden, weil sie ein erhöhtes Verletzungsrisiko bergen.

Hufeisen sind widerstandsfähig und bieten viele Vorteile. Huferkrankungen können mit

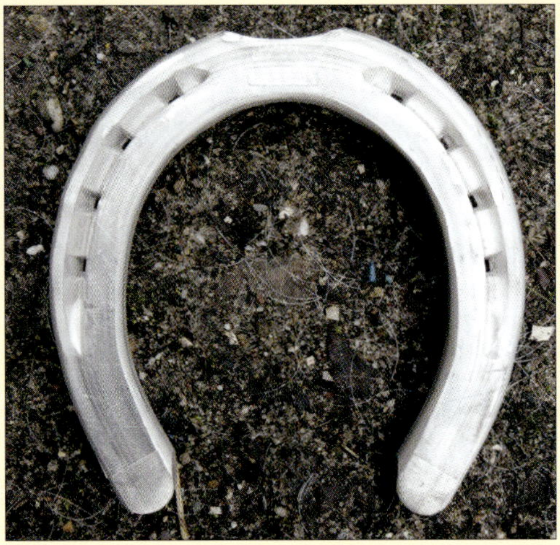

Hufeisen schützten schon zur Zeit der Kelten Pferdehufe.

Spezialbeschlägen gut behandelt werden. Der Erfahrungsschatz, auf den Hufschmiede zurückgreifen können, ist enorm. Doch Eisen haben auch Nachteile: Auf glatten Böden oder vereistem Pflaster wird der Ausritt schnell zur gefährlichen Rutschpartie.

Werden Pferde im Paddock oder auf Weiden im Herdenverband gehalten, sind Hufeisen nicht so gerne gesehen: Sie erhöhen die Durchschlagskraft von Tritten erheblich.

Hufeisen müssen durchschnittlich alle sechs Wochen erneuert werden. Dieser Zeitraum kann allerdings auch variieren – abhängig von der Nutzung des Pferdes. Verliert man ein Eisen, muss der Schmied kommen. Erst dann kann wieder aufgesattelt werden.

Huffett > *Hufpflege*

Hufgeschwür

Ein Eiterherd im Hufinneren. Kleine Steinchen, die durch die weiße Linie dringen, tiefgehende Verletzungen und Vernagelung können ein Hufgeschwür verursachen. Betroffene Pferde lahmen plötzlich stark und setzen den Huf nur noch ganz vorsichtig oder auf der Spitze auf. Legt man die Hand ans Fesselgelenk, ist eine starke Pulsation zu spüren, die für eine Entzündung in der Hornkapsel spricht. Das ist ein Fall für den Tierarzt oder den Hufschmied, die mithilfe einer Hufzange den Eiterherd aufspüren. Ist er noch nicht reif zum Öffnen, kann ein Schwitzverband den Reifungsprozess beschleunigen. Das Aufschneiden der Hufsohle lässt den Eiter abfließen. Danach versorgt man den Huf mit einem desinfizierenden Verband, der durchschnittlich drei Tage lang dran bleibt.
Hufgeschwüre heilen in der Regel gut ab. Das Pferd ist nach der Genesung wieder voll einsatzfähig.

Huf-Grip

Eine Gummieinlage zwischen Huf und Eisen. Sie wird vom Schmied angebracht und soll die Stollenbildung beim Reiten im Schnee verhindern. Der elastische Huf-Grip federt bei jedem Schritt und löst dadurch eindringende Schneemassen.

Hufkrebs

Eine Wucherung der Huflederhaut mit mangelnder Verhornung. Auch Sohlen-, Ballen- und Wandlederhaut können betroffen sein. Mit der Zeit entstehen zottige Wucherungen mit schmierigen Belägen, die unangenehm riechen. Als Hauptursachen gelten Veranlagung, mangelhafte Hufpflege und unhygienische Einstreu. Hufkrebs bedarf tierärztlicher Behandlung. Die Prognose ist ungewiss.

Huflederhautentzündung

Pflasterlahmheit. Quetschungen, Druck, Verbrennungen beim Anpassen des Eisens, lange Ritte auf hartem Boden und eindringende Mikroorganismen können eine Entzündung der Huflederhaut provozieren. Das führt zu Lahmheit, die auf hartem Boden ausgeprägter ist als auf weichem.
An der Fessel ist eine deutliche Pulsation zu spüren. Der Huf selbst ist wärmer als die anderen und wird bei Druckausübung weggezogen. Eine tierärztliche Behandlung ist unumgänglich.

Hufpflege

Eine optimale Hufpflege muss die Verhaltensweisen imitieren, die Pferde zeigen würden, wenn sie die Möglichkeiten dazu hätten. Eine Schwemme mit Frischwasser-Zufluss wäre folglich nicht schlecht. Da die meisten Freizeit-, Zucht- und Sportpferde keine natürlichen Haltungsbedingungen vorfinden, müssen Defizite künstlich ausgeglichen werden. An diesem Punkt kommen Huffette, Öle und Balsam zum Einsatz. Sie sollten hochwertig sein und nur dann angewendet werden, wenn tatsächlich Bedarf besteht. Akuter Bedarf ist ohnehin eine gute Richtlinie bei der Hufpflege. So erscheint der Einsatz von Ölen und Fetten dann sinnvoll, wenn die Hufe witterungs- oder haltungsbedingt zu trocken sind. Hierbei ist es wichtig, dass die Hufe vor

Alles für den Huf: Hufauskratzer, Huf- und Waschbürste, Hufölpinsel.

H

dem Einfetten oder -ölen mit Wasser angefeuchtet werden. Der Hintergrund ist, dass die auf den Huf aufgetragene Fettschicht verhindert, dass Feuchtigkeit von außen an den Huf gelangt. Das ist nicht gut für die obere Hufschicht. Deshalb muss man sie vor dem Fetten mit Feuchtigkeit versorgen.
Teer kommt nur in Ausnahmefällen zum Einsatz. Wenn Pferde unbeschlagen sind und der Strahl aufgrund langer Aufenthalte auf nassem Gelände zu weich wird, kann es durchaus sinnvoll sein, den Strahlbereich ein- bis zweimal pro Monat gründlich zu reinigen und anschließend mit Teer zu bestreichen. Es ist allerdings wichtig, dass sich kein Schmutz unter dem Teer befindet. Am besten trägt man den Teer auf und lässt das Pferd circa zehn bis 15 Minuten auf einer asphaltierten Fläche stehen. Dann kann der Teer antrocknen und hält auch ein paar Tage.
Das individuelle Hufpflege-Programm hängt natürlich von den Haltungsbedingungen ab. Pferde, die überwiegend in Boxen gehalten werden und auch noch auf Spänen stehen, unterliegen einer massiven Austrocknung des Horns. Spröde und rissige Hufe sind oft die Folge. Leider gibt es auch schlecht gemistete Ställe, in denen die Pferdehufe durch ständige Feuchtigkeit und aggressiven Urin strapaziert werden. Strahlfäule ist in solchen Fällen nicht selten. Umso ungünstiger die Haltungsbedingungen sind, desto mehr ist zusätzliche Pflege erforderlich.
Bei naturnahen Haltungsformen wie Offenstall- und Weidehaltung regulieren sich die Hufe fast von selbst. Sie werden weder durch ständige Mist- noch durch permanente Urineinwirkung geschädigt, noch mangelt es ihnen dank des morgendlichen Taus an Feuchtigkeit. Obwohl sich die Hufpflege bei solchen Haltungsformen auf ein Minimum reduziert, muss auf eine korrekte Hufstellung und bei Pferden ohne Hufeisen auf abgerundete Tragränder geachtet werden. Das tägliche Auskratzen der Hufe ist ohnehin ein Muss. Ansonsten können kleine Steinchen in das Horn eindringen und > *Hufgeschwüre* verursachen. Allerdings sollte das Auskratzen der Hufe mit Gefühl erfolgen. Bei zu grobem Vorgehen drohen Verletzungen der Sohle.

Hufrehe

Jahr für Jahr erkranken Tausende von Pferden an Hufrehe, manche müssen aufgrund unerträglicher Schmerzen und schlechter Heilungsprognosen eingeschläfert werden. Für andere resultiert lebenslänglicher Weideentzug aus der Erkrankung, die Pferde sind sportlichen Belastungen nicht mehr gewachsen. Eine Hufrehe ist ein dramatischer Einschnitt im Leben eines Pferdes und seines Besitzers.
Ein auffallend kühler Huf kann ein Anzeichen für Hufrehe sein. Dieses Symptom steht ganz am Anfang der Erkrankung und bleibt meist unbemerkt. Danach steigt die Huftemperatur an und erreicht ihren Höhepunkt, wenn die Entzündung ihr volles Ausmaß erreicht. Ein weiteres Anzeichen ist ein erwärmter und geschwollener Kronrand.
Pferde, die an Hufrehe erkrankt sind, fallen außerdem durch einen klammen Gang und die typische Rehehaltung auf, bei der die Gliedmaßen so weit es geht nach vorne und hinten gestellt werden. „Rehe-Pferde" bewegen sich mit kurzen, flachen Schritten vorwärts. Die Bewegungen werden zunehmend steifer. Enge Wendungen offenbaren den Schmerz, der das Pferd quält.
Ist ein Huf von der Rehe betroffen, wird er hochgehalten. Sind mehrere Hufe erkrankt, versucht das Pferd durch gezieltes Untersetzen, den Körperschwerpunkt zu verlagern, um die schmerzenden Bereiche zu entlasten. Es kommt hierdurch zu einer völlig abnorm wirkenden Position der Beine. Auch Puls und Atemwerte sind bei einer Rehe deutlich erhöht. Eine Untersuchung mit einer Hufzange hilft bei der Diagnose: Rehepatienten reagieren überaus empfindlich auf Druck an der Hufsohle. Weitere verdächtige Symptome sind Hinlegen, Unruhe und Angstzustände.

Intensitätsgrade einer Hufrehe

Grad 1 *Die Hufe werden ständig wechselnd angehoben und abgesetzt. Im Schritt ist keine deutliche Lahmheit zu sehen. Im Trab und Galopp wirkt das Gangwerk ungewöhnlich kurz und steif.*

Grad 2 *Auch im Schritttempo macht sich nun eine ungewohnte Steifheit bemerkbar. Die Hufe können jedoch noch problemlos angehoben werden.*

Grad 3 *Bewegungen werden nur noch mit großem Widerwillen ausgeführt. Versuche, Hufe anzuheben, ernten heftige Abwehr.*

Grad 4 *Das Pferd bewegt sich nur noch unter Zwang.*

Bei einer Hufrehe zählt jede Minute. Deshalb ist sofortiges Handeln gefragt, sobald verdächtige Symptome auftreten:

Verständigen Sie sofort Tierarzt und Hufschmied. Umso früher eine Hufrehe von Fachleuten behandelt wird, desto größer sind die Heilungschancen.

Kühlen Sie die Hufe. Werden Rehehufe sofort gekühlt, kann ein durch Durchblutungsstörungen verursachtes Ödem verhindert werden. Außerdem lindert Kühlung den Schmerz. Stellen Sie die Hufe des Tieres in mit Wasser gefüllte Eimer oder spritzen Sie die Beine mit einem Schlauch ab. Führen Sie das Pferd aber nicht herum!

Heu und Stroh füttern. Eine sofortige Futterumstellung ist normalerweise nicht gut für den Stoffwechsel des Pferdes, bei einem akuten Reheschub aber dringend erforderlich. Das gilt auch für Pferde, die rehegefährdet sind. Fachleute empfehlen die Fütterung von Heu und Stroh, die mit Äpfeln, Möhren und Minerallecksteinen ergänzt werden kann. Weidegang und Kraftfutter sind tabu. Auslauf sollte das Pferd aber selbstverständlich weiterhin erhalten.

Torf, Sand oder Sägespäne einstreuen. Rehehufe sollten möglichst gleichmäßig belastet werden. Auf hartem Untergrund ist dies nicht möglich, weil dann die Außenwände des Hufes das Hauptgewicht des Pferdes tragen. Auf einem Untergrund aus Torf, Sand oder Sägespänen sinkt der Huf gleichmäßig ein und das Körpergewicht wird auf die gesamte Fläche verteilt.

Hufrehe lässt sich zwar nie ganz ausschließen, aber durch einige Vorbeugemaßnahmen kann man die Gefahr durchaus reduzieren:

Die Aufweidung eines Pferdes muss schrittweise erfolgen. Im Frühjahr und Herbst ist Gras besonders fruktanhaltig, was die Gefahr einer Hufrehe drastisch erhöht. In den ersten Tagen der Weidesaison reichen 15 Minuten täglich. Zuvor sollten die Pferde ausreichend Heu erhalten haben, damit sie nicht hungrig das Gras verschlingen. Dann erhöht man die Weidezeit stundenweise, bis die Pferde nach zwei bis drei Wochen auf ganztägigen Weidegang eingestellt sind.

Gerade im Frühjahr ist langsames Anweiden wichtig. In den ersten Tagen reichen wenige Minuten an der Hand.

Frisch nachgewachsenes Gras gilt als besonders gefährlich. Deshalb sollten rehegefährdete Pferde unbedingt nur auf überständige Weiden mit bereits ausgeblühtem Gras gebracht werden.
Im Spätsommer droht erneut Gefahr. Wenn sich kalte Nächte mit sonnigen Tagen abwechseln, steigt das Reherisiko. Bislang ging man davon aus, dass Hufrehe durch Histamin, einen Eiweißbaustoff, der bei erhöhtem Grasverzehr vermehrt im Verdauungskanal des Pferdes gebildet werden kann, verursacht wird. Wissenschaftliche Studien, die vom „Institute of Grassland and Environmental Research" (IGER) vorgelegt wurden, weisen allerdings darauf hin, dass Hufrehe nicht durch Eiweiß, sondern durch Fruktane (langkettige Zuckermoleküle) ausgelöst wird. Kaltes Wetter in Verbindung mit Sonnenschein und Grassorten mit einem hohen Fruktangehalt erhöhen möglicherweise das Hufreherisiko.
Auch Stresshormone können einen Reheschub auslösen. Eine artgerechte Haltung beugt dieser Gefahr vor.
Toxische Rehe wird unter anderem durch Giftpflanzen auf der Weide ausgelöst. Gehen Sie die Wiesen regelmäßig ab und entfernen Sie unverträglichen Bewuchs. Verwenden Sie auf Pferdeweiden keine Pestizide oder Insektizide, die Pferden gefährlich werden können.
Schnelle Gangarten auf hartem Untergrund meiden. Wer auf harten Böden trabt oder galoppiert, riskiert eine Hufrehe. Nach Ritten sollten die Beine und Hufe des Pferdes gekühlt werden. Auch kühlende Einreibungen helfen, Hufrehe vorzubeugen.
Vermeiden Sie Überfütterung. Dickleibigkeit kann eine Hufrehe auslösen, deshalb sollten Sie nicht nur bei sich selbst, sondern auch bei Ihrem Pferd auf eine sportliche Figur achten. Vollziehen Sie Futterumstellungen nur schrittweise. Die Umstellung auf eine neue Futtersorte sollte schrittweise, am besten über einen Zeitraum von etwa zwei Wochen, erfolgen. Bei radikaler Umstellung besteht akute Rehegefahr.

Auch wenn es unangenehm aussieht: Ein Maulkorb, der die Grasaufnahme reduziert, ist für reheanfällige Pferde oft die einzige Möglichkeit, Weidegang zu erhalten.

Die Statistik spricht eine klare Sprache. Bei einer Hufbeinrotation (Absenkung des Hufbeines) von bis zu 5,5 Grad ist es sehr wahrscheinlich, dass das Pferd nach seiner Heilung wieder normal einsatzfähig ist. Liegt die Rotation bei 5,5 bis 11,5 Grad, ist diese Wahrscheinlichkeit bereits eingeschränkt. Liegt eine Hufbeinrotation von über zwölf Grad vor, ist der erneute Einsatz als Reitpferd unwahrscheinlich. Eine genaue Diagnosestellung ist in jedem Fall erforderlich. Eine Röntgenaufnahme oder eine Ultraschall-Untersuchung zeigen das Ausmaß der Hufbeinabsenkung und tragen dazu bei, eine aussagekräftige Prognose stellen zu können.

Hufrollenentzündung

Strahlbeinlahmheit. Sie wird meistens durch Überlastung der Vorderbeine ausgelöst und gilt als eine typische Sportpferde-Erkrankung. Oft zu sehen bei Pferden, die im Springsport oder auf zu hartem Boden zu früh und zu viel gefordert wurden.

Ob ein Pferd an einer Hufrollenentzündung leidet oder nicht, stellt der Tierarzt mithilfe einer Röntgenaufnahme fest. Auch die partielle Betäubung des Beins durch Injektionen ist aufschlussreich. Aufgrund der schlechten Heilprognose ist Vorbeugung besonders wichtig. Das heißt: Junge Pferde nicht zu früh anreiten und langsam aufbauen. Harte und tiefe Böden meiden.

Hufschuh

Ein Hufschutz für den täglichen Ausritt, die gelegentliche Kutschfahrt oder den Distanzsport. Er eignet sich vor allem dann, wenn das Pferd auf schlechten Wegen fühlig läuft oder der Huf bei häufigen Ritten auf Asphalt leidet. Er ist als Ersatz für den klassischen Beschlag schnell zur Hand: Einfach überstreifen und ab geht's ins Grüne. Ist der Hufeisenersatz überflüssig geworden, geht das Pferd wieder barfuß. Moderne Hufschuhe haben auch noch andere Vorteile. Egal, wie schlecht der Untergrund ist, ob spitze Steine oder zu viel Asphalt: Ein Hufschuh schützt. Allerdings muss er genau passen (vor dem Kauf unbedingt die Hufe vermessen).

Hufschuhe sind für manche Pferde eine gute Alternative zum Hufeisen.

Da ein Beschlag durch Hufschuhe oft vermieden werden kann, wird zwischen Hufpflegern, „Barhuf-Enthusiasten" und Schmieden häufig über den Einsatz von Hufschuhen debattiert. Dabei ist das Prinzip des schützenden Schuhs mindestens so alt wie das des Hufeisens: Schon die Römer kannten den Einsatz von geschnürtem Hufschutz. Wie gut die römischen Hufschuhe waren, ist nicht bekannt, aber die Römer hatten bei Weitem nicht so widerstandsfähige Materialien wie die Hersteller heute. Also setzte sich das robustere Hufeisen durch.

Die technische Entwicklung und der Erfindungsreichtum rund um den Schuh der Pferde verliefen in den letzten Jahren rasant. War es noch vor nicht langer Zeit eine echte Herausforderung, einen solchen Hufeisenersatz anzulegen, so bieten moderne Boots guten Komfort, sind leicht anzulegen und sauber zu halten. Dank modernster Technologie und durchdachter Befestigungssysteme halten die Schuhe auch im größten Schlamm.

Hunter

Hunter sind keine offizielle Rasse, sondern eine Gebrauchszucht, deren Wurzeln im Mittelalter liegen. Ursprünglich entstanden Hunter aus Kreuzungen von Vollbluthengsten und Stuten verschiedener Rassen. Viele der nicht zu den Vollblütern zählenden Blutlinien stammten aus Irland, wo die Draught-Zucht eine bedeutende Rolle gespielt hat. In England wirkten die Rassen Cleveland Bay und Yorkshire Coach Horse (inzwischen ausgestorben) an der Entstehung der Hunter mit. Manchmal wurden auch Shire und Clydesdale Horses, Highland Ponys und Welsh Cobs eingekreuzt.

Irland galt bis zum Zweiten Weltkrieg als Paradies für Hunter-Freunde. Doch dann stiegen die Landwirte vermehrt auf motorisierte landwirtschaftliche Geräte um, was einen Einbruch der Irish Draught-Zucht nach sich zog. Diese war aber ein wichtiges Standbein der Hunter-Szene. Die irische Regierung

erkannte diese Gefahr und konnte die Zucht stabilisieren.
Irish Hunter springen gerne und technisch ausgefeilt, schwieriges Gelände bewältigen sie routiniert.
Auch auf den Britischen Inseln sind Hunter vor allem bei Jagdreitern beliebt. Welcher Hunter-Typ besser ist, lässt sich sicherlich nicht so einfach festlegen. Es kommt eben ganz darauf an, in welchem Gelände sich das Pferd beweisen muss.
Während in den Jagdfeldern ein recht uneinheitliches Bild zu sehen ist, zeigen Show Hunter durchaus einen bestimmten Typ. Sie sind großrahmig, haben eine beachtliche Größe und wirken edel. Auf der Schau zählen vor allem optische Aspekte – bei der Jagd nur die Leistung.
Auch an der Zucht des Irish Sport Horse ist der Irish Hunter beteiligt. Bei ihm fließt das Leistungspotenzial des Irish Draughts und des Vollbluts mit ein. Angestrebt wird ein großrahmiger, athletischer Springpferdetyp.

Irish Hunter haben eine raumgreifende Galoppade und bringen beste Voraussetzungen für das Jagdreiten mit.

Husten

Erkrankung der Atemwege, oft erkältungsbedingt. Erkältungen entstehen meist, wenn mehrere schädliche Faktoren zusammenkommen: Viren haben leichtes Spiel, Schleimhäute anzugreifen, wenn das Immunsystem des Pferdes gerade geschwächt ist.
Der Verlauf einer Erkältung ähnelt in vielen Punkten dem Verlauf beim Menschen. Oft steigt die Temperatur des Pferdes auf 39,5 bis 40 Grad, der Puls schlägt 50 bis 60 Mal pro Minute, der Patient verweigert die Nahrungsaufnahme und leidet unter Schüttelfrost. Danach setzen ein schleimig-eitriger Nasenausfluss und kräftiger Husten ein. Eine ausgewachsene Bronchitis oder auch eine Lungenentzündung können die Folgen sein.
Ein hustendes Pferd braucht frische Luft, darf aber keinesfalls Durchzug ausgesetzt werden. Es kann sinnvoll sein, den Vierbeiner einzudecken und seine Beine zu bandagieren, da diese besonders schnell auskühlen.
Das Heu muss von erstklassiger Qualität sein, schon die kleinste Staubspur verstärkt den Hustenreiz.

H

Husten und seine Ausprägungen

Chronischer Husten:
Die Ursache eines chronischen Hustens ist oft in einer durch Schimmelpilze verursachten Allergie zu suchen. Eine schlechte Heu- und Strohqualität kommt hierbei als Hauptübeltäter in Betracht. Leidet ein Pferd erst an einem schlimmen chronischen Husten, kann ihm meistens nur eine grundlegende Haltungsumstellung Linderung verschaffen.
Es braucht:
- *eine gut belüftete, aber zugfreie Box oder einen Offenstall,*
- *durchnässtes Heu,*
- *eine staubärmere Einstreu als Stroh.*

Bleibt es auch weiterhin Husten auslösenden Reizen ausgesetzt, besteht die Gefahr der Dämpfigkeit und schließlich des Todes des Pferdes.

Bronchitis:
Ein trockener, schmerzhafter Husten und Nasenausfluss können erste Anzeichen einer akuten Bronchitis sein. Später wird der Husten feucht und der Nasenausfluss nimmt eine schleimige Konsistenz an. Meistens steigt die Körpertemperatur in diesem Stadium auf 40 Grad Celsius an und das Pferd wirkt bei deutlich erhöhter Atemfrequenz zunehmend teilnahmslos.
Nach einigen Tagen kommt es zu einer Verbesserung der Symptome. Der Vierbeiner frisst wieder und fühlt sich allem Anschein nach besser. Beim Abhorchen lassen sich oberhalb der Lunge reibende Geräusche feststellen, die sich bis zu einem Rasseln steigern können. Beginnt ein Pferd nach einer anscheinenden Heilung erneut zu husten, ist die akute Phase in eine chronische übergegangen.
Ein Pferd mit einer Bronchitis muss an einem absolut staubfreien Ort untergebracht und medizinisch versorgt werden. Eine Impfprophylaxe gegen Rhinopneumonitis und Influenza gelten nach wie vor als die besten Vorbeugemaßnahmen.

Der Tierarzt wird unter Umständen Antibiotika einsetzen, um die Eiter erregenden Bakterien abzutöten, vielleicht wählt er aber auch andere Erkältungsmittel und Hustenlöser.
Der Heilungsprozess erstreckt sich erfahrungsgemäß über zehn bis 14 Tage. In dieser Zeit darf sich das Pferd nicht körperlich anstrengen; nach Abklingen der Symptome wird mit leichter Arbeit begonnen.

Huzule

Der Volksstamm der Huzulen lebt im östlichen Teil der Karpaten, der Huzulei. Und genau von dort stammt auch das Huzulen-Pony, das meistens braun oder falbfarben ist und durchschnittlich eine Größe von 1,25 bis 1,47 Metern erreicht. Die halbwilden Ponys der Bergbauern wurden vor allem als Lastentiere eingesetzt. > *Aalstriche* und dunkle Farbstreifen sind häufig bei dieser Rasse zu sehen und weisen auf ihre Ursprünglichkeit hin.
Nach vorübergehenden Einkreuzungen mit anderen Rassen, die zu einer Eignung als Militärpferd führen sollten, werden Huzulen inzwischen wieder rein gezüchtet, vor allem in rumänischen, polnischen, slowakischen und ungarischen Staatsgestüten.

Impfung

Aktiver Schutz vor verschiedenen Krankheiten. Impfungen werden meistens per Injektion, also mit einer Spritze, verabreicht. Jedes Pferd sollte eine Grundimmunisierung erhalten, die Impfungen müssen regelmäßig vom Tierarzt aufgefrischt werden.

Zum Standard-Programm gehören Impfungen gegen Wundstarrkrampf (>*Tetanus*), > *Herpes*, > *Influenza* und > *Tollwut*. Darüber hinaus sind Impfungen gegen > *Botulismus* (hervorgerufen durch Tierkadaver im Raufutter) und Pilzinfektionen möglich. Der Tierarzt stellt einen Impfplan auf, an den man sich halten sollte.

Imponiergehabe

Verhalten des Hengstes, wenn er eine Stute oder einen anderen Hengst beeindrucken möchte. Zu den typischen Körpersignalen gehören ein gewölbter Hals, ein schwungvoller Gang mit viel Knieaktion, weit geblähte Nüstern und lautes Schnauben.

Der Anblick einer Stute auf der Nachbarweide löst bei diesem Hengst sofort Imponiergehabe aus.

Infektiöse Anämie

Gleichbedeutend mit infektiöser Blutarmut. Darunter versteht man eine virusbedingte ansteckende Erkrankung des Blutes und der blutbildenden Organe, die weltweit auftritt. Ihr Ursprung liegt in Sumpfgebieten der USA, in Kanada, Teilen von Süd- und Zentral-Amerika, Südafrika und Nord-Australien.

Die Infektiöse Anämie wird meistens von stechenden Insekten übertragen, vor allem von Bremsen. Zwar enthalten alle Ausscheidungen wie Kot oder Urin eines erkrankten Tieres Viren, doch bleibt der Hauptansteckungsfaktor das Blut.

Die Krankheit verläuft variabel. Sehr selten tritt die sogenannte preakute Form (vor dem äußerlich erkennbaren Ausbruch bestehende Erkrankung) auf. Diese ist nur durch einen Bluttest zu bestimmen. Bei dieser Form stirbt das Pferd plötzlich, ohne zuvor Symptome gezeigt zu haben.

Besser zu erkennen ist die akute Form. Ihre typischen Symptome sind: Fieber bis zu 41 Grad Celsius, Schwäche, Gewichtsverlust, Schwellungen an Gliedmaßen und Bauch sowie Ödeme (Wassereinlagerungen). Aber auch blasse oder gelbe Schleimhäute, später Blutungen an Schleimhäuten und gerötete Augen mit wässrigem Ausfluss sind Hinweise. Das Tückische ist: Viele andere Krankheiten gehen mit denselben Symptomen einher. Findet der Tierarzt bei der Kotuntersuchung Blut, so ist die Diagnose ziemlich eindeutig. Dieser Krankheitsverlauf endet mit dem Tod des Tieres.

Die unberechenbarste Verlaufsform ist die chronische Form der Infektiösen Anämie. Hier treten alle Symptome der akuten Erkrankung auf, jedoch in abgemilderter Form. Dadurch bleibt diese Variante der Erkrankung meist lange Zeit unentdeckt, eine Isolation des betroffenen Pferdes unterbleibt. So steckt es möglicherweise viele seiner Stallgenossen an.

Die subakute Form verläuft weniger heftig. Die Tiere genesen recht schnell wieder und stellen dann auch keine nennenswerte Ansteckungsgefahr dar. Meistens wird diese Form rein zufällig bei einer Blutuntersuchung entdeckt.

Die Infektiöse Anämie der Einhufer ist eine meldepflichtige Tierseuche. Die Bekämpfung erfolgt deshalb auf staatlicher Grundlage.

Schutz vor Infektiöser Anämie

- *Halten Sie Boxen, die Stallgasse und alle dazugehörigen Räumlichkeiten sauber.*
- *Vermeiden Sie den gemeinsamen Gebrauch von Sattelzeug und Bürsten.*
- *Misten Sie die Weiden und Ausläufe regelmäßig ab.*
- *Auf Weiden und Paddocks sollte kein Wasser stehen. Stechende Insekten brauchen stehendes Wasser, um sich zu vermehren. Da Pferde aber auch auf der Weide ständigen Zugang zu frischem Trinkwasser haben sollten, verlegt man am besten automatische Tränken.*
- *Verwenden Sie Mittel, die Insekten vom Pferd fernhalten (Repellentien).*
- *Importierte Pferde aus gefährdeten Gebieten sollten in Quarantäne gehalten werden.*
- *Herkunft neu erworbener Pferde unbedingt überprüfen (> Equidenpass). Bluttests mit entsprechender Dokumentation im Pferdepass sind vor Turnieren, Auktionen und Exporten durchzuführen.*

Influenza

Eine durch Viren ausgelöste Atemwegserkrankung. Typische Symptome sind gerötete Schleimhäute, wässriger Nasen- und Augenausfluss, trockener Husten, Fieber. Herzschäden sind eine mögliche Folgeerkrankung. Bei manchen Pferden verläuft die Infektion sogar tödlich.

Influenza überträgt sich durch Tröpfcheninfektion. Regelmäßige Impfungen können das Ansteckungsrisiko minimieren.

Goldisabellen haben einen warmen, satten Farbton.

Interieur

Die inneren Werte des Pferdes. Im Gegensatz zum Begriff > *Exterieur* (frz. „das Äußere"), der die äußeren Körpermerkmale des Pferdes umfasst, steht Interieur (frz. „das Innere") für das Wesen, Temperament und Nervenkostüm. Aber auch der gesamte innere Organismus ist mit Interieur gemeint.

Inzucht

Wenn zwei miteinander verwandte Pferde verpaart werden, spricht man von Inzucht. Dies kann beispielsweise eine Vater-Tochter- oder eine Mutter-Sohn-Verpaarung sein. Auch Geschwister und Halbgeschwister kommen bei Inzucht-Verpaarungen zum Einsatz. In diesem Fall handelt es sich um die Verpaarung von Verwandten ersten und zweiten Grades, wobei Inzucht offiziell auch dann noch als Bezeichnung zutrifft, wenn man es mit Verpaarungen des sechsten Verwandtschaftsgrades zu tun hat.

Durch gezielte Inzucht werden im Idealfall erwünschte Erbanlagen verstärkt und unerwünschte Aspekte reduziert. Bestenfalls sollen die schlechten Erbanlagen mittels Inzucht ganz verschwinden. In Linien, die auf enger Inzucht beruhen, ist auch bei der Verpaarung mit linienfremden Tieren mit dem Auftreten bestimmter, linientypischer Merkmale zu rechnen – zumindest dann, wenn diese Merkmale in der einen Gruppe über mindestens drei Generationen hinweg auftraten. Eine Garantie für das Vererben bestimmter Merkmale gibt es jedoch nicht. Das erklärte Ziel der Inzucht ist es, homozygote (reinerbige) Tiere mit dem erwünschten Merkmal zu züchten. Aber die Inzucht birgt eine Gefahr: Sie kann auch dazu führen, dass unerwünschte Gene zu Tage kommen. Denn auch sie festigen sich, wenn sie bei beiden Zuchttieren veranlagt sind.

Um diese Hürde zu meistern, bedarf es weitsichtiger züchterischer Verantwortung. Die Gesundheit des Pferdes sollte auch bei der Inzucht immer im Fokus stehen. Im Idealfall führt Inzucht zu einer Veredelung, die ohne sie nicht zu erreichen wäre. Wird sie sinnvoll eingesetzt, sind die Fohlen oft ein Quäntchen besser als ihre Eltern.

Doch Inzucht lehrt auch, dass genotypische Parallelen nicht unbedingt etwas mit phänotypischen Ähnlichkeiten zu tun haben müssen. Inzucht ist kein Garant für ideale Zuchtprodukte, sondern oft erst einmal der Spiegel diverser Zuchtdefekte.

Irish Hunter > *Hunter*

Isabell

Eine aufgehellte Fuchsfarbe, die auch Palomino genannt wird.

Die Fellfarbe variiert zwischen Gelb und Goldgelb. Das Langhaar ist deutlich heller. Hufe, Haut und Augen sind oft dunkler als das Fell, aber nicht immer.

Sehr helle Palominos sind oft insgesamt pigmentarm und haben helle Augen, Haut und Hufe.

Bei Goldisabellen schimmert das Fell goldfarben, bei Isabellen gelblich. Und es gibt auch Weißisabellen, die im Englischen als „Blue Eyes Cream" bezeichnet werden. Sie haben elfenbeinfarbenes Fell, blaue – manchmal auch gelbe – Augen, rosafarbene Haut und helle Hufe. Genetisch gesehen sind sie eine Vorstufe des > *Albinos*.

I

Goldige Zeiten
Goldfarben schimmernde Pferde haben Aristokraten seit jeher begeistert. In der Fürstlichen Hofreitschule Bückeburg bei Hannover setzt sich diese Tradition mit Lusitano-Hengst Odeceixe fort.

Islandpferd

Kein Tropfen wird vergossen, wenn ein Islandpferde-Reiter auf seinem Pony dahintöltet und ein Glas Wasser in der Hand hält. So erschütterungsfrei ist der Tölt, der allerdings nicht allen Isis in die Wiege gelegt wird. Das Gleiche gilt für den rasanten Rennpass. Auch er muss von vielen Ponys von der Pieke auf erlernt werden. Aber die Veranlagung zum Fünfgänger haben in der Tat viele der aus Island stammenden Freizeitpartner. Manche sind sogenannte Naturtölter. Sie müssen den Tölt nicht erlernen. Er wird bei der Ausbildung nur noch verfeinert.

Islandpferde trotzen Wind und Wetter. Sie leben am liebsten in Offenstallhaltung in einer Herdengemeinschaft.

Abgesehen von den rückenfreundlichen Gangarten, haben Islandpferde viele weitere positive Qualitäten zu bieten. Die kräftigen, kleinen Pferde fühlen sich im Offenstall am wohlsten. Natürlich gehören hierzu auch Artgenossen – am liebsten andere Isländer.
Bei artgerechter Haltung werden die meisten Isis sehr alt. 30 Jahre und mehr sind keine Seltenheit. Gesundheitliche Probleme gibt es – abgesehen von einer erhöhten Ekzemneigung bei manchen Pferden – nicht. Erkrankungen wie Spat sind in den meisten Fällen mangelhaften Trainingsmethoden zuzuschreiben. Hufrehe entsteht auch bei Isländern durch übermäßigen Weidegang auf Wiesen mit Hochleistungsgras, den die leichtfuttrige Rasse nicht gut verträgt.
Obwohl Islandpferde mit einem Stockmaß von 1,28 bis 1,43 Meter nicht groß und deshalb eigentlich Ponys sind, ist ihre Tragkraft durchaus mit der größerer Pferde zu vergleichen. Auch Erwachsene können die kräftigen Nordlichter problemlos reiten, ohne ein schlechtes Gewissen haben zu müssen. Es gibt alle Farben, außer Tigerschecken.

Italienisches Kaltblut

Tiro Pesante Rapido heißen Italienische Kaltblüter in ihrer Heimat. Übersetzt heißt das so viel wie „Zieht viel und ganz schnell". Das ist nicht übertrieben, denn mit einer Größe von 1,52 bis 1,58 Meter Stockmaß sind die Pferde unglaubliche Muskelpakete. Dabei sind sie nicht schwerfällig, sondern erstaunlich beweglich, was sie zu beliebten Zug- und Fahrpferden macht. Ähnlichkeiten mit Bretonen sind nicht zufällig: Die italienische Kaltblutzucht wurde lange Zeit von französischen Kaltblütern beeinflusst.
Dank ihrer Umgänglichkeit sind Italienische Kaltblüter ausgezeichnete Kutschpferde. Ihr Zugvermögen ist gigantisch, egal ob es um Bierwagen oder Planwagen voller Touristen geht. Dunkelfüchse mit blondem Langhaar sind ein Blickfang. Außerdem gibt es Füchse und Braune.
Leider ist das Einsatzgebiet der kaltblütigen Gesellen inzwischen stark eingeschränkt. Das Hauptzuchtgebiet liegt im Norden Italiens. Das Hengstdepot in Ferrara galt lange als bedeutend; inzwischen sind die meisten Hengste in der Gegend um Verona zu finden. Einmal jährlich treten zweieinhalbjährige Hengste bei der Zugleistungsprüfung gegeneinander an. Der zuständige Zuchtverband ist ebenfalls in der berühmten Opernstadt untergebracht.

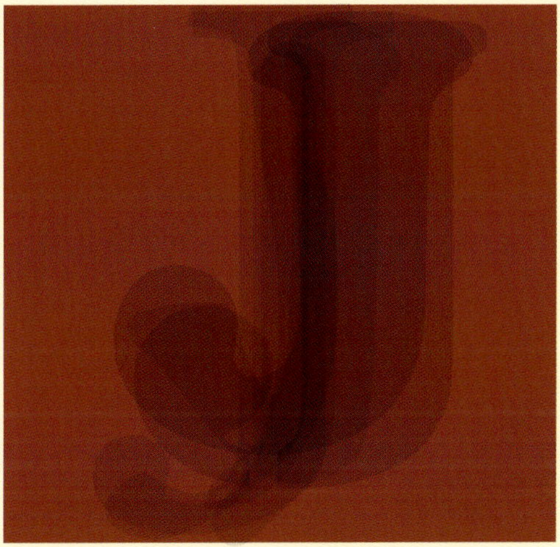

Jacobson-Organ

Wenn Pferde > *flehmen*, legen sie winzige Einbuchtungen zu beiden Seiten der Nasenscheidewand frei. Die bis zu zwei Millimeter großen Einbuchtungen bilden ein Geruchsorgan, das bereits im 18. Jahrhundert bei verschiedenen Säugetieren entdeckt wurde und dann vorübergehend in Vergessenheit geriet. Anfang des 19. Jahrhunderts entdeckte es der Däne Ludwig Levin Jacobson neu. Die Sinneszellen des nach ihm benannten

Pferde aktivieren das Jacobson-Organ, indem sie flehmen.

Jährlinge sehen manchmal recht unausgewogen aus.

Jacobson-Organs sind auf spezielle Duftstoffe spezialisiert. Die Wahrnehmung dezenterer Duftstoffe erfolgt über die Nase.

Jährling

Ein Jungpferd, das mindestens zwölf Monate und höchstens 24 Monate alt ist. Ab dann ist es ein Zweijähriger.
Früher nannte man > *Fohlen* während des gesamten Jahres, das auf den Geburtstag folgte, Jährling. Dabei galt die Zeitspanne vom 1. Januar bis 31. Dezember – unabhängig vom tatsächlichen Geburtsdatum.

Jochbeinleiste

Eine längliche Knochenerhebung, die zwischen Kiefergelenk und Nasenbein verläuft.

Jucker

Leichtes, edles ungarisches Kutschpferd. Kutschen, Anspannungsvarianten, Trensen und Peitschen wurden nach diesem leicht gebauten Pferdetyp benannt.

Kaliber

Umso mehr Gewicht ein Pferd im Verhältnis zur Widerristhöhe hat, desto kalibriger ist es. Der Brustumfang und die Knochenstärke sind hierbei entscheidend, nicht der Fütterungszustand.

Kaltblut

Mit der Bluttemperatur hat die Bezeichnung nichts zu tun, sie bezieht sich auf das gelassene Temperament des schweren, kalibrigen Pferdes. Kaltblüter sind vor allem als Fahr- und Arbeitspferde im Einsatz. Früher traf man sie viel in der Land- und Forstwirtschaft an. Inzwischen werden sie immer öfter aus reiner Liebhaberei gehalten.

Ein Yukon-Horse mit deutlichem Kaltblut-Einschlag.

Kappen > *Zahnpflege*

Kardätsche

Eine weiche Bürste, die dem Fell des Pferdes einen schönen Glanz verleiht und sich auch für die Pflege von Gesicht und Beinen eignet. Gute Kardätschen haben Naturborsten und holen selbst feinsten Staub aus dem Fell. Dieser Staub wird am >*Striegel* abgestrichen.

Ein Welsh Cob-Rappe mit stattlichem Kaliber.

Karpfengebiss
Überbiss. Hierbei überragen die oberen Schneidezähne die unteren, weil der Oberkiefer länger als der Unterkiefer ist.
Karpfengebisse gelten als Degenerationserscheinung. Da die Schneidezähne nicht aneinanderreiben, wachsen sie ungehindert. Regelmäßiges Abschleifen ist deshalb lebenswichtig für das Pferd.

Karpfenrücken
Eine aufgewölbte Wirbelsäule, die beim Reiten nicht schwingt und das Pferd für den reiterlichen Einsatz unbrauchbar macht.

Kastanie
Hornige Fläche an der Innenseite der Vorderbeine (oberhalb der Vorderfußwurzelgelenke) und an den Hinterbeinen (innen unterhalb der Sprunggelenke).
Kastanien sind Überbleibsel von Zehen, auf denen sich die Urpferde fortbewegten. Bei manchen Pferden wachsen die Kastanien zu einer beachtlichen Größe heran. Dann ist es besser, sie vom Hufschmied kürzen zu lassen, damit das Pferd nicht daran hängen bleibt und sie einreißen.

Kastration
Entfernung des Hodens. Hengste werden durch diesen operativen Eingriff unfruchtbar. Kastrierte Hengste nennt man Wallach.
Erfolgt die Kastration bereits beim > *Jährling*, verliert das Pferd in der Regel alle hengsttypischen Eigenschaften wie einen ausgeprägten Hals und sein > *Imponiergehabe*. Erfolgt die Kastration erst im dritten oder vierten Lebensjahr, bleiben oft einige körperliche und psychische Eigenarten des Hengstes erhalten – allerdings in abgeschwächter Form.

Kehlkopfpfeifen
Oft Spätschaden einer Atemwegsinfektion, aber manchmal auch ein erblich bedingtes, gesundheitliches Problem. Hintergrund ist eine Lähmung der Kehlkopfmuskulatur, die eine Erschlaffung des linken Stimmbands verursacht. Bei körperlicher Anstrengung ist dann ein Pfeifton zu hören, sobald das Pferd einatmet. Eine operative Straffung des Stimmbands ist möglich, bringt aber nicht immer den gewünschten Erfolg. Pferde, deren Kehlkopfpfeifen erblich bedingt ist, gehören nicht in die Zucht.

Keilkopf
Ein Kopf mit breitem Ansatz und spitz zulaufender Maulpartie. Dabei verläuft die Profillinie gerade und nicht konkav wie beim > *Hechtkopf*.

Ein Berber-Hengst mit klassischem Keilkopf.

Kinnbart
Lange Grannenhaare an der Unterseite des Pferdekopfes. Statt Kinnbart kann man auch Geißbart sagen. Er gilt als Erbe nordischer Urpferde und ist bei bestimmten Rassen wie Islandpferden besonders stark ausgeprägt. Auch alte Pferde haben oft Kinnbärte.

Kinngrube
Eine Einbuchtung oberhalb des Kinns. Bei Kandarenzäumungen, Pelhams und einigen Westerngebissen führt die Kinnkette durch diese Grube.

K

Kinsky-Pferd

Kinsky-Pferde werden auch als Chlumetzer oder Böhmische Hunter bezeichnet. Es handelt sich um ein leichtes Warmblutpferd, das ursprünglich aus Böhmen, dem heutigen Tschechien, stammt. 1838 entstand die Rasse, initiiert durch Oktavian Graf Kinsky. Die Familie Kinsky war zu diesem Zeitpunkt bereits für ihre individuell geprägte Vollblut-Zucht bekannt.

Isabellen und Falben mit einem goldenen Schimmer im Fell entsprechen dem Zuchtziel am meisten, aber es gibt auch Braune, Füchse, Cremellos und andere Farben.

Früher gab es zahlreiche Kinsky-Pferde, doch gegen Ende des 20. Jahrhunderts ging die Kinsky-Ära zu Ende und die Rasse fast vollständig im Tschechischen Warmblut auf. Heute gehören Kinskys, deren durchschnittliches Stockmaß bei 1,58 bis 1,75 Meter liegt, zu den seltensten Pferderassen überhaupt.

Kisbér

Eine Anglo-Araberherde aus Piber und Englische Vollblüter bildeten die Zuchtbasis des 1853 gegründeten Gestüts Kisbér.

Eine Kisbéri-Herde in Ungarn.

K

1869 wurde es zum königlich-ungarischen Staatsgestüt, mit dem Auftrag, Halbblüter zu züchten. Berühmtheit erlangte das Gestüt jedoch aufgrund seiner Vollblutzucht: Es bildete das Zentrum der Vollblutzucht der Donaumonarchie. Die Hengste Buccaneer und Kisbér genießen noch heute einen legendären Ruf.
Das in Ungarn gelegene Gestüt ist nicht mehr aktiv, betreibt aber ein kleines Museum, in dem man das Skelett Buccaneers sehen kann.

Kisbéri

Kisbéri, die dem Vollblut nahestehenden Halbbluttypen, vereinen Adel und Schönheit. Kein Wunder, dass sie in der Vergangenheit zu den begehrtesten Offizierspferden gehörten. Auch als luxuriöses Reit- und Kutschpferd machten die gängigen und ausgesprochen harten Pferde Furore.
Inzwischen züchtet man Kisbéri kalibriger und noch etwas größer als zu Zeiten der k.u.k.-Monarchie. Die Rasse glänzt durch mehr Vielseitigkeit und bewährt sich in den unterschiedlichsten Disziplinen.
Heute wird die mit guter Springanlage gesegnete Rasse nicht mehr im Ursprungsgestüt Kisbér gezüchtet. Seit 1989 ist das zum Staatsgut Balatonfenyves gehörende Gestüt Pusztaberény am Plattensee für die Zucht zuständig. Auch auf dem Gestüt Kadkert befindet sich noch ein kleiner Bestand. Außerdem gibt es einige Privatzüchter.
Zurück zum Ursprung der Rasse: Das ungarische Gestüt Kisbér, das unweit vom noch heute weltberühmten Gestüt Bábolna lag, befand sich einst im Besitz des Grafen Lajos Batthyány. Da er in die Wirren der ungarischen Revolution verstrickt war, wurde sein Gestüt Kisbér, dem die schönen ungarischen Halbblüter ihren Namen verdanken, 1853 vom Staat konfisziert.
Nach Jahren der Revolution waren die Pferde in alle Winde zerstreut. Bis zur Jahrhundertwende wurde die Zucht wieder aufgebaut. Die Bezeichnung Kisbérer Halbblut stand für ein edles, formschönes Pferd im englischen Halbbluttyp, das Größe und Leistung vereint. Kisbéri galten als ideale Pferde für Reiter, die ihren Tieren höchste Ansprüche abverlangen. Tragischerweise erreichte die Kisbérer-Zucht zu einem Zeitpunkt ihren Höhepunkt, an dem ihre Leistungsfähigkeit nicht mehr gefragt war: Der Erste Weltkrieg brach aus. Die k.u.k.-Monarchie zerbrach, die Nachfrage an Remontepferden sank. Von dieser Entwicklung hat sich der Zuchtbestand bis heute nicht erholt.

Kissing Spine Syndrom

Eine Erkrankung des Rückens, bei der sich die Dornfortsätze der Wirbelkörper berühren. Hierdurch entstehen Entzündungen und Knochenneubildungen, die wiederum Schmerzen verursachen.
Kissing Spines können durch eine Überbelastung der Zwischenwirbelscheiben entstehen. Vorbeugend wirken eine optimale Mineralstoffversorgung während der Aufzucht und schonendes Anreiten des Jungpferdes. Später schützt eine systematische Gymnastizierung vor Problemen.
Die Behandlung von Kissing Spines erfolgt medikamentös, chirurgisch und auch physiotherapeutisch.

Kladrub

Das böhmische Hofgestüt Kladrub wurde 1562 an der Elbe gegründet. Heute liegt es in der Tschechischen Republik. Die Zucht kalibriger, repräsentativer Wagenpferde für den kaiserlichen Hof war die Hauptaufgabe des Gestüts.
Der Wiener Hof glänzte bei Paraden stets mit zwei Achterzügen weißer oder schwarzer Alt-Kladruber. Der Name Alt-Kladruber sollte die ursprüngliche Zuchtrichtung des Gestüts von moderneren Rassen abgrenzen.
Daneben gab es auch Kladruber Braune, eine Halbblutzucht, und vorübergehend auch Englische Vollblüter. Doch beide Rassen spielten in Kladrub stets eine Nebenrolle.

Kladruber sind schicke Fahrpferde, die außerdem eine Veranlagung für die Hohe Schule mitbringen.

Das nach wie vor aktive Gestüt wurde zum Weltkulturerbe ernannt und kann besichtigt werden.

Kladruber

Bei anderen Rassen ist er verpönt, beim Kladruber, der offiziell Alt-Kladruber heißt, Zuchtziel: der > *Ramskopf*. Das markante Profil stand ursprünglich für Männlichkeit, und die wurde am Wiener Kaiserhof geschätzt. Dort erlebte der Kladruber zur Zeit des Rokoko seine Blüte. Er war das Gala-, Kutsch- und Paradepferd der Aristokraten. Deshalb wurde er von der UNESCO unlängst auch als Weltkulturerbe anerkannt.

Das ehemalige Hofgestüt ist heute das tschechische Nationalgestüt und noch immer eine Hochburg pompöser Rappen und Schimmel. Während die Schimmel traditionell vor prächtige Kutschen gespannt wurden, dienten die Rappen ausschließlich klerikalen Zwecken. Diese beiden Varianten unterschieden sich nicht nur durch ihre Farbe: Die Schimmel zeigten eher eine spanische Prägung, während die Rappen auf die inzwischen ausgestorbene italienische Rasse Polesina zurückgingen.

Die Ähnlichkeit mit Lipizzanern, die ebenfalls iberische Vorfahren haben, ist auch heute nicht zu übersehen. Kladruber haben ein feuriges Temperament, dabei aber einen noblen Charakter. Sie haben hervorragende Anlagen zu Lektionen der Hohen Schule. Im Trab entfalten Kladruber eine atemberaubende Kadenz mit hoher Knieaktion.

Kladruber beeinflussten in der ersten Hälfte des 19. Jahrhunderts die ungarische Nonius-Zucht. Sie brachten mehr Größe und Kaliber in die alte Rasse. Aus der Kreuzung von Welsh Cob-Hengsten mit Kladruber-Stuten entstanden die > *Podhajsky-Schimmel*.

Schimmel und Rappen entspringen farblich voneinander getrennten Zuchtstämmen.

Kladruber waren am Wiener Kaiserhof überaus geschätzt und begeistern noch heute.

Die Schimmelherden sind im Nationalgestüt selbst untergebracht. Die Rappen stehen in Slatian, einem Gestüt, das Kladrub untersteht und auch das Zuchtbuch führt. Außerdem gibt es rund 50 Privatzüchter. Die Schimmelzucht besteht aus acht Familien, die Rappzucht aus 15. Heute beträgt das durchschnittliche Stockmaß des Kladrubers 1,67 Meter, früher lag es bei über 1,80 Meter.

Klirreffekt > *Huf*

Klopphengst
Ein > *Hengst*, bei dem sich ein oder beide Hoden in der Bauchhöhle oder im Leistenkanal befinden. Normalerweise sind sie im Hodensack, in den sie bereits vor der Geburt des Pferdes wandern. Eine operative Entfernung der Hoden ist sinnvoll, weil sie sich manchmal tumorartig verändern. Außerdem sind Klopphengste vom Umgang her meistens schwierig. Da sich dieses auch als Kryptorchie bezeichnete Problem vererben kann, dürfen Klopphengste nicht in die Zucht. Sie sind von der > *Körung* ausgeschlossen.

Knabstrupper
Knabstrupper sind echte Originale. Und das nicht nur aufgrund ihres markant gefleckten Fells. Vielmehr ist es ihr aufgewecktes Wesen, das seltsame Blüten treiben kann, wenn es unterfordert wird. Fordert man ihn hingegen, entwickelt der barocke Däne Passion und Ehrgeiz. Dabei brilliert er mit einem Durchschnittsstockmaß von 1,55 bis 1,63 Meter als Sportpartner und Freizeitpferd. Vor der Kutsche gibt er sich nicht minder majestätisch als unter dem Sattel.
Die mit dem ebenfalls aus Dänemark stammenden Frederiksborger verwandte Rasse gilt als intelligent. Ein guter Ausbilder kann einen Knabstrupper bis zur Hohen Schule führen. Während das Wesen des Knabstruppers wohl schon immer speziell gewesen sein soll, hat sich sein Exterieur verändert. Es lässt heute die Einheitlichkeit vermissen, die es einst aufwies.
Der reingezogene Knabstrupper gilt als ausgestorben. Die Tigerscheckfärbung ist zum Hauptkriterium der Rasse geworden. Die Fleckung des Fells ist Knabstrupper-Fans wichtig, wobei es aber auch waschechte Knabstrupper ohne Zeichnung gibt. Manche sind einfarbig oder werden sogar rein

weiß geboren. Trotzdem können sie die Tigerscheckung vererben. Die Farbmuster erinnern an die des Appaloosas. Braun-, Fuchs- und Rapptiger sind am häufigsten. Knabstrupper mit Flecken haben nicht nur > *Menschenaugen*, sondern auch gestreifte Hufe. Auch das sogenannte > *Krötenmaul* ist bei ihnen oft zu sehen. Rassetypisch ist auch der raumgreifende Schritt.

Das dänische Gut Knabstrupp gilt als Wiege der Knabstrupper-Zucht. 1776 gründete Christian Detlev Lunn dort eine Pferdezucht. Die Entstehung der Rasse Knabstrupper wird seinem Sohn Villars Lunn zugeschrieben. Interesse an Pferden mit ausgefallenen Farben hatte es jedoch bereits in den Jahrhunderten davor gegeben. Sicherlich bildete diese Faszination die Basis für die Tigerschecken, die später nach dem Traditionsgut Knabstrupp benannt werden sollten.

Knie

Am oberen Ende der Vorderseite der Hinterbeine liegendes Gelenk.

Kniegelenk und Kniescheibe bilden das untere Ende des Oberschenkelbeins am Übergang zum Wadenbein.

Knochenbruch

Fraktur. Meistens sind die Vorderbeine des Pferdes von Knochenbrüchen betroffen. Schnelles Tempo auf unebenem Boden und Sprünge erhöhen das Risiko einer Fraktur. Aber auch das Anschlagen an Hindernisse und schiefes Auftreten sind gefährlich.

Knochenbrüche umfassen leichte und auch schwere Krankheitsbilder. Sie reichen von haarfeinen Rissen im Knochen (Fissur) bis hin zu glatten Durch- und Trümmerbrüchen. Hat man den Verdacht auf einen Knochenbruch, ist das Pferd sofort ruhigzustellen. Am besten legt man einen festen Stützverband an, bis der Tierarzt eintrifft.

Ein Knochenbruch muss heute kein Todesurteil sein. Viele Frakturen werden erfolgreich operiert.

Kolik

Ein allgemeiner Begriff für starke Bauchschmerzen. Vorsicht: Symptome, die für eine Kolik typisch sind, werden nicht nur bei Magen- und Darmerkrankungen, sondern auch bei anderen gesundheitlichen Störungen beobachtet. Wenn Pferdehalter von einer Kolik sprechen, ist jedoch in der Regel eine mit Schmerzen und großem Unwohlsein verbundene Erkrankung des Magens und des Darms gemeint.

Warum bekommen Pferde Koliken?

- *Pferde können nicht erbrechen und neigen deshalb zu Magenüberladungen.*
- *Der Dünndarm hängt an einem ausgesprochen langen Gekröse, das ihm einen enormen Bewegungsspielraum einräumt; hierdurch bedingt kann es zu Verschlingungen und Verklemmungen des Darms kommen.*
- *Das Fassungsvermögen des Grimmdarms beläuft sich auf 130 Liter; da er frei beweglich ist, kommt es auch in diesem Bereich leicht zu Verlagerungen.*
- *Die Darmabschnitte des Pferdes weisen mehrere weite und enge Übergänge auf, die verstopfen können.*
- *Parasitenlarven, die durch den Körper wandern und Gefäßschäden verursachen, können Thrombosen und damit verbundene Koliken auslösen.*
- *Das vegetative Nervensystem des Pferdes reagiert sensibel auf Witterung, Fehlfütterung und Haltungsfehler.*

Eine Kolik lässt sich an recht eindeutigen Symptomen erkennen.

Geringe Schmerzen:

- Das Pferd legt sich zu ungewöhnlichen Tages- und Nachtzeiten hin.
- Es steht ganz ruhig und streckt den Hals in auffälliger Weise.
- Es flehmt.

Koliken vorbeugen

- *Um Koliken vorzubeugen, sollte man Folgendes beachten:*
- *Verfüttern Sie nur qualitativ hochwertige Futtermittel.*
- *Meiden Sie muffiges, schimmeliges Heu und Stroh.*
- *Gönnen Sie dem Pferd nach dem Fressen eine Stunde Ruhepause.*
- *Füttern Sie mehrere kleine Mahlzeiten täglich.*
- *Sorgen Sie täglich für ausreichend Bewegung.*

- Unruhiges Hin- und Hertreten;
- scharren;
- schlagen nach dem Leib;
- umsehen nach dem Bauch;
- niederlegen und Aufstehen.

Stärkere Schmerzen:

- anfallsartiges Auftreten der Symptome;
- große Unruhe;
- Zähneknirschen;
- niederlegen und wälzen;
- starker Schweißausbruch (beginnt im Hals- und Schulterbereich); kalter Schweiß bei Zerreißungen des Magens oder Dickdarms.

Es gibt verschiedene Arten von Koliken, die Krampfkolik ist mit fast 50 Prozent aller Fälle die häufigste Form. Ihr liegt eine Darm-Funktionsstörung zugrunde, die z. B. durch Unterkühlung, Wetterumschwung oder verdorbene Futtermittel begünstigt wurde. Eine Krampfkolik äußert sich meistens durch folgende Symptome:

- Anfallsartige, heftige Kolikattacken, gefolgt von Ruhephasen;
- Atem und Puls sind erhöht.
- Eventuell abgesetzter Kot ist breiig.
- Auf der linken Bauchseite sind verstärkte Bewegungen des Dünndarms zu hören.
- Bei einem Anfall sind keine Geräusche mehr zu vernehmen.
- Bei Kolikverdacht ist immer sofort der Tierarzt zu informieren. Bis zu seinem Eintreffen wird das Pferd herumgeführt, was bei leichten Fällen bereits zu einer deutlichen Besserung des Zustands führt. Der Tierarzt wird krampflösende Medikamente spritzen.

Durch Verstopfung ausgelöste Koliken sind gleich nach der Krampfkolik die zweithäufigste Form. Verstopfungen bilden sich meistens an Darmeinengungen. Meistens sind es grobe Futterteile, die am Übergang vom Blinddarm in den Grimmdarm oder im Grimmdarm selbst stecken bleiben. Im Verlauf weiterer Fütterungen kommt es in diesem Bereich zu einer beachtlichen Ansammlung und Austrocknung von Futterresten. Die Koliksymptome sind anfangs recht mild, später dafür umso heftiger. Zu den Ursachen gehören eine zu hastige Futteraufnahme, zu geringe Flüssigkeitsaufnahme, zu wenig Bewegung, Überanstrengung, aber auch Zahnprobleme.

Bei einer Dünndarmverstopfung kommt es kurz nach der Futteraufnahme zu Schmerzen im Bauchbereich. Die Atmung und der Puls sind anfangs nur leicht beschleunigt, später aber in zunehmendem Maße. Der Allgemeinzustand des Pferdes verschlechtert sich. Nach einigen Stunden kommen Schocksymptome hinzu. Es besteht die Gefahr eines Darmverschlusses.

Im Gegensatz zur Dünndarmverstopfung entwickelt sich die Dickdarmverstopfung schrittweise. Betroffene Pferde setzen nur geringe Kotmengen ab; auffällig ist die kleine Größe der Äpfel und ihre Trockenheit. Wenn Koliksymptome auftreten, ist bereits ein fortgeschrittenes Stadium erreicht.

Bei einer Blinddarmverstopfung setzt das Pferd dünnflüssigen Kot ab, aber weniger als normalerweise. Es trinkt und frisst wenig. Häufiges Liegen, vermehrtes Schwitzen, Scharren und gelegentliches Umsehen nach dem Bauch können ebenfalls Anzeichen für eine Blinddarmverstopfung sein.

Bei einer Verstopfung muss die angestaute Futtermasse schrittweise reduziert werden, was durch eine Auflockerung des Darminhalts geschieht. Glaubersalz, Bäckerhefe und Paraffinöl kommen bei dieser Behandlung traditionell in Betracht. Zusätzlich kommen auch krampflösende Mittel zum Einsatz, um einem Zerreißen der Darmwand möglichst vorzubeugen.

Ein aufgeblähter Dünn- oder Dickdarm ist das Hauptsymptom einer Gas- oder Windkolik. Die überdehnten Darmwände können sogar zerreißen, wenn nicht rechtzeitig eine Behandlung eingeleitet wird. Die Verfütterung welken oder erhitzten Grünfutters, der Verzehr eiweißreicher Gräser, frischen Klees,

von Obst oder weichem Brot sind die Hauptauslöser der gefürchteten Kolikform. Allerdings können auch ein Darmverschluss oder eine gelähmte Darmtätigkeit einen ähnlichen Effekt haben.
Der Krankheitsverlauf ist äußerst schmerzhaft, weil die gedehnten und somit schlechter durchbluteten Darmwände für eine verminderte Sauerstoffzufuhr sorgen und dadurch die Darmbewegung einschränken.
Zuerst zeigen betroffene Pferde nur leichte Unruheerscheinungen. Man kann verstärkte Darmgeräusche feststellen. Bewegung führt zu einer ergiebigen Absonderung der Gase. Sobald größere Darmabschnitte in Mitleidenschaft gezogen sind, treten heftige Kolikanfälle auf. Das Pferd atmet schwer und zeigt großes Unwohlsein. Im folgenden Verlauf nimmt die Darmtätigkeit erst zu und stellt sich dann ganz ein. Puls und Atemfrequenz sind stark erhöht. Das Pferd wirkt insgesamt aufgebläht.
Auch hier muss man sofort den Tierarzt rufen. Die Gase müssen so schnell wie möglich entfernt werden, um dem Pferd rasch Linderung zu verschaffen. Manchmal gelingt dies allein durch Bewegung, meistens muss aber die Darmtätigkeit gezielt angeregt werden. Manche Tierärzte machen dies mit wechselwarmen Klistieren, andere mit speziellen Medikamenten. Der Magen kann zusätzlich durch eine Nasenschlundsonde entlastet werden, mit der man Gas- und Futterbestandteile abfließen lassen kann.
Die meisten Formen der Kolik entstehen durch eine nicht artgerechte Pferdehaltung und Fütterungsfehler. Man kann also eine ganze Menge tun, um dem Pferd quälende Bauchschmerzen mit bisweilen lebensbedrohlichen Folgen zu ersparen. Täglicher Auslauf, ausreichend Bewegung und eine erstklassige Futtermittelqualität sollten somit für jeden Pferdehalter selbstverständlich sein. Ist es nicht möglich, diese Bedingungen umzusetzen, muss unter Umständen über einen Stallwechsel nachgedacht werden.

Konik
Eine aus Osteuropa stammende, robuste Ponyrasse, die viele ursprüngliche Wildpferdemerkmale zeigt. Bis weit ins 16. Jahrhundert hinein galten Koniks als begehrte Jagdbeute, was dann per Gesetz untersagt wurde. Danach lebten die 1,30 bis 1,40 Meter Stockmaß großen Ponys – übrigens überwiegend Graufalben mit Wildzeichnung und Graubraune – lange recht unbehelligt in halbwilden Herden. Allerdings gab es keine gezielten Zuchtprogramme, was dazu führte, dass es Anfang des 20. Jahrhunderts nur noch wenige reinrassige Koniks gab. Nachdem auch die letzte ursprüngliche Herde zerstreut wurde, erfolgten nach dem Zweiten Weltkrieg intensive Rückzuchtversuche. Insbesondere das Konik-Reservat in Popielno spielte hierbei eine wichtige Rolle.
Heute gibt es tatsächlich wieder Koniks vom ursprünglichen Typ, die in Deutschland unter anderem zur Pflege von Naturreservaten eingesetzt werden.

Konstitution
Alle Veranlagungen des Pferdes, die sich durch körperliche, seelische und kognitive Merkmale äußern. Zu den körperlichen Merkmalen gehören unter anderem Größe und Gewicht. Zu den seelischen Charakter und Temperament. Zu den kognitiven Merkmalen gehört die Auffassungsgabe.

Kopfformen
Pferde haben unterschiedliche Köpfe. Man unterscheidet gerade Köpfe, Keil-, Rams- und Hechtköpfe.
Beim geraden Kopf verlaufen die obere und untere Profillinie parallel. Der > *Keilkopf* ist breit im Ansatz und verjüngt sich zur Maulpartie hin. Der > *Ramskopf* hat eine konvex aufgewölbte Profillinie. Der > *Hechtkopf* ist an der konkaven Einsenkung der Profillinie zu erkennen.
Welche Kopfform als schön empfunden wird, hängt auch von aktuellen Modetrends ab.

Kopfformen

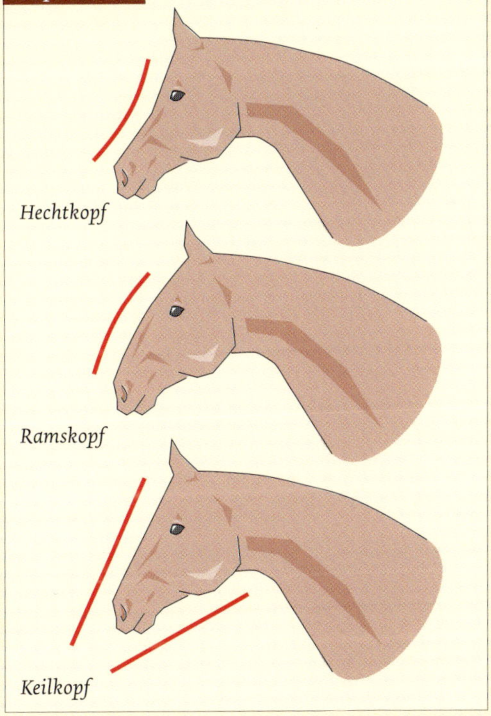

1 *Ramskopf*
2 *Hechtkopf*
3 *Gerader Kopf*
4 *Keilkopf*

K

Kopfscheu

Nervöses Hochreißen des Kopfes, sobald sich die menschliche Hand oder ein Gegenstand nähert. Dieses Verhalten erschwert die Pflege, das Aufhalftern und Auftrensen des Pferdes. Meistens resultiert es aus einem groben Umgang mit dem Pferd, z. B. durch Schläge auf den Kopf. Sensible Pferde werden aber auch schon kopfscheu, wenn man ständig hektisch vor ihrem Kopf hantiert oder ihnen auf den Nasenrücken klopft. Vorbeugung: Generell nur ruhige Bewegungen im Kopfbereich des Pferdes machen und vermeiden, die Hand direkt von vorne anzunähern. In diesem Bereich sieht das Pferd nicht gut und erschreckt sich, wenn plötzlich aus dem Nichts eine Hand auftaucht. Seitliches Annähern ist besser für das Vertrauen zwischen Pferd und Mensch.

Koppen

Eine Verhaltensstörung, bei der das Pferd Luft schluckt. Von der Speiseröhre aus gelangt die Luft in den Magen, wo sie Schleimhautentzündungen und Koliken hervorrufen kann.

Meistens beginnt das Pferd mit dem sogenannten Krippensetzen. Dabei setzt es die oberen Schneidezähne auf den Krippenrand oder eine andere Unterlage, spannt die Schlundkopfmuskulatur an und schluckt Luft. Mit zunehmender Übung braucht das Pferd nach einiger Zeit keine Aufsetzmöglichkeit mehr. Es koppt plötzlich auch frei, indem es mit dem Kopf nickt, die Schlundkopfmuskulatur anspannt und Luft zieht.
Es gibt verschiedene Auslöser für diese Verhaltensweise: Eine nicht artgerechte Haltung mit viel Langeweile, fehlende Sozialkontakte und zu wenig Bewegung sowie eine erbliche Disposition kommen in Frage. Und was kann man gegen Koppen tun? Entscheidend ist es, die Haltungsbedingungen zu optimieren. Gegen Krippensetzen hilft, das Pferd so zu halten, dass es seine Zähne nirgendwo aufsetzen kann.

Körpersprache

Physische Ausdrucksform. Die Körpersprache ermöglicht es Pferden, mit ihrer Umwelt zu kommunizieren. Schließlich können sie nicht sprechen, zumindest nicht in Form von Worten. Dafür ist ihre Körpersprache aber sehr vielfältig und auch immer recht eindeutig.
Um die Körpersprache eines Pferdes richtig zu deuten, muss man immer das ganze Pferd beobachten. Es reicht nicht, beispielsweise nur die Ohrenstellung alleine zu betrachten. Zurückgelegte Ohren können sowohl ein Anzeichen für aggressives Verhalten als auch für Unsicherheit sein.
Das Sozialverhalten von Pferden wird maßgeblich durch Körpersprache bestimmt. Lautäußerungen wie Wiehern oder Quietschen runden das Ganze lediglich ab.
Schweif und Ohren sind wichtig, wenn es um Körpersprache geht. Ein erhobener Schweif

Beim Krippensetzen stützt das Pferd die Schneidezähne auf einer festen Unterlage auf und schluckt Luft.

signalisiert Erregung, wogegen ein gesenkter Schweif bei gelassenen Pferden zu beobachten ist. Unwirsches Schweifschlagen dient nicht nur dem Verjagen lästiger Fliegen, es zeigt auch Unwillen an oder Langeweile.

Nach vorne gedrehte, gespitzte Ohren sind ein Zeichen für Aufmerksamkeit. Flach an den Kopf gelegte Ohren können Angst, Wut und Schmerz anzeigen. Aber auch beim Schmusen drehen viele Pferde die Ohren verzückt nach hinten.

Zum typischen Schmusegesicht gehört auch eine lange Oberlippe, die Pferden ein bisschen das Flair eines Ameisenbärs verleiht. Oder auch eine schlaff herunterhängende Unterlippe, die für höchste Entspannung steht. Ein verkniffenes Maul zeigt Anspannung, Angst oder Wut. Zurückgezogene Lippen in Verbindung mit Kaubewegungen signalisieren Unterwürfigkeit.

Kopf- und Halsbewegungen sind ein aussagekräftiger Bestandteil der Körpersprache. Man sollte sie auf jeden Fall mit einbeziehen, bevor man die Signale eines Pferdes endgültig deutet. Ein hoch erhobener Kopf steht für Anspannung. Das kann sowohl positive als auch negative Anspannung sein. Ein gesenkter Kopf ist ein Zeichen für Ruhe und Gelassenheit. Schnelle, nach oben gerichtete Kopfstöße können eine Provokation oder eine Aufforderung zum Spiel sein. Ein sanfter, nach oben gerichteter Kopfstoß ist meistens freundschaftlich gemeint. Pferde, die ihren Kopf gleichmäßig auf- und absenken, dösen, sind gelangweilt oder unwirsch. Bei Skepsis oder Ablehnung zuckt der Kopf zurück und bewegt sich dabei aufwärts.

Gilt es, sich einer gefährlichen Situation zu entziehen, schwingt das Pferd Kopf und Hals aus der Gefahrenzone. Reckt es den Hals lang vor, zeigt es Dominanz und ist zum Angriff bereit.

Spielerisches Gerangel dient bei Pferden als Training für den Ernstfall. Verletzungen gibt es hierbei kaum. Bei wirklichen Auseinandersetzungen sieht das anders aus.

Pferde setzen verschiedene Bewegungsabläufe ein, um ihre Artgenossen zu warnen. Stufe eins ist das gezielte Hin- und Herbewegen vor einem anderen Pferd. Das bedeutet: Vorsicht – gleich gibt's Ärger. Stufe zwei ist das Anrempeln mit der Schulter – direkter Körperkontakt mit Nachdruck. Stufe drei ist das Zudrehen des Hinterteils. Manche Pferde heben hierbei auch ein Hinterbein drohend an. Wenn das nicht ausreicht, um den Artgenossen zu beeindrucken, setzt es einen Tritt. Auch die Beine eines Pferdes sprechen eine klare Sprache. Angefangen beim drohenden Heben eines Hinterbeins, bis zum Zutreten. Stampfen mit einem Vorderbein steht für massives Drohverhalten und Scharren für Frustration und Ungeduld. Es kann aber auch der genauen Begutachtung eines unbekannten Objekts dienen. Hin und wieder schlagen Pferde, vor allem Hengste, mit den Vorderbeinen aus.

Körpertemperatur > *Fieber*

Die durchschnittliche Normaltemperatur eines ausgewachsenen Pferdes liegt bei 37,5 bis 38,3 Grad Celsius. Fohlen, Absetzer und Jährlinge haben eine etwas höhere Durchschnittstemperatur.

Körung

Beurteilung der züchterischen Qualitäten eines Hengstes mit anschließender Deckerlaubnis. Körungen werden von den zuständigen Zuchtvereinen durchgeführt. Ist ein Hengst angekört, hat er eine Deckerlaubnis. Wird er abgekört, ist diese von Seiten des Verbands aberkannt. Laut EU-Gesetz muss der Hengst nicht deshalb kastriert werden. Seine Nachzucht hat lediglich keinen Anspruch auf Papiere des zuständigen Zuchtverbands.

Köte

Auch Kötenbehang oder Kötenzopf genannt. Hierbei handelt es sich um langes Haar an der Rückseite von Fesselkopf und Röhrbein. Kaltblüter und Rassen wie Friesen, Tinker, Islandpferde und andere nordische Ponyrassen haben besonders stark ausgeprägte Köten. Pferde aus südlichen Regionen – z. B. Vollblutaraber – haben keine. Köten dürfen bei robust gehaltenen Pferden nicht entfernt werden, weil sie die Fesselbeugen schützen.

Kraftfutter

Körnerfutter wie Hafer, Quetschhafer oder pelletierte Nahrung mit einer hohen Nährstoffdichte. Da Kraftfutter nicht zum natürlichen Nahrungsangebot frei lebender Pferde gehört, muss die verfütterte Menge immer an die individuellen Bedürfnisse des Pferdes angeglichen werden. Außerdem sollte Kraftfutter stets mit > *Raufuttergaben* (Heu, Stroh) und nach Möglichkeit auch durch Weidegang ergänzt werden. Die ausschließliche Fütterung mit Kraftfutter kann beträchtliche Verdauungsstörungen und andere Erkrankungen auslösen.

Der Kötenbehang schützt die Fesselbeugen des Pferdes. Allerdings ist er nicht bei allen Rassen so ausgeprägt, wie bei diesem Welsh Pony.

K

Kreuzverschlag

Der Kreuzverschlag tritt relativ plötzlich auf und geht meistens mit lähmungsartigen Bewegungsstörungen der Hinterbeine einher. Wurde das Pferd kurz vorher stark belastet, kann folgender Hintergrund vorliegen:
Bei starker Belastung schaltet der Körper auf einen sauerstofflosen (anaeroben) Stoffwechsel um. Die gesamte Muskulatur erhält dann wenig Sauerstoff. Gleichzeitig entsteht das Stoffwechselprodukt Lactat (Milchsäure), das in hoher Konzentration zu einer „Übersäuerung" der Muskeln führt. Wird dieses Lactat nicht abgebaut bzw. sein Abtransport durch zu schnelles Abkühlen verhindert, kann es zu einem Kreuzverschlag kommen.
Da ein Kreuzverschlag auch nach ein- oder mehrtägigem Stehen des Pferdes auftreten kann, wird diese Erkrankung auch als Feiertagskrankheit bezeichnet. Bei Überfütterung reichert sich Glykogen, ein energiereiches Kohlenhydrat, in der Muskulatur an. Wird das Pferd dann bewegt, kommt es zu einem schnellen Abbau des Glykogens, wobei viel Milchsäure produziert wird. Damit entsteht dieselbe Situation wie nach einem zu schnellen Abkühlen der Muskeln nach starker Belastung.
Ein Pferd mit Verdacht auf Kreuzverschlag darf nicht weiter bewegt werden. Man beendet das Training sofort und bringt das Pferd langsam in eine gut eingestreute Box. Jede zusätzliche Bewegung verschlimmert das Krankheitsbild.
Es muss sofort ein Tierarzt geholt werden. Während man auf den Tierarzt wartet, kann man Fluid, Kampferspiritus oder ähnliche Mittel an den betreffenden Stellen einreiben. Das regt die Durchblutung und somit den Abtransport der Milchsäure an. Anschließend deckt man den erkrankten Bereich mit einer wärmenden Decke ab.
Um einem Kreuzverschlag vorzubeugen, muss eine schnelle Abkühlung der Muskulatur verhindert werden. Das kann auf unterschiedliche Weise geschehen. Entspanntes Schrittgehen ist sicherlich die gesündeste und effektivste Maßnahme. Das macht man so lange, bis der Schweiß getrocknet ist und sich Puls- und Atemfrequenz wieder im normalen Bereich befinden. Alternativen sind eine Führanlage, ein Solarium oder die gute alte Abschwitzdecke.

Symptome eines Kreuzverschlags

- *Das Pferd geht unwillig vorwärts.*
- *Es zittert und schwitzt.*
- *Die Hinterhand bewegt sich steif.*
- *Das Pferd knickt ein oder bricht sogar zusammen.*
- *Die Rücken- und Kruppenmuskulatur ist verhärtet.*
- *Schwere Muskelschmerzen können zu krampfkolikartigen Symptomen führen.*
- *Der Harn ist rot- bis kaffeebraun verfärbt.*

Kriegspferde

Pferde, die von berittenen militärischen Truppen für den Kriegseinsatz genutzt werden. Seit dem 16. Jahrhundert bezeichnet man diese Truppen als Kavallerie. Kriegspferde gibt es seit der Antike. Iberer, Perser, Römer und Griechen nutzten sie. Der griechische Heeresführer Xenophon (426 – 354 v. Chr.) zog nicht nur mit Pferden in den Krieg, sondern verfasste auch die erste Reitlehre.
In den folgenden Jahrhunderten verzichtete kaum jemand auf Kriegspferde. Man sah sie auf mittelalterlichen Schlachtfeldern, bei den Kreuzzügen, in den Kriegen der Renaissance, und sie blieben bis ins 20. Jahrhundert hinein die Elitewaffe europäischer Heere. Im Ersten Weltkrieg zogen schätzungsweise 1,5 Millionen Pferde mit in den Krieg. Nur rund ein Drittel kehrte zurück. Im Zweiten Weltkrieg waren es sogar 2,7 Millionen Pferde. 1,8 Millionen von ihnen kamen um – täglich circa 865 Tiere.
Die größte Pferdeschlacht der Geschichte erfolgte während des Zweiten Weltkriegs in

Stalingrad: 52.000 Pferde starben allein bei dieser Schlacht. Bis 1945 nutzten 19 Nationen weltweit Kriegspferde.

Kronsaum > *Huf*

Ein bunt geflecktes Maul wird Krötenmaul genannt.

Krötenmaul
Ein farblich unruhig wirkender Maulbereich, der durch den Wechsel von pigmentierter (dunkler) und unpigmentierter (heller) Haut zustande kommt.

Kruppe
Der Bereich zwischen Lende und Schweifansatz. Die Form der Kruppe sagt einiges über das Pferd aus. Lange, breite, nur leicht abfallende Kruppen mit gut entwickelter Muskulatur versprechen hohe Trag- und Schubkraft. Kurze, waagerecht verlaufende Kruppen betonen die vorwärtsgerichtete Schubkraft, was zu einer flachen, gestreckten Galoppade führt. Abschüssige Kruppen fördern die Tragkraft.

Kuhhessig > *Stellungsfehler*
Weiter Abstand zwischen den Sprunggelenken bei ansonsten enger Stellung der Hinterbeine. Obwohl Kuhhessigkeit ein optischer Mangel und züchterisch unerwünscht ist, gilt sie als typisches Merkmal verschiedener naturnaher Ponyrassen, die sich durch hohe Trittsicherheit auszeichnen.

Kunde
Dunkle Vertiefung auf der Kaufläche des Schneidezahns, verschwindet mit zunehmendem Alter.

Kupieren
Das operative Entfernen von Schwanzwirbeln, die zu einer Kürzung des Schweifes führt. Früher war Kupieren vor allem in der Kaltblutszene üblich. Die Schweife fielen aus optischen Gründen und weil sie sich nicht in Fahrgeschirren verheddern sollten. Das Kupieren der Schweifrübe ist in Deutschland seit 1940 verboten.

Auch bei spanischen Pferden sieht man noch kupierte Schweife. Allerdings immer weniger, weil sich diese Pferde schlechter ins Ausland verkaufen lassen.

Lade

Ein zahnfreier Raum zwischen den Schneide- und Backenzähnen des Unterkiefers. An dieser Stelle platziert man das Trensengebiss.

Lahmheit

Unregelmäßiger Bewegungsablauf. Eine Lahmheit kann ganz leicht und auch sehr stark ausgeprägt sein. Die Ursachen sind vielfältig und können meistens nur durch den Tierarzt abgeklärt werden. Auf welchem Bein ein Pferd lahmt, erkennt man aber mit etwas Übung. Das Pferd wird im Trab auf einer circa zehn Meter langen Geraden vom Betrachter wegbewegt. Dann lässt man es aus ca. 30 Metern Entfernung auf ihn zutraben. Zum Abschluss trabt das Pferd nochmals am Betrachter vorbei. Interessant sind auch die Wendungen, denn Wendeschmerz gibt Hinweise auf mögliche Lahmheitsursachen. Ein lahmendes Pferd belastet die schmerzenden Gliedmaßen weniger als die anderen. Deshalb hebt es den Kopf, sobald es mit dem lahmenden Bein auftritt und senkt ihn beim Auffußen des gegenüberliegenden, gesunden Beins. Liegt die Lahmheit also vorne rechts, senkt es den Kopf jedes Mal, wenn das linke Vorderbein auffußt. Lahmheiten der Hinter-

beine lassen sich an der Kruppenbewegung ablesen. Senkt sich die Kruppe stärker hinten rechts, lahmt das Pferd mit dem linken Hinterbein.
Sobald man eine Lahmheit feststellt, sollte man das Pferd nicht mehr reiten und einen Tierarzt rufen.

Landgestüt > *Gestüt*

Ein staatlich geführtes Hengstdepot, das während der Decksaison Privatzüchtern Hengste für die Zucht zur Verfügung stellt. Die Belegung der Zuchtstuten erfolgt auf den Deckstationen.

Langhaar

Schopf, Mähne und Schweif.

Bewegung und Ernährung gehören zum Laufstall-Konzept.

Laterne > *Abzeichen*

Ein weißes Abzeichen, das sich über mindestens ein Auge und die Hälfte des Kopfes erstreckt. Manchmal zieht sich eine Laterne auch über beide Augen und bringt helle > *Glasaugen* mit sich.

Laufstall

Eine Stallanlage, in der Pferde ihr natürliches Bewegungsbedürfnis ausleben können. In Deutschland gibt es sogar eine Laufstall-Arbeits-Gemeinschaft (LAG), die 1989 gegründet wurde und sich seitdem für eine artgerechte Pferdehaltung einsetzt. Hierbei stehen sechs Grundbedürfnisse des Pferdes im Mittelpunkt: Bewegung, Ernährung, Gesellschaft, Unterhaltung, Licht und Luft. Durch das Einrichten eines abwechslungsreichen Umfelds und der geschickten Verteilung der Futter-, Wasser- und Ruheplätze bleiben die im Laufstall lebenden Pferde viel in Bewegung.

Eine Laterne kann sich über das ganze Gesicht des Pferdes ziehen. Dieses Abzeichen geht oft mit Glasaugen einher.

Hier wird der Einlass zur Heuraufe per PC gesteuert.

Läuse

Blutsaugende Parasiten, die sich vorzugsweise im > *Langhaar* ungepflegter Pferde aufhalten, aber auch im Körperfell vorkommen. Starker Juckreiz und kahle Stellen sind typische Symptome. Zum Glück gibt es wirksame Waschlösungen, die den Läusen schnell den Garaus machen. Doch um sie dauerhaft fernzuhalten, sollte auch der Stallbereich desinfiziert und das Pferd zukünftig besser gepflegt werden.

Lautäußerung

Akustisches Signal. Pferde setzen verschiedene Lautäußerungen ein, allerdings verhältnismäßig selten. Wiehern, Schnauben, Quietschen und Grummeln gelten meistens Artgenossen. Jedes Pferd hat eine andere Stimmlage, die aufmerksame Pferdebesitzer problemlos von anderen unterscheiden. Junge Pferde haben eine höhere Stimmlage als ältere. Gewiehert wird ganz leise oder auch trompetend laut. Mal ist es eine freundliche Begrüßung, mal ein Erkennungssignal oder ein Kontaktruf. Lautes Quietschen ist vor allem eine Spezialität von Stuten, z. B. wenn ihnen ein Flirt zu wild wird oder ein anderes Pferd ihre Privatsphäre stört.

Lebenserwartung

Die natürliche Lebenserwartung eines Großpferdes liegt bei durchschnittlich 20 bis 25 Jahren, die von Ponys bei 25 bis 30 Jahren. Kaltblüter gelten mit einer durchschnittlichen Lebenserwartung von 15 bis 20 Jahren als weitaus kurzlebiger. Dafür gibt es aber auch viele Pferde, die älter als der Durchschnitt werden. Bei guter Haltung und Gesundheit überschreiten auch Großpferde das 30. Lebensjahr, manche Ponys werden weit über 40 Jahre alt.

Dieser polnische Warmblut-Wallach macht mit 34 Jahren noch begeistert Zirkuslektionen.

Legen > *Kastration*

Leist > *Schale*

Leithengst/Leitstute

Das ranghöchste Pferd einer Herde. In Wildpferdeherden gibt es meistens einen Leithengst und eine Leitstute. Der Hengst schützt seine Herde vor Angreifern und trägt oft die Spuren erbitterter Rangkämpfe. Die ranghöchste Stute leitet die Herde zu Futter- und Wasserstellen.

Lende
Die Partie zwischen Rücken und Kruppe.

Leutstettner > *Furioso North Star*

Lewitzer
Mecklenburg-Vorpommern ist die Heimat des 1,30 bis 1,48 Meter Stockmaß großen Ponys. Die bunten > *Tobianos* sind besonders bei Kindern und Jugendlichen als Freizeit- und Sportpferde begehrt. Die Zucht, die unter anderem von Englischen Vollblütern und Vollblutarabern beeinflusst wurde, konzentrierte sich seit Anfang der siebziger Jahre des 20. Jahrhunderts auf das Gut Lewitz in Neustadt-Glewe. Die Schließung des Zuchtbuches erfolgte erst 2005. Lewitzer gelten als robust und leistungsbereit.

Lipizza
Erzherzog Karl gab im Jahre 1580 die Gründung des Karster Hofgestüts Lipizza in Auftrag. Es sollte den Habsburger Hof in Graz mit edlen Pferden versorgen. Nachdem Kaiser Ferdinand II. die Regierungsgeschäfte Prags und Wiens übernahm, wurde Lipizza zu einem kaiserlichen Gestüt, das nicht mehr den Grazer, sondern den Wiener Hof mit herausragendem Pferdematerial bestücken musste.
In der ersten Zeit prägten spanische Pferde, Neapolitaner und norditalienische Pferderassen die Importe. Am Wiener Hof selektierte man die besten Hengste und schuf die „Spanischen Karster“, die an der Wiener Hofreitschule Furore machten. In den letzten beiden Jahrzehnten des 19. Jahrhunderts kam der Name Lipizzaner auf. Oft war auch von Kaiserschimmeln die Rede, die zunehmend

Lipizzaner sind die Stars der Spanischen Hofreitschule in Wien. Ihre Wurzeln reichen bis ins 16. Jahrhundert zurück. Bis heute haben sie nichts von ihrer Faszination verloren.

auch vor höfischen Kutschen Einsatz fanden. Das Gestüt Lipizza liegt im heutigen Slowenien und kann besichtigt werden.

Lipizzaner

Die schneeweißen Lipizzaner, die an der Wiener Hofreitschule bis zur Hohen Schule ausgebildet werden, genießen Weltruhm. Die meisten Lipizzaner sind Schimmel, es gibt aber auch Braune und Rappen.

Als Prototyp des barocken Schulpferdes haben Lipizzaner längst die Herzen anspruchsvoller Reiter erobert. Ihre Gelehrigkeit und ihr Wille zu lernen sind berühmt. Auch vor Kutschen machen sich die Lipizzaner ganz hervorragend. Im Trab kommt ihre hohe Knieaktion ganz ausgezeichnet zur Geltung. Elegante Stuten, sogenannte > *Jucker*, sind unter Freunden des Fahrsports besonders beliebt.

Der Name Lipizzaner geht auf das Stammgestüt Lipica zurück, das heute zu Slowenien gehört und in Italien Lipizza genannt wird. Es wurde bereits 1580 in der Nähe von Triest gegründet. Die ersten Pferde waren Kreuzungen aus iberischen Rassen und Karstpferden. Die heutige Rassebezeichnung gibt es erst seit 1780.

Die optimal an die kargen Lebensbedingungen im Karstgebirge angepassten Pferde mussten 1915 aufgrund des Ersten Weltkrieges evakuiert werden. Nicht alle überstanden die Umstellung auf ein milderes Klima. 1920 entbrannte zwischen Italien und Österreich ein erbitterter Streit um den Lipizzaner-Bestand. Man teilte ihn, und der österreichische Teil zog in das heutige Bundesgestüt Piber. Von dort stammen die berühmten Hengste der Wiener Hofreitschule. Die Bereiter dort nehmen sich übrigens acht Jahre Zeit, um die wertvollen Pferde auszubilden. Die meisten Lipizzaner sind erst ab dem zwölften Lebensjahr in den renommierten Schulquadrillen zu sehen.

Lipizzaner werden heute europaweit – auch privat – gezüchtet. Der Schwerpunkt liegt jedoch nach wie vor in den Staatsgestüten der Nachfolgestaaten der k.u.k.-Monarchie: Österreich, Slowakei, Kroatien, Ungarn und Rumänien.

In der Lipizzaner-Zucht gibt es sechs Stammväter: den 1765 geborenen Spanier Pluto, den neapolitanischen Rapphengst Conversano (1767), den spanisch-neapolitanischen Falben Favory (1819), den braunen Neapolitaner Neapolitano (1790), den Vollblutaraber-Schimmel Siglavy (1810) und Maestoso (1819) mit seiner neapolitanisch-spanischen Abstammung.

Lusitano

Die portugiesische Lusitano-Zucht konzentriert sich auf die Provinzen Ribatejo und Alentejo. Das Staats- und Hauptgestüt Fonte Boa, das bei Santarem liegt, gilt als Zentrum der Zucht. Dort stehen 60 Lusitano-Hengste aus Privatgestüten und die jeweils dazugehörigen, handverlesenen Stutenstämme.

Abgesehen vom Staatsgestüt Fonte Boa sind etwa 20 große (über 100 Stuten) und 70 eher kleinere Gestüte bekannt. Zusätzlich gibt es eine Reihe von Einzelzuchten.

Die Zuchtleitung obliegt der „Associação Portuguesa de Criadores do Cavalo Pure Sangre Lusitano" (APSL), die gemeinsam mit dem Landwirtschaftministerium das Gestütbuch führt.

Eines der berühmtesten Lusitano-Gestüte, die Coudelaria d'Andrade, liegt ganz in der Nähe des kleinen Dörfchens Barbacena. Der Name des Gestüts steht für Spitzenpferde, die sowohl im Spring- und Dressursport als auch in ihrer ursprünglichen Funktion als Stierkampfpferd für Furore sorgen. Während die Lusitanos der d'Andrade-Zucht besonders leicht und edel wirken, bestechen die Pferde des Gestüts von Manuel Tavares Veiga, das neben der Coudelaria d'Andrade als bedeutendstes Lusitano-Gestüt des 20. Jahrhunderts gilt, durch ihre Kompaktheit. Beide Zuchtlinien sind gleichermaßen dem iberischen Typ treu geblieben und bringen Spitzenpferde hervor.

Unter einem guten Reiter erlernen Lusitanos die anspruchsvollsten Lektionen.

Der sprichwörtliche Mut und die Wendigkeit des durchschnittlich zwischen 1,52 und 1,65 Meter Stockmaß großen Lusitanos ergeben in Kombination mit einer explosiven Kraft der Hinterhand und einem angeborenen „Cow Sense" die idealen Voraussetzungen für die Hüte- und Treibarbeit mit Kampfrindern („Doma Vaquera"). Genau diese Eigenschaften kommen auch der Ausbildung in der Hohen Schule zugute: Der von einem hohen Kniebug und einer auffälligen Leichtigkeit der Hankenbiegung gekennzeichnete Bewegungsablauf des Lusitanos ist ausbalanciert und von fabelhafter Kadenz. Die Anlagen für die Piaffe, Passage, Pirouette und Schulsprünge sind von Geburt an vorhanden.
Braune und Schimmel sind am häufigsten. Seltener gibt es Rappen, Dunkelfüchse, Falben, Isabellen und Albinos. Früher gab es auch Schecken.

Luxation

Verrenken oder Auskugeln eines Gelenks, das schwer geschädigt ist.

Magen
Teil des Verdauungssystems. Das Fassungsvermögen des Pferdemagens beträgt nur zwischen zehn und 20 Litern. Aufgenommene Nahrung bleibt sechs bis zwölf Stunden im Magen. Rund ein Drittel der Kohlenhydrate und die Hälfte der Eiweiße werden hier aufgeschlossen. Vom Magen aus gelangt der Nahrungsbrei in den Dünndarm.

Mähne > *Langhaar*
Langes Haar, das an der oberen Halskante des Pferdes wächst und sich vom Bereich zwischen den Ohren bis hinunter zum Widerrist erstreckt.
Pferderassen aus südlichen Regionen haben meistens dünne, seidige Mähnen. Das Langhaar nordischer Rassen ist üppiger und von rauer Textur. Manchmal fällt es als dichte > *Doppelmähne* zur rechten und linken Seite des Halses. Stehmähnen sind nur bei einer Rasse natürlichen Ursprungs: beim > *Przewalski-Pferd*.

Dieser Barockpinto-Hengst hat außergewöhnlich üppiges Langhaar. Beim Showreiten sind solche Mähnen ein Vorteil, im Alltag allerdings für Pferd und Reiter hinderlich.

Mähnenkamm

Die obere Halskante des Pferdes, aus der die > *Mähne* wächst. Mähnenkamm bezeichnet aber auch einen kleinen Metallkamm, mit dem man das Mähnenhaar kämmt.

Mangalarga Marchador

Eine aus Brasilien stammende Pferderasse, die auf den Alter Réal-Hengst Sublime zurückgehen soll, der mit südamerikanischen Stuten verpaart wurde.
Der Ursprung der Rasse könnte mit dem französischen Kaiser Napoléon Bonaparte zusammenhängen, denn er veranlasste viele portugiesische Adelsfamilien zur Flucht nach Südamerika. So gelangten Anfang des 19. Jahrhunderts auch wertvolle portugiesische Pferde nach Brasilien.
Die Fazenda Mangalarga, ein Gestüt, erlangte schnell einen guten Ruf. Wohlhabende Brasilianer erwarben dort Pferde, die sie aufgrund ihres bequemen Gangwerks für lange Reisen nutzten.
Das Geheimnis des Sitzkomforts war die Marcha, eine besonders bequem zu sitzende Gangart. Charakteristisch ist, dass immer zwei oder drei Beine gleichzeitig Bodenkontakt haben. Die Marcha ergänzt den Trab oder ersetzt ihn auch manchmal ganz .
Seit Mitte des 20. Jahrhunderts gibt es ein Zuchtbuch für die 1,40 bis 1,55 Meter Stockmaß großen Mangalarga Marchadores, die in allen Farben vorkommen. Im Heimatland Brasilien gibt es rund 400.000 eingetragene Pferde bei der Associaço Brasileiro dos Criadores do Cavalo Mangalarga Marchador (ABCCMM).
Übrigens: Marchadores spricht man „Marschadores“ aus.

Marbach

Als ältestes staatliches Gestüt Deutschlands, nimmt das Haupt- und Landgestüt Marbach einen besonderen Stellenwert ein. Es unterteilt sich in die Gestütshöfe Marbach, Offenhausen und St. Johann.
Seine Wurzeln reichen bis ins Mittelalter zurück. Herzog Ludwig von Württemberg gründete es 1573 als Hofgestüt auf dem Hofgut Einsiedel. Kurz darauf erfolgte die Gründung eines weiteren Gestüts in Oberfeld, das jedoch verfiel. Herzog Christoph zentralisierte die Pferdezucht daraufhin wieder auf dem Lehensgut, dem zukünftigen Hofgestüt Marbach. Ab 1573 waren vor allem Andalusier und Neapolitaner im Deckeinsatz. Das Dominikanerinnen-Kloster, heute der Gestütshof Offenhausen, bot der Nachzucht Raum. Das Vorwerk Güterstein, ursprünglich ein Zisterzienserkloster, litt schwer unter dem 30-jährigen Krieg. König Wilhelm I. von Württemberg gründete dort Anfang des 19. Jahrhunderts einen neuen Gestütshof, der unter anderem der Aufzucht von Stutfohlen diente. Auf dem alten Gestütshof St. Johann wird heute überwiegend Landwirtschaft betrieben.
Zum baden-württembergischen Haupt- und Landgestüt Marbach gehören Pferde der Rassen Deutsches Reitpferd, Englisches Vollblut, Alt-Württemberger, Schwarzwälder und Süddeutsches Kaltblut, Haflinger und Vollblutaraber.

Marcha

Die spanische Bezeichnung für „Marsch“, „Abreise“ oder „Gang“. Auf portugiesisch bedeutet es auch „Lauf“. Regional bezeichnet Marcha eine töltähnliche Gangart des Pferdes. Gangstarke Pferde mit viel Raumgriff nennen südamerikanische Züchter Marchadores. Die „Marcha funcional“ ist eine Leistungsprüfung für > *Criollos*, die 750 Kilometer weit durch Argentinien führt.

Maremmano

Braune Hirtenpferde mit einem durchschnittlichen Stockmaß von 1,60 Meter, die aus der mittelitalienischen Maremma-Region stammen. Ausdauer und Zuverlässigkeit waren seit jeher die Zuchtziele des Maremmanos, in dem auch spanisches Blut fließt.

Berber- und Norfolk Roadster-Einkreuzungen führten im 19. Jahrhundert zu einem verbesserten Gangvermögen der ansonsten recht uneinheitlichen Rasse. Seit 1980 gibt es ein Zuchtbuch und seit Anfang der neunziger Jahre müssen sich Zuchthengste einer Leistungsprüfung unterziehen.

Mash

Bekömmliches Feuchtfutter, das die Verdauung anregt und das Wohlbefinden fördert. Leinsamenschrot, Weizenkleie und Quetschhafer bilden die traditionelle Grundlage des meistens noch lauwarm verfütterten Breis.

Im Winter hat Mash an vielen Ställen Hochkonjunktur: Pferde sind zwar bei Weitem nicht so kälteempfindlich wie Menschen, dennoch freuen sie sich in frostigen Zeiten über einen warmen Snack. Mash ist eine hervorragende Möglichkeit, ein Pferd mit einer warmen Mahlzeit zu überraschen, die gleichzeitig überaus gesund für den Verdauungstrakt ist.

Man kann Mash als fertige Mischung beim Futtermittelhändler kaufen. Es sollte etwa 30 Minuten mit reichlich warmem Wasser quellen, bevor es sich das Pferd schmecken lassen darf.

Natürlich lässt sich Mash auch selbst herstellen, allerdings geht das erforderliche Aufkochen der zuvor zwölf Stunden lang in Wasser eingeweichten Leinsamen in der Regel mit einer ziemlichen Verschmutzung von Kochtöpfen und Küche einher. Der schleimige Brei lässt sich nur mühevoll entfernen, was die Verwendung von Fertigmash wirklich interessant macht. Das Aufkochen ist wichtig, weil Leinsamen giftige Blausäure enthalten, die beim Kochen zerstört wird.

Mauke

Eine entzündliche Reaktion auf verschiedene auslösende Reize. Strenggenommen spricht man nur von Mauke, wenn die Veränderungen in der Fesselbeuge auftreten. Sind auch das Vorderfußwurzelgelenk oder das Sprunggelenk befallen, nennt man das Raspe.

Im Winter hat man es aufgrund der Feuchtigkeit und des Matsches meistens mit Schmutzmauke zu tun, die durch ständige Durchnässung oder Schmutzverkrustungen an den Beinen hervorgerufen wird. Ein schmuddeliges Umfeld und mangelnde Pflege des Pferdes begünstigen das Auftreten der Schmutzmauke.

In der Regel kann ein Pferd problemlos mehrere Stunden lang auf matschigem Untergrund stehen, wenn seine Beine anschließend sorgfältig abgewaschen und mit einem griffigen Frottee-Handtuch abgerubbelt werden. Steht es über Nacht trocken und matschfrei, treten normalerweise keine Maukeprobleme auf. Allerdings gibt es Pferde, die anfälliger für Mauke sind. Bei ihnen muss die Beinpflege besonders penibel befolgt werden.

Die trockene Mauke ähnelt in ihrem Erscheinungsbild der Schmutzmauke, kann aber durch grobe mechanische Reize wie das Bürsten mit zu harten Borsten verursacht werden. Auch Haarborsten, die nach dem Scheren der Fesselbeuge zurückbleiben, können eine trockene Mauke begünstigen.

Mash wird mit warmem Wasser zubereitet.

Symptome einer Mauke

- *Hautrötungen*
- *Knötchen*
- *Bläschen*
- *Absonderungen*
- *Eitrige Hautentzündungen*
- *Krustenbildung*
- *Schmerzen*
- *Lahmheit*
- *Hautverdickungen*
- *Schrundenbildung*
- *Die Haare stehen wie die Stacheln eines Igels ab.*

Flüssigkeitsabsonderungen gehören zum typischen Erscheinungsbild der nässenden Mauke. In der Fesselbeuge setzt sich ein schmieriger Belag ab, der durch Stoffwechselstörungen verursacht wird. Zu hohe Kraftfuttergaben in Kombination mit zu wenig Bewegung fördern Mauke ebenfalls.

Wenn die Hautentzündung nicht behandelt wird, können warzenähnliche, unangenehm riechende Höcker oberhalb der Fesselbeuge entstehen. Deshalb sollte man auf die ersten Anzeichen reagieren.

Oberstes Prinzip der Maukebehandlung ist eine gezielte Anpassung der Futterration an die tatsächliche Leistung des Pferdes. Bei nässender Mauke empfehlen manche Tierärzte, in der ersten Zeit nur hochwertiges Heu und Kleiemash zu füttern. Die Vitamin- und Mineralstoffversorgung muss durch ein entsprechendes Präparat gewährleistet sein.

Die von Mauke betroffenen Hautstellen werden gründlich mit Wasser und Kernseife gereinigt. Danach trocknet man den Bereich sorgfältig ab und trägt ein vom Tierarzt verordnetes Medikament (z. B. Gel) auf.

Bei schmierigen Belägen sollten keine fettigen Präparate aufgetragen werden. Vorsicht: Bei trockener Mauke dürfen keine austrocknenden Sprays oder Puder zum Einsatz kommen, Zink- oder Lebertransalben, Teer,

Ein Dülmener Wildpferdfohlen mit niedlichem Mehlmaul.

Schwefel oder Salizyl sind angezeigt. Manche Tierärzte setzen auf Eigenblutbehandlungen oder den Einsatz von Eiweißpräparaten.
Mauke lässt sich am effektivsten mit einem hygienischen Umfeld, ausgewogener Fütterung und regelmäßiger Bewegung vorbeugen. Außerdem sollten die Beine des Pferdes regelmäßig gereinigt werden. Aber keinesfalls darf man die Fesselbeugen ausscheren, das würde sie noch anfälliger machen.

Maulwinkel

Der oberste Bereich der Maulspalte.

Mehlmaul

Ein spezielles Abzeichen im Kopfbereich, das bei > *Einhufern* vorkommt. Das Fell rund um den Maulbereich ist hierbei heller als das restliche Fell. Mehlmäuler kommen vor allem bei Rassen wie > *Dülmener Wildpferden*, > *Fjordpferden*, > *Haflingern*, > *Exmoor-* und > *Dartmoor-Ponys* vor.

Menorquino

Die Raza Menorquina repräsentiert für viele das, was ein Traumpferd ausmacht: ein schwarzes, glänzendes Fell; eine lange, seidige Mähne; ein üppiger, wehender Schweif und ein ausdrucksvoller Charakterkopf hinterlassen Eindruck. Hinzu kommt die unvergleichliche Kadenz, in der sich Pferde dieser Rasse unter dem Sattel präsentieren.
Das feurige Caballo Menorquin ist ein Urgestein der spanischen Pferdezucht. Bereits in der Bronze- und Eisenzeit sollen seine Vorfahren die Balearen-Insel bevölkert haben. Vielleicht liegt ihr Ursprung sogar noch weiter zurück. Während es für die Zeit der Antike nur wenige Hinweise gibt, sind für das Mittelalter zahlreiche verbürgt. Während der britischen Herrschaft (1708 bis 1802) wurde englisches Zuchtmaterial importiert und eingekreuzt.
Um 1850 galt der Bestand des Caballo Menorquin als gesichert, aber in den darauffolgenden hundert Jahren ging es mit der Rasse bergab. Vor gar nicht allzu langer Zeit sah es aus, als würde sie aussterben. Inzwischen schätzt man die Anzahl der Pferde auf unter tausend Exemplare. Die Jefatura de Cria Caballar führt ein Gestütsbuch.
Menorcas wunderschöne Pferderasse ist der Star, wenn die Balearen-Insel von Juni bis September ihre traditionellen Ferias begeht. Die Rappen sind dafür bekannt, sich in spektakulärer Manier aufzubäumen. Manche Pferde legen mehrere Meter auf zwei Beinen zurück.
Menorquinos gelten als ausgesprochen vielseitig. Sie bieten sich für Dressurlektionen, die Hohe Schule und auch für den Fahrsport an.

Menschenauge

Ein Auge mit weiß umrandeter Iris. Ein typisches Rassemerkmal des > *Knabstruppers* und verschiedener anderer Rassen. Oft auch bei > *Paint Horses*, > *Pintos* und > *Tinkern* zu sehen.

Ein weißer Rand rund um die Iris lässt das Pferdeauge menschlich erscheinen.

Mérens

Die aus Frankreich stammende Ponyrasse erinnert an Dales- und Fell-Ponys. Mérens, ausschließlich Rappen, sind zwischen 1,33 und 1,50 Meter Stockmaß groß und kräftig gebaut.
Die Ursprünge des vor allem in den Pyrenäen vorkommenden Gebirgsponys sollen bis in die Römerzeit zurückreichen. Die Einsatzgebiete der stämmigen Rappen reichten vom Dasein als Schmugglerpony an der französisch-spanischen Grenze über landwirtschaftliche Arbeiten bis hin zum Freizeit-, Trekking- und Sportpony. Da zunehmend Kaltblüter oder auch Araberhengste zur Zucht herangezogen wurden, nahm die Anzahl ursprünglicher Mérens ab.
Die trittsicheren Ponys sind in Frankreich, Spanien und Italien verbreitet.

Mezöhegyes

Kaiser Joseph II. gründete das heute in Ungarn liegende Gestüt Mezöhegyes. Es sollte Kavalleriepferde für die Armee liefern. Unter dem Gestütsleiter Csekonics wuchs Mezöhegyes zu einem imposanten Imperium heran, auf dem bis zu 4.000 Pferde lebten. Mitte des 19. Jahrhunderts hatten sich drei unterschiedliche Rassen herauskristallisiert: Gidran, eine anglo-arabische Rasse, Halbblüter der Stämme Furioso und North Star, sowie Nonius. Das Gestüt ist noch immer aktiv, aber inzwischen auf deutsche Sportpferde spezialisiert.

Miniature Horse

„Miniature Ponys dürfen nicht höher als ein großer Hund sein", fordert die American Miniature Horse Association. Und das sind sie auch nicht, höchstens deutlich kleiner. Und obwohl sie vermutlich auf die weitaus stämmigeren Shetland Ponys zurückgehen, erinnert ihr Körperbau nicht an den eines Ponys. Wo beim Shetty kurze, kräftige Beinchen auf harten Hufen stehen, wartet das Miniature Horse mit feingliedrigen Knochen und

Wie ein Großpferd proportioniert, aber kaum größer als ein Deutscher Schäferhund: American Miniature Horses.

Gelenken auf. Anstelle des ponytypischen „Dickschädels", blicken große Augen aus einem höchst edlen Köpfchen. Den kurzen, massiven Ponyhals ersetzt ein stolz getragener, langer Hals.
Neben dem Shetland Pony sollen Hackney Ponys und Falabellas an der Entstehung der Rasse mitgewirkt haben.
Miniatur Ponys werden unter anderem als Therapiepferde eingesetzt.

Mittelhand
Der Rumpf des Pferdes. Die Mittelhand bildet quasi die Brücke zwischen Vor- und Hinterhand.
Von großer Wichtigkeit ist hier der Rücken. Ist er kurz, spricht das für eine gute Tragfähigkeit des Pferdes. Lange Rücken schwingen dafür mehr. Kenner entscheiden sich deshalb meistens für ein gesundes Mittelmaß.
Ausgeprägte Bäuche sind aufgrund ihrer negativen Auswirkungen auf die Sattellage ebenso unerwünscht wie eine aufgewölbte Nierenpartie (> *Karpfenrücken*).

Mogod-Pony
Mogod-Ponys sind eine alte Rasse. Früher waren sie in vielen Teilen Afrikas zu finden. Heute hat sich ihr Bestand auf rund 200 reduziert. Offiziell gibt es fünf Deckhengste in tunesischen Staatsgestüten. Jährlich fallen circa 30 Fohlen. Das ist natürlich viel zu wenig, um die Zukunft der Rasse zu sichern. Nur ein gezieltes Zucht-Programm könnte die Mogods retten.
Das Einsatzgebiet der Mogod-Ponys lag ursprünglich in den tunesischen Bergregionen. Nomaden, Schäfer und Bergbauern nutzten die Ponys über Jahrhunderte hinweg, um Lasten über steile Bergpfade zu transportieren.
Die Ponys lebten überwiegend in unzugänglichen Bergregionen. Entbehrung und Inzucht schufen so eien Rasse, deren Genügsamkeit legendär ist. Hinzu kommen Härte, Kampfesgeist und eine überschäumende Energie. Mogod Ponys haben ein durchschnittliches Stockmaß von 120 bis 140 Zentimetern. Trotz ihrer eher kompakten Größe tragen sie problemlos bis zu hundert Kilogramm Gewicht. Es kommen überwiegend Braune vor.

Mongolisches Steppenwildpferd
> *Przewalski-Pferd*

Morgan Horse
Morgan Horses sind elegante Pferde. Die amerikanische Rasse wird daher gerne im Show-Bereich eingesetzt wird.
Eine über 200-jährige Geschichte prägt den Weg der Morgan Horses. 1789 wurde Figure, der Stammvater der Rasse, geboren. Der braune Hengst mit schwarzem Behang begeisterte mit seiner hohen Aufrichtung und seinem kräftigen Exterieur. Figure war nur 140 Zentimeter groß. Dennoch rückte er schwere Baumstämme und stellte damit die kaltblütige Konkurrenz in den Schatten. Sein Besitzer, der Lehrer Justin Morgan, verstand es, seinen Hengst zu vermarkten. So wurde auch die Rasse nach ihm benannt.
Figure beschloss seine Karriere als gefragter Deckhengst. Er legte den Grundstein für eine Pferdeära, die Mitte des 19. Jahrhunderts die amerikanische Trab- und Galoppszene beherrschte. Gleichzeitig erkannte die Armee, dass Morgan Horses hervorragende Kavalleriepferde abgeben.
Morgan Horses halfen bei der Veredlung verschiedener Rassen wie Quarter Horses, Saddlebreds und Tennessee Walkers. Sie vererbten nicht nur Schönheit und ein gutes Wesen, sondern auch harte Hufe, stabile Gelenke und ein gutes Fundament.
In den USA unterscheidet man heute unterschiedliche Morgan Horse-Blutlinien: Bei den sogenannten Park Horses steht eine hohe Knieaktion im Vordergrund. Viele Sportpferde gehen hingegen auf die Zuchtlinie der Government Farm zurück. In Vermont wird das Zuchtbuch geführt. Dort gibt es auch ein interessantes Rassemuseum.

Moritzburg

Das sächsische Landgestüt Moritzburg untersteht seit der deutschen Wiedervereinigung der sächsischen Gestütsverwaltung. Es wurde 1828 von König Anton „dem Gütigen" gegründet. Zuerst bestimmten Hengste aus Mecklenburg, Ungarn und neapolitanisch-spanischer Zucht das Deckgeschehen, danach Ostpreußen und Anglo-Normannen. Zwischen 1962 und 1985 setzte sich das Gestüt gezielt für den Erhalt des Schweren Warmbluts auf oldenburgisch-ostfriesischer Basis ein.

Nachdem Moritzburg 1951 den Status eines Landgestüts verloren hatte, erhielt es diesen 1990 wieder zurück. Heute stehen rund 40 Reitpferdehengste aus Thüringen, Sachsen und Norddeutschland im Gestüt. Trakehner, Vollblüter, Haflinger, Kaltblüter und Reitponys runden den Bestand ab.

Murgese

Die italienische Provinz Apulien ist die Heimat der Murgesi, einer schweren Warmblutrasse, bei der Rappen dominieren. Es gibt aber auch Füchse. Die zwischen 1,48 und 1,64 Meter Stockmaß großen Wirtschaftspferde werden oft für Rückearbeiten, aber auch von der italienischen Polizei und als Trekkingpferde genutzt. Der Ursprung der Rasse geht vermutlich auf den Stauferkönig Friedrich II. zurück, der im 13. Jahrhundert eine hippologische Universität in Neapel und drei Hofgestüte in Bari gründete. Dort ließ der Aristokrat Berberrappen züchten.

Kräftig gebaute Rappen dominieren die Murgese-Zucht.

Mustang

Für viele sind Mustangs der Inbegriff des Wildpferdes. Dabei sind sie die Nachfahren verwilderter Hauspferde.

Die Pferde der spanischen Konquistadoren gehören zu den Vorfahren der heutigen Mustangs. Schon 1680 sollen bei einem Kampf zwischen spanischen Eroberern und Pueblo-Indianern rund 1.000 Pferde in die Wildnis entkommen sein. Ihre genetischen Spuren dürften heute noch in einigen Mustangs verankert sein. Berber- und Araber-Blutlinien flossen neben anderen mit ein.

Obwohl Mustangs auf domestizierte Pferde zurückgehen, scheinen ihre alten Instinkte neu aufgeflammt zu sein. Hierzu gehören Eigenschaften wie ein ausgeprägtes Sozialverhalten im Herdenverband, Wanderungen von Weidefläche zu Weidefläche und Misstrauen gegenüber Menschen. Auch optisch hat es Veränderungen gegeben: Es gibt Mustangs, die falbfarben sind und einen Aalstrich haben. Auch Zebrastreifen an den Beinen tauchen immer häufiger auf. Beides kennt man von anderen primitiven Rassen wie Sorraias, Tarpanen oder Dülmener Wildpferden.

Zu Hochzeiten sollen über zwei Millionen Mustangs durch die nordamerikanischen Steppen gezogen sein. Heute sind es noch ca. 32.000.

Seit Anfang des 20. Jahrhunderts wurden Mustangs gejagt, abgeschossen und mit Hubschraubern zu Tode gehetzt, weil Farmer ihre Weideflächen durch die großen Herden bedroht sahen. Ihr Fleisch wurde tonnenweise zu Hunde- und Katzenfutter verarbeitet. Das rief engagierte Tierschützer auf den Plan. Sie haben Erfolge erzielt, allerdings stehen die offiziellen Registrierungs-Programme in dem Ruf, nur halbherzig betrieben zu werden. Den meisten Farmern sind wilde Pferde nach wie vor ein Dorn im Auge.

Nasenausfluss

Flüssigkeit, die aus den > *Nüstern* des Pferdes fließt oder sich darin als klebende Masse sammelt. Glasklarer, geringer Ausfluss ist in der Regel nicht bedenklich und nach großer körperlicher Anstrengung kann auch weißlich verfärbter Ausfluss mit schaumiger Konsistenz zu beobachten sein. Kritischer ist schleimiger, gelber Nasenausfluss. Er ist oft Begleitsymptom einer Infektion der oberen Atemwege.

Eitrig verklebte Nüstern können auch ein Hinweis auf schwere Infektionen wie > *Druse* sein. Tritt schaumig-weißer Nasenausfluss mit Blut auf, ist an einen chronischen Lungenschaden zu denken. Bei Verdacht auf eine gesundheitliche Störung sollte man den Tierarzt holen. Verschleppte Infektionskrankheiten im Bereich der Atemwege verwandeln sich schnell in ein Dauerproblem.

Nasenbluten

Blutungen der Blutgefäße der Nasenhöhlen und Nasennebenhöhlen. Ursache des Nasenblutens ist oft eine Einwirkung von außen – z. B. Gewaltanwendung oder Fremdkörper. Manchmal ist es aber auch ein Schaden der Blutgerinnungsfaktoren, der Blutungen in

der Lunge oder im Kopfbereich verursacht. Infektions- und Pilzerkrankungen schädigen mitunter die Gefäßwände und begünstigen so Nasenbluten. Darüber hinaus gibt es zahlreiche weitere Möglichkeiten, die sich meistens nur mithilfe einer Endoskopie abklären lassen.
Plötzlich und heftig auftretende Blutungen sind meistens Anzeichen für mechanische Verletzungen, Brüche oder Quetschungen. Tropfenartige Blutungen lassen eine Schädigung der Gefäßwand vermuten. Hellrotes, schaumiges Blut spricht für Lungenbluten. Sofortmaßnahmen bei Nasenbluten: Pferd ruhig stellen, kühlende Kompressen anlegen. Lässt die Blutung nicht nach, sollte man den Tierarzt holen.

Natursprung > *Deckakt*

Neustadt-Dosse
Die Wurzeln des brandenburgischen Haupt- und Landgestüts Neustadt-Dosse gehen auf das Jahr 1788 zurück. Damals gründete Friedrich Wilhelm II. das Gestüt, das mit 400 Hektar Gesamtfläche zu den größten Deutschlands gehört. 1992 wurden Hengstdepot und Stutenherde zusammengelegt. Rund 60 Deckhengste aus Brandenburg, Sachsen-Anhalt, Hannover, Westfalen, Holstein und Oldenburg gehören zum Bestand, ebenso Trakehner, Vollblüter, Araber, Haflinger und Kaltblüter.

Noriker
Pferde der römischen Legionäre sollen die Vorfahren der Noriker sein. Mit einem Stockmaß von 1,55 bis 1,65 Meter und einem kompakten Körper gehören die in fast allen Farben vorkommenden Muskelpakete zu den mittelschweren Gebirgskaltblütern.
Schwere Warmblüter und in der Provinz Noricum (heute Österreich und Bayern) verbreitete Pferde bildeten die Zuchtbasis. 1565 machten sich die Salzburger Erzbischöfe für die Rasse stark und gründeten ein Stutbuch.

Noriker sind Nachfahren römischer Legionärspferde.

Spanische und burgundische Hengste veredelten die Zucht.
Noriker werden auch als Süddeutsches Kaltblut bezeichnet, obwohl das Hauptzuchtgebiet im Salzburger Raum liegt. In den sechziger Jahren des 20. Jahrhunderts machten sie einen Großteil des österreichischen Pferdebestands aus. Danach reduzierte sich der Bestand drastisch. Inzwischen erlangen die trittsicheren Reit- und Kutschpferde wieder mehr Popularität.

Norweger > *Fjordpferd*

Nüstern
Die Nasenlöcher des Pferdes. Sie bilden den Eingang zum langen Nasenkanal, in dem die eingeatmete Luft temperiert wird, bevor sie in die Lungen gelangt. Pferde aus südlichen Regionen haben größere Nüstern als Pferde aus nördlichen Gebieten. Spezielle Muskeln ermöglichen das Öffnen und Zusammenziehen der Nüstern. Bei körperlicher Anstrengung blähen sich die Nüstern weit auf, um eine größere Luftaufnahme zu ermöglichen.

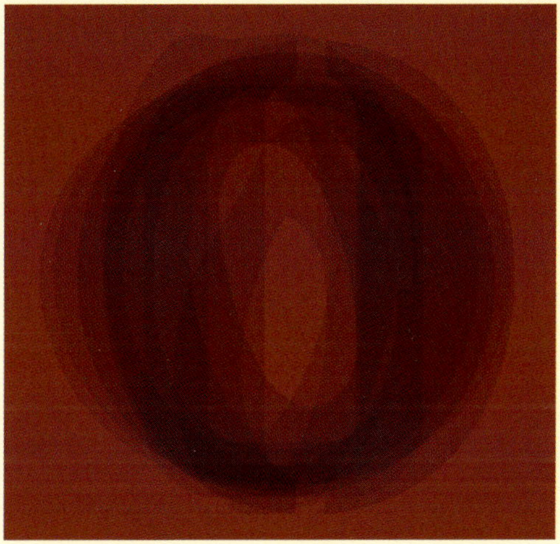

Offenstall

Ein dreiseitig geschlossener, für die Pferde frei zugänglicher Unterstand mit angrenzenden Auslaufflächen, Tränken und Futterstellen. Die Größe des Unterstands ist anhand der Anzahl der dort untergebrachten Pferde zu berechnen. Es sollten auf jeden Fall immer mindestens zwei, besser mehr Pferde gemeinsam im Offenstall gehalten werden. Aber mit einem ausreichend großen Platzangebot, denn Platzmangel verursacht Dauerstress. Der Eingang zum Unterstand sollte breit

Die meisten Islandpferde leben in Offenställen. Aber auch andere Rassen bevorzugen diese artgerechte Haltung.

O

sein, damit auch mehrere Pferde gleichzeitig hindurchpassen, und stets zur windarmen Seite weisen. Saubere, überdachte Futterstellen und Tränken sind ebenso wichtig für ein funktionierendes Offenstallsystem wie auch regelmäßiges Misten des Unterstands und das Absammeln der Ausläufe. Eine ordentlich geführte Offenstallhaltung ist für viele Pferde die artgerechteste Haltungsform.

Ohr

Sinnesorgan, das der Wahrnehmung akustischer Signale dient. Pferde sind als Fluchttiere immer auf der Hut und deshalb auf einen guten Hörsinn angewiesen. Am regen > *Ohrenspiel* erkennt man, dass sie ihre Umgebung ständig akustisch auswerten. Es ist aber auch Teil der > *Körpersprache* und drückt verschiedene Stimmungen aus.

Da Pferdeohren kein Trommelfell haben, sollte kein Wasser eindringen. Es könnte sich negativ auf den Gleichgewichtssinn auswirken. Die Innenseiten der Pferdeohren sind behaart, bei südlichen Rassen weniger stark als bei nordischen, denen manchmal richtige Büschel aus den Ohrmuscheln wachsen. Die Innenohrbehaarung hat eine Schutzfunktion, die nicht durch Ausscheren beeinträchtigt werden darf.

Ohrenspiel

Pferdeohren sind in alle Richtungen beweglich. Aber keine Ohrenstellung ist zufällig. Entweder sind es Geräusche, die die großen

1 *Aufmerksamkeit*
2 *Skepsis*
3 *Drohverhalten*
4 *Genuss*
5 *Ausgelassenheit*
6 *Spieltrieb*

1

2
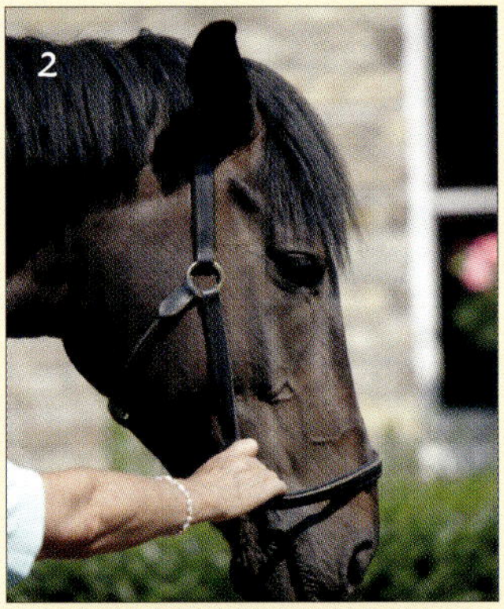
3

4

5

6

Sinnesorgane in Bewegung halten, oder das Pferd kommuniziert über die Ohren gerade mit Artgenossen oder Menschen.
Pferdekenner sehen sofort, was die jeweilige Ohrenstellung bedeutet. So drücken nach vorne gerichtete Ohren meistens Aufmerksamkeit aus, seitlich gedrehte signalisieren oft Entspannung, flach nach hinten an den Kopf gelegte in der Regel Missmut oder sogar Aggression.
Doch ganz so einfach ist es nicht: Um das Ohrenspiel richtig zu deuten, muss man die gesamte Körpersprache des Pferdes mit einbeziehen. Steht das Pferd regungslos an einer Stelle? Bewegt es sich vorwärts oder weicht es zurück? Hängt der Schweif locker herab oder schlägt er unwirsch hin und her? Ist der Kopf entspannt, wird er hochgerissen oder schiefgelegt? All das sind Beobachtungen, die in eine Interpretation des Ohrenspiels mit einfließen müssen.

Ohrspeicheldrüse

Die Ohrspeicheldrüse beginnt hinter den Ganaschen und zieht sich bis kurz unter das Genick des Pferdes hoch. Bei wenig > *Ganaschenfreiheit* fällt die Beizäumung des Pferdes schwerer, weil durch die Aufrichtung Druck auf die Ohrspeicheldrüsen erfolgt, was das Pferd als unangenehm empfindet. Durch ständigen Druck in diesem Bereich können sich die Ohrspeicheldrüsen entzünden. Ist die Ganaschenfreiheit gut ausgeprägt, besteht bei der Beizäumung kein Problem.
Bei einer korrekten Aufrichtung sind die oberen Muskelpartien des Halses aktiv. Das entlastet die unteren Muskeln, die sich unter anderem über die Ohrspeicheldrüse ziehen. Dadurch kommt es zu einer vermehrten Speichelproduktion, das Pferd kaut locker auf dem Gebiss. Das Kauen regt wiederum die Speichelproduktion an.

Oldenburger

Sehr erfolgreich auf dem internationalen Turnierparkett ist der Oldenburger. Seine Zuchtanfänge gehen auf das 17. Jahrhundert zurück. Als kräftiges Sportpferd hat der hoch gefesselte Athlet eine bisweilen überwältigende Ausstrahlung. Leichte, raumgreifende und taktmäßige Gangarten sind ebenso charakteristisch für die Rasse wie ihr gutmütiges, vernünftiges Wesen.
Vollblüter, Hannoveraner und Holsteiner halfen im 20. Jahrhundert, die einst im Zugpferdetyp stehende Rasse zum Reitpferd zu veredeln. Oldenburger glänzen sowohl im Dressurviereck als auch bei anspruchsvollen Springen.

Orlow Traber

Die russische Rasse ist vor allem für ihr außergewöhnliches Trabvermögen bekannt. Graf Alexei Orlow-Tschesmenski gilt als Begründer der durchschnittlich 1,60 Meter Stockmaß großen Rasse, weil er im 18. Jahrhundert den orientalisch geprägten Schimmel Smetanka erwarb und diesen einsetzte, um ein repräsentatives Kutschpferd zu züchten. Es folgten Einflüsse von holländischen und dänischen Pferden mit Trabvermögen, bis schließlich der Hengst Bars das Licht der Welt erblickte. Er gilt als Stammvater der Orlow-Zucht.
Bis Mitte des 19. Jahrhunderts galten Orlow Traber als schnellste Traber der Welt. Dann liefen ihnen amerikanische Rassen den Rang ab und die Anzahl der bis dahin weit verbreiteten Russen nahm rapide ab. Die russische Regierung intervenierte und rettete die Rasse so vor dem möglichen Untergang.
Heute werden Orlow Traber auf mehreren russischen Gestüten gezüchtet. Schimmel, Füchse, Braune und Rappen sind die häufigsten Farbschläge.

Osteochondrose > *Chip*

Overo > *Schecke*

ox

Kennzeichnung für Arabisches Vollblut.

Paddock

Umzäunter Pferdeauslauf.

Paint Horse

Paint Horses sind vor allem bei Freunden der Westerndisziplinen beliebt. Die gescheckten Quarter Horses – denn nichts anderes sind Paint Horses – eignen sich aber auch zum Freizeitreiten.
Quarter Horses gehören nicht umsonst zu den beliebtesten Pferderassen weltweit. Das liegt an ihrer Rittigkeit, ihrem gutmütigen Wesen, der sagenhaften Wendigkeit und ihrer Robustheit. All das lässt sich auch auf das Paint Horse übertragen, inklusive dem enormen Speed, den die amerikanischen Arbeitspferde auf kurzen Strecken entwickeln können. Die gescheckte Variante des Quarter Horses hat deshalb auch viele Freunde: Die American Paint Horse Association (APHA) gehört zu den am schnellsten wachsenden Pferdeverbänden überhaupt. Inzwischen ist die Paint Horse-Zucht die zweitgrößte Pferdezucht Nordamerikas – nach dem Quarter Horse.
Viele Paint Horses haben mindestens ein Elternteil mit Quarter Horse-Papieren, bei einigen sind auch beide Eltern Quarter Horses. Sobald ein Quarter-Fohlen mehr Weißanteil hat, als es der Standard zulässt, kann es nicht als Quarter Horse eingetragen werden. Daher wurde Anfang der sechziger Jahre des letzten Jahrhunderts die APHA gegründet. Dort werden sowohl Quarter Horse-Fohlen mit zu viel Weiß als auch Fohlen aus reinen Paint Horse-Verpaarungen eingetragen.
Bei der Scheckung unterscheidet die APHA zwei Grundmuster: Tobiano und Overo.
Tobiano erinnert entfernt an die Scheckung einheimischer Kühe. Die Beine des Pferdes sind hierbei weiß und die weiße Zeichnung kreuzt auch die Rückenlinie. Tobianos haben meistens Köpfe ohne viel Weißanteil.
Alles, was sich nicht eindeutig diesen Kriterien zuordnen lässt, wird als Overo bezeichnet. Dabei kennt die APHA unter anderem drei Muster: Frame Overo, Sabino und Splashed White. Frame-Overo ist begehrt. Die weiße Zeichnung geht hierbei vom seitlichen Bauchbereich aus. Die Beine sind meistens dunkel und der Kopf hat einen hohen Weißanteil.
Bei dieser Farbvariante tritt manchmal das sogenannte Overo Lethal White Syndrom auf. Davon betroffene Fohlen sind weiß und nicht lebensfähig.

Paddocks sollten Pferden Frischluft, Bewegung und Sozialkontakte ermöglichen.

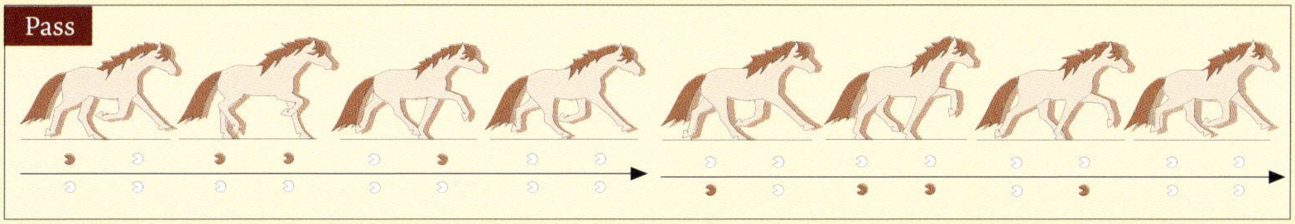

P

Palomino > *Isabell*

Paso Fino und Paso Peruano
Spanische Pferde bildeten die Basis dieser gangstarken Vierbeiner. Von ihnen haben die Südamerikaner ihr Temperament geerbt. Es ist ein steuerbares Temperament, das viel hermacht, aber keinen Hasardeur erfordert, um damit fertig zu werden. Diese Eigenschaft wird von Paso-Liebhabern Brio, das gehorsame Feuer, genannt.
Auch die gleichmäßigen, äußerst bequemen Gänge begeistern. Der klare Viertakt des Paso Peruano wird als Paso Llano bezeichnet. Ein weiterer Spezialgang der Rasse ist der Sobreandando, ein leicht zum Pass verschobener Viertakt. Auch der Termino ist für Paso Peruanos rassetypisch: Ihre Vorhand schwingt dabei aus der Schulter heraus markant zur Seite, bevor sie sich nach vorne bewegt.
Der Paso Fino beeindruckt ebenfalls mit speziellen Gängen: Paso Largo und Paso Corto haben die Rasse berühmt gemacht.
Ein taktreines Gangwerk ist bei Pasos überaus wichtig. Bei Wettbewerben präsentieren sich die edlen Pferde auf dem sogenannten Fino Strip, einer mit Holzplanken ausgelegten Bahn. Die anwesenden Richter beobachten die Pferde nicht nur, sondern schließen auch ihre Augen, um die Taktreinheit akustisch zu überprüfen.
Paso Peruano und Paso Fino sind in zwei verschiedenen Zuchtgebieten beheimatet: Paso Peruanos stammen aus Peru, Paso Finos kommen aus der Dominikanischen Republik, Puerto Rico und Kolumbien. In der Größe unterscheiden sich beide kaum. Sie haben ein durchschnittliches Stockmaß von 155 Zentimetern.

Pass
Eine laterale Gangart, bei der die gleichseitigen Beinpaare gleichzeitig auffußen. Dabei handelt es sich um einen Zweitakt in vier Phasen – mit jeweils einer Schwebephase dazwischen.
Islandpferde sind für den Rennpass berühmt, der jedoch nicht immer erblich veranlagt ist. Im Mittelalter wurden Passgänger auch Zelter genannt. Man schätzte sie aufgrund ihrer bequemen Gangarten, zu denen auch der Tölt gehörte.

PAT-Werte
Werte für Puls, Temperatur und Atmung. Die Normalwerte sind
Puls: 32 – 40 Schläge/Minute
Atmung: 9 – 16 Mal/Minute
Temperatur: 37,5°C – 38,3° C (> *Fieber*)

Pedigree > *Abstammungspapiere*
Englisch für Ahnentafel. Der Abstammungsnachweis des Pferdes.

Periodische Augenentzündung
Wiederkehrende Entzündung eines oder beider Augen. Hinweise auf eine periodische Augenentzündung sind: verstärkter Tränenfluss, Lichtempfindlichkeit, gerötete Lidbindehäute, Hornhauttrübungen und Schmerzen. Die periodische Augenentzündung führt oft zur Blindheit des Pferdes und gehörte deshalb zu den > *Hauptmängeln*, die 1899 auf kaiserliche Verordnung hin aufgelistet wurden.
Früher nannte man diese Augenentzündung Mondblindheit, weil sie meistens monatlich wiederkehrte und ein Zusammenhang mit den Mondphasen vermutet wurde. Der Mond hat jedoch nichts damit zu tun. Vielmehr

sollen Viren und Parasiten die Auslöser sein. Eine penible Stallhygiene (saubere Tränken!) und gründliche Pflege des Pferdes gelten als beste Vorbeugemaßnahmen. Tritt eine periodische Augenentzündung auf, ist der Tierarzt hinzuziehen.

P

Pferdegutachter

Sie sind auf der Suche nach Ihrem Traumpferd oder wollen ein Pferd verkaufen? Dann könnte ein Pferdegutachter der richtige Mann für Sie sein. Der vereidigte Sachverständige kennt sich genau aus mit Pferden und allem, was mit ihnen zu tun hat. Kauf und Verkauf, Unfall-Gutachten, Schadensermittlungen, Zucht- und Veranstaltungsberatung sind nur einige Aspekte seines Einsatzgebietes.
Ein Pferdegutachter erkennt Pferde mit Qualität. Sein Leistungsprofil ist jedoch noch weitaus vielseitiger: Als Sachverständiger kann er nach Unfällen die Schadenshöhe kalkulieren. Oder er rekonstruiert den Unfallhergang, nachdem ein Reiter von seinem Pflegepferd abgeworfen wurde und ärztlich behandelt werden musste. Zu seiner Arbeit gehört auch die Ermittlung des Wertes von Zuchtstuten, die bei der Geburt des Fohlens verstarben. Auch wenn es um sonstige Zuchtfragen, Futterberatung, die Auswahl eines passenden Deckhengstes für eine Stute oder die Ausrichtung eines Turniers geht, steht der Pferdegutachter mit Rat und Tat zur Seite. Privatpersonen, Behörden, Gerichte und Versicherungen wissen die Dienste des vereidigten Sachverständigen deshalb gleichermaßen zu schätzen.

Pferdetransport

Pferdetransporte erfolgen in speziellen Anhängern, die von PKWs gezogen werden oder in Großraum-Transportern mit LKW-Ausmaß. Pferde können auch in Flugzeugen, auf Schiffen oder in Zügen reisen – dort stehen sie in speziell abgesicherten Containern. Die EU-Transportverordnung schreibt seit 2005 vor, dass jeder, der ein Pferd über 65 Kilometer weit mit gewerblichem Hintergrund transportiert, einen Befähigungsnachweis und eine Zulassung als Transportunternehmen haben muss.
Private Pferdehalter, die kein Geld mit ihrem Hobby verdienen, sind nicht von der Transportverordnung betroffen.

Pflasterlahmheit > *Huflederhautentzündung*

Pflege

Körperhygiene, die der Gesunderhaltung und dem Wohlbefinden des Pferdes dient. Dazu gehören das tägliche Auskratzen der Hufe, das Bürsten von Langhaar und Körperfell, das Sauberhalten von Augenwinkeln und Nüstern sowie regelmäßige Entwurmungen, Impfungen, die Versorgung der Hufe durch den Hufschmied und tierärztliche Betreuung. Mangelnde Pflege kann krank machen. Hufgeschwüre, Hautkrankheiten, Augenentzündungen und Parasitenbefall sind mögliche Folgen.

Piber

Bis 1867 stand das von Kaiser Josef II. gegründete Gestüt Piber unter militärischer Leitung. 1890 gab es zahlreiche Importe aus > *Radautz:* englische Halbblut-Stuten, Nonius-Stuten, arabische Mutterstuten aus Shagya- und Gidran-Stämmen. Später folgten Furioso-Stuten.
Der Erste Weltkrieg brachte eine Umstrukturierung mit sich. Das Gestüt verlagerte sich auf die Lipizzaner-Zucht, die seit 1920 Schwerpunkt der züchterischen Tätigkeit in Piber ist. Hierzu wurden Pferde aus > *Lipizza* übernommen. Lipizzaner hatte es zwar auch schon vorher in Piber gegeben, aber nicht mit dem Ziel, sie dem Hof oder der Spanischen Hofreitschule zur Verfügung zu stellen. Es war ein leichterer Typ, der nach wie vor im Fahrsport anzutreffen ist.
Piber ist noch immer aktiv und züchtet Lipizzaner für die Spanische Hofreitschule.

Piephacke
Halbrunde Schwellung des Schleimbeutels am Sprungbeinhöcker. Piephacken gelten als Schönheitsfehler und entstehen meistens durch einen Schlag auf das Sprunggelenk.

Pinto
Ein geschecktes Pferd, wobei die Rasse keine Rolle spielt.
Es gibt Schecken im Warmbluttyp, bunte Ponys, gescheckte Gangpferde und kunterbunte Fahrpferde. Ob 1,18 Meter Stockmaß klein oder über 1,65 Meter Stockmaß groß, ob 120 Kilogramm leicht oder 650 Kilogramm schwer: Es gibt kaum einen Pferdetyp, der nicht auch als Schecke zu haben ist.

Im Gegensatz zum Paint Horse gehören Pintos keiner speziellen Rasse an.

Podhajsky-Schimmel
Fahrpferde, die aus der Kreuzung von Welsh Cob-Hengsten mit Kladruber-Stuten entstanden. Die originäre Zuchtstätte ist das 1967 gegründete Gestüt Geschwendthof in Niederösterreich. Das Zuchtziel ist ein hochkarätiges Pferd für den internationalen Fahrsport. Das Zuchtexperiment gelang. Podhajsky-Schimmel errangen bereits Siege bei Weltmeisterschaften. Der langjährige Leiter der Wiener Hofreitschule, Oberst Podhajsky, verbrachte seinen Ruhestand auf dem Geschwendthof und stand den Gestütsinhabern stets mit Rat und Tat zur Seite. Um ihn zu ehren, wurde für die durchschnittlich 1,50 bis 1,60 Meter Stockmaß großen Schimmel der Name Podhajsky-Schimmel gewählt. Vier dieser Schimmel erwarb König Hassan von Marokko.

P

P

Polnisches Kaltblut

In Polen werden nach wie vor riesige Landwirtschaftsflächen bewirtschaftet und aus Kostengründen sind dort mehr Pferde als Traktoren im Einsatz. Es gibt leichtere und schwerere Polnische Kaltblüter, einige werden auch im Fahrsport eingesetzt.

Der polnische Pferdezüchterverband kämpft gegen die unkontrollierte Einkreuzung anderer Rassen – vor allem der von Warmblütern. Erklärtes Ziel ist die Bewahrung eines schweren Kaltbluttyps. Ein typvolles Polnisches Kaltblut ist edler und drahtiger als französische und belgische Kaltblüter, trotzdem mächtig, aber genügsam.

Polo-Pony

Viele Menschen fühlen sich von dem diffizilen Polo, das reiterliches Können, Geschick und Technik erfordert, angezogen. Dreiviertel aller Polo-Ponys stammen aus Argentinien. In der ersten Hälfte des 20. Jahrhunderts kam vor allem der Criollo, ein mittelgroßes, zähes Ranchpferd mit einer erstaunlichen Beschleunigungskraft, im Polosport zum Einsatz. Seit circa 15 Jahren erfolgten vermehrt Einkreuzungen von Englischen Vollblütern. Polo-Ponys sind streng genommen keine eigene Rasse, sondern eine Gebrauchskreuzung. Stuten sollen die Eignung zum Spiel und Hengste die Geschwindigkeit vererben. Bevor eine Stute zur Zuchtstute wird, muss sie sich selbst im Spiel bewährt haben. Zur Zucht werden gerne Vollbluttypen herangezogen, die nicht allzu groß sind, dafür aber über eine gute Bemuskelung verfügen und Rennleistung auf kurzen Distanzen zeigen. Polo-Ponys mit einem Stockmaß zwischen 1,56 und 1,58 Meter entsprechen dem Zuchtziel. Ihre Qualitäten sind klar definiert: Schnelligkeit, Wendigkeit und Nervenstärke sind gefragt.

Pony

Kleine Pferde, deren Widerristhöhe unter 148 Zentimetern liegt.

Manchmal ist der Begriff irreführend, weil Islandpferde z. B. als Pferde bezeichnet werden, obwohl sie ins Ponymaß fallen. Aber es gibt auch den umgekehrten Fall: Welsh Cobs und

Alle Pferde, die kleiner als 148 Zentimeter Stockmaß sind, werden als Ponys bezeichnet.

Connemaras sind offiziell Ponys, obwohl sie das Endmaß oft übersteigen.

PRE > *Andalusier*

Primitivrasse

Naturnahe Pferde oder Ponys, die in vielen Punkten ihren urwüchsigen Wildpferde-Vorfahren ähneln und wenig züchterisch beeinflusst wurden. Sie zeichnen sich durch Robustheit aus. Exmoor- und Shetland-Ponys sind Beispiele für Primitivrassen.

Przewalski-Pferd

Ihren für Westeuropäer schwer auszusprechenden Namen haben Przewalski-Pferde dem russischen General und Asienforscher Nikolaj Michajlowitsch Przewalski zu verdanken. Dabei hatte bereits 1841, also 38 Jahre vor Przewalski, der Forscher Colonel Hamilton Smith die Pferde aufgespürt. Später gab es mehrere Expeditionen, die Przewalski-Pferde mit nach Europa brachten.
Ihre Besonderheiten waren von Weitem erkennbar, z. B. der fehlende Schopf und die kecke Stehmähne. Das ist noch heute so. Oft geht ein charakterstarker Ramskopf mit einher. Markant sind auch die kleinen, recht hoch sitzenden Augen.
Interessanterweise entwickeln Mongolische Steppenwildpferde – wie Przewalski-Pferde auch genannt werden – im Winter in der Mähne und am Schweifansatz dichte Unterwolle. Im Sommer ist das Fell kurz und glänzt in den Farben Rötlich-Gelbbraun bis Gelblich-Rotbraun. Die Farbvielfalt scheint typisch für Przewalski-Pferde zu sein.
Vieles unterscheidet Przewalski-Pferde von anderen, so z. B. auch ihre Chromosomenzahl: Während Pferde normalerweise 64 Chromosomen haben, weisen die Mongolischen Steppenpferde 66 auf. Sechs der vom österreichischen Verhaltensforscher Eberhard Trumler untersuchten Przewalski-Skelette wiesen 19 statt der für Pferde normalen 18 Brustwirbel auf.
Da die Rasse durch gezielte Zucht-Programme in Zoos und Tierparks vor dem Aussterben gerettet werden konnte, stehen nun wieder Auswilderungen auf dem Programm. Es gibt mehrere Projekte in der Mongolei und auch in Hortobágy, der ungarischen Steppe. Nach anfänglichen Problemen scheinen verschiedene Projekte allmählich von Erfolg gekrönt zu sein.

Die Herzfrequenz der Pferdes lässt sich mithilfe einer Pulsmessuhr ermitteln.

Puls

Die Herzschlagfrequenz des Pferdes. Im Ruhezustand beträgt sie durchschnittlich 32 bis 40 Schläge pro Minute. Bei hoch trainierten Pferden kann sie weit darunter liegen. Unter Maximal-Belastung schnellt der Puls auf bis zu 200 Schläge pro Minute hoch. Umso schneller ein erhöhter Puls nach Belastung wieder auf den Normalwert sinkt, desto besser ist der Trainingszustand des Pferdes.
Es gibt verschiedene Methoden, um den Puls des Pferdes zu ermitteln. Die Pulsmessung erfolgt entweder an der Innenseite des Unterkiefers oder seitlich der Schweifrübe, etwa eine Handbreit unterhalb des Schweifansatzes. Das Herz wird links, etwas hinter dem Ellenbogen, an der Brustwand abgehört. Mit einem Pulsmessgerät lässt sich der Wert besonders schnell und präzise ermitteln.

P

Quadratpferd

Ein Pferd, dessen Rumpflänge in etwa dem > *Stockmaß* entspricht. > *Quarter Horses*, aber auch barocke Pferderassen wie beispielsweise > *Andalusier* haben oft ein quadratisches Körperformat.

Quarter Horse

Mit über vier Millionen eingetragenen Pferden gilt die Rasse Quarter Horse als zahlenmäßig größte. Und sie hält noch einen weiteren Rekord: Quarter Horses sind die schnellsten Pferde der Welt auf einer Distanz von einer viertel Meile.

Der Name Quarter Horse geht auf die berühmten Quarter Mile Races zurück, die

Es gibt Pferde mit einem eher quadratischen und Pferde mit einem eher rechteckigen Körperbau.

Ende des 18. Jahrhunderts in den amerikanischen Südstaaten ausgesprochen beliebt waren. Die Menschen strömten damals in Massen herbei, wenn die Hauptstraße des Dorfes abgesperrt wurde, um ein 400-Meter-Rennen mit pfeilschnellen Pferden auszutragen. Die schnellsten Pferde dieser Match Races gehören zu den Vorfahren des heutigen Quarter Horses.
Quarter Horses sind zwischen 1,45 und 1,60 Meter Stockmaß groß. Sie sind seit jeher bekannt für ihre Vielseitigkeit. Ob es um das Treiben einer Rinderherde geht, blitzschnelle Wendungen, das Öffnen von Gattern, das Ziehen einer Kutsche oder um Höchstgeschwindigkeit beim Rennen – Quarter Horses meistern die Aufgabe mit Bravour.
Quarter Horses gelten daher als Allrounder, und doch gibt es auch bei dieser Rasse verschiedene Zuchtrichtungen:
Da wären die sogenannten Foundation Horses, die im ursprünglichen Arbeitstyp stehen. Sie führen maximal 20 Prozent Vollblutanteil. Als typischer Vererber dieses Typs gilt der Deckhengst King P234.
Dann gibt es Cowhorses, die besonders gut für die „Rinderklassen“ Cutting und Working Cowhorse geeignet sind. Sie haben Cow Sense – ein angeborenes Gespür für Rinder. Typische Blutlinien gehen auf Doc Bar und Peppy San Badger zurück.
Relativ klein, dafür aber sehr athletisch sind Quarter Horses im Reining Typ. Sie lassen sich leicht trainieren und haben ein fantastisches Galoppiervermögen. Berühmte Reining-Vererber sind Hollywood Dun It und Mr. Gunsmoke.
Besonders korrekte und schöne Quarter Horses werden als Halter Pferde bezeichnet. Impressive und Sir Quincy Dan gelten als typische Halter-Linien.
Der Pleasure und Hunter Typ fällt durch seine Großrahmigkeit und Eleganz auf. Quarter Horses dieses Typs ähneln einem stark bemuskelten Englischen Vollblut. Man sieht sie viel in den Disziplinen Trail, Western Riding und Horsemanship. Der Hengst Zippo Pine Bar gilt als besonders repräsentativ für diese Zuchtrichtung.

Quarter Horses sind ausgesprochen beliebt und weltweit verbreitet.

Und dann wären da noch die Rennpferde. In den USA sind Rennen mit Quarter Horses nach wie vor sehr populär. Das höchst dotierte Pferderennen der Welt, das All American in New Mexico, ist ein solches Rennen. Rennblutlinien wie die des Hengstes Dash for Cash genießen einen legendären Ruf.
Generell haben alle Quarter Horses einen quadratischen Körperbau, der bei mittlerer Körpergröße für eine hervorragende Tragkraft sorgt. Dadurch bringen sie die besten Voraussetzungen für die verschiedenen Westerndisziplinen mit, also für Reining, Western Pleasure, Trail, Versatility Ranch Horse, Western Horsemanship und Western Riding.

Rack > *American Saddlebred*

Radautz
1792 ist das Gründungsjahr des im heutigen Rumänien liegenden Landesgestüts Radautz. Seine Hauptaufgabe lag in der Zucht von Kavalleriepferden, deren Bestand aufgrund zahlreicher Kriege stark dezimiert war. Über die Jahre entstand in der Huzulei eines der größten europäischen Gestüte. Orientalisch geprägte Stuten und schwere englische Halbblutstuten bildeten den Zuchtstamm. In jahrhundertelanger züchterischer Arbeit entstanden in Radautz bedeutende Linien folgender Rassen: Shagya-Araber, Gidran und Furioso-Przedswit. Vorübergehend gab es dort auch Lipizzaner und Nonius-Pferde. Zusätzlich etablierte sich Radautz als Zentrum der Huzulenpferde-Zucht.

Radegast-Prussendorf
Das in Sachsen-Anhalt liegende Landgestüt Radegast-Prussendorf wird im Jahr 1612 erstmals erwähnt. Der preußische Staat erwarb es zu Beginn des 20. Jahrhunderts. 1929 erfolgte die Umwandlung in ein Versuchsgut der Universität Halle-Wittenberg. Zuerst standen vor allem schwere Warmblüter aus oldenburgischen und ostfriesischen Zuchtgebieten in den Stallungen. Ab 1951 bestimmten Hannoveraner den Zuchtaufbau, der vor allem auf die landwirtschaftliche Eignung ausgerichtet war. Ab 1969, das Versuchsgut war inzwischen in ein volkseigenes Gestüt umgewandelt worden, stand die Sportpferdezucht im Vordergrund. 1970 erfolgte die Angliederung an das Versuchs- und Lehrgut Prussendorf. Gekörte Hengste, Elite- und Staatsprämienstuten gingen aus dem Gestüt hervor.
Seit 1993 ist Radegast-Prussendorf ein Landgestüt mit rund 25 Deckhengsten.

Rahmen
Pferde mit viel Rahmen haben ein von groß proportionierten Körperformen geprägtes Gesamtbild. Bei Pferden mit kleinem Rahmen sind die Körperproportionen weniger üppig angelegt.
Der Rahmen eines Pferdes steht allerdings in keinem Zusammenhang mit dem > *Stockmaß*, sondern bezieht sich ausschließlich auf die Proportionen des Körpers.

Ramskopf > *Kopfformen*
Ein Pferdekopf mit konvex verlaufender Profillinie. Nach außen gewölbte Nasenrücken sind oft bei Rassen wie dem > *Alt-Kladruber* und bestimmten > *Lusitano*-Linien zu sehen.

Die aufgewölbte Nasenlinie verleiht dem Pferd einen barocken Ausdruck.

Bei manchen Rassen ist es schwierig, gleichzeitig auf Farbe und Typ zu züchten, was gute Rappen teuer macht.

Rangordnung

Hierarchie innerhalb eines Herdenverbands, die über Respekt und Unterordnung entscheidet. Die Rangordnung, die viel mit dem Zugang zu Nahrungsmitteln zu tun hat, wird meist über Rangkämpfe ausgetragen. Das Alter, die Erfahrung und die körperliche Verfassung der Pferde spielt hierbei eine Rolle.
An erster Stelle der Rangordnung steht der Leithengst oder die Leitstute. Ob sich die Rangordnung auch auf das Verhältnis zwischen Pferden und Menschen übertragen lässt, gilt als umstritten.

Rappe

Ein Pferd mit schwarzem Körperfell und schwarzem Langhaar. Diese Fellfarbe vererbt sich rezessiv: Um mit Sicherheit ein schwarzes Fohlen zu züchten, müssen zwei Rappen miteinander verpaart werden. Ist nur ein schöner „Schwarzer" mit von der Partie, ist die Nachzucht meistens braun oder dunkelbraun. Es gibt einige Rassen, bei denen überwiegend oder sogar ausschließlich Rappen vorkommen, z. B. > *Friesen* oder > *Menorquinos.*

Raspe > *Mauke*

Rasse

Eine Gruppe von Pferden, die allesamt dieselben oder ähnliche Merkmale besitzen. Für jede anerkannte Pferderasse gibt es einen Standard, der alle Merkmale auflistet, die für die jeweilige Rasse ausschlaggebend sind. Rassestandards sind manchmal auch bestimmten Modeerscheinungen unterworfen, was Änderungen nach sich zieht.

Räude

Eine durch verschiedene Milbenarten verursachte, stark juckende Hauterkrankung. Grab-, Saug- und schuppenfressende Milben tauchen vor allem an Pferden auf, die unter schlechten hygienischen Bedingungen leben. Die besten Vorbeugemaßnahmen gegen

Räude sind ein gepflegtes Umfeld, hochwertige Futtermittel und eine penible Gesundheitskontrolle jedes neu in den Stall kommenden Pferdes. Treten Milben auf, verordnet der Tierarzt Insektizide, mit denen meist der gesamte Pferdebestand behandelt werden sollte.

Raufutter

Heu und Stroh sind Raufuttersorten und zeichnen sich durch einen hohen Ballaststoffgehalt aus. Raufutter ist wichtig für die Pferdegesundheit, weil es für eine regelmäßige Darmtätigkeit sorgt. Pferde sind darauf ausgelegt, ständig kleine Mengen Futter aufzunehmen, was ihren Verdauungstrakt in permanenter Bewegung hält.

Das beste Heu stammt von artenreichen Wiesen ohne Giftpflanzen. Der erste Schnitt des Jahres ist am gehaltvollsten. Die nachfolgenden Schnitte gelten als minderwertiger. Frisches Heu muss sechs bis acht Wochen lang luftig gelagert werden, bevor es verfüttert werden darf. Das nennt man auch Ausschwitzen.

Pferden sollte stets ausreichend Raufutter zur Verfügung stehen.

R

Rechteckformat

Ein Pferd, dessen Verhältnis zwischen Rumpflänge und Stockmaß einem Rechteck entspricht. Die meisten Sportpferde haben ein Rechteckformat.

Redefin

Das Landgestüt Redefin liegt in Mecklenburg-Vorpommern. Es wurde 1812 gegründet und verschmolz kurz darauf mit dem Herzoglichen Hauptgestüt. Nachdem die züchterischen Schwerpunkte zeitweise stark in Richtung hoch im Blut stehender Warmblutpferde ging, erfolgte auf Drängen aus den Reihen der Bauernschaft hin eine Verlagerung zur Kaltblutzucht.

Heute stehen rund 40 Warmbluthengste in den Stallungen. Redefin hat den Ruf von einst wiederhergestellt. Vollblüter und Trakehner dienen der Veredelung. Haflinger und Reitponys ergänzen die züchterische Vielfalt.

Rehe > *Hufrehe*

Rheinisches Warmblut

Aus dem Bundesland Nordrhein-Westfalen kommt das Rheinische Warmblut. Dort hat Pferdezucht Tradition, denn Pferde haben die Rheinländer schon zur Zeit der alten Römer gezüchtet. Der gute Ruf dieser Tiere drang bis nach Gallien, und auch Karl der Große soll später von der rheinischen Zucht begeistert gewesen sein.

Nachdem sich das Zuchtgeschehen erst vermehrt auf Kaltblüter konzentrierte, entstand nach dem Zweiten Weltkrieg mit Unterstützung von Westfalen, Trakehnern, Hannoveranern und ostpreußischen Hengsten eine florierende Warmblutzucht.

Das erklärte Zuchtziel ist ein edles, rahmiges, korrekt gebautes Reitpferd mit schwungvollen Gängen. Das ausgeglichene Temperament und freundliche Wesen vereinen sich

Dieser Hannoveraner steht im Rechteckformat. Seine Rumpflänge ist länger als das Stockmaß hoch ist.

mit Rittigkeit — beste Voraussetzungen, um in den verschiedenen Sparten der Reiterei zu glänzen. Hierdurch erklärt sich die steigende Anzahl der Land- und Privatbeschäler wie auch der Zuchtstuten und Turnierpferde. Die Rasse wird vom Rheinischen Pferdestammbuch vertreten, das seit 1892 existiert und heute in Schloss Wickrath, Mönchengladbach, untergebracht ist.

Riechen

Riechen ist für Pferde ausgesprochen wichtig. Mithilfe der Nase überprüfen sie die Genießbarkeit von Nahrung und Wasser, nehmen Kontakt zu Artgenossen, anderen Tieren oder Menschen auf und inspizieren unbekannte Gegenstände.

Robusthaltung > *Offenstallhaltung*

Röhrbein

Die Knochenpartie zwischen Vorderfußwurzelgelenk und Fesselgelenk. Der Röhrbeinumfang wird mithilfe eines Maßbands unterhalb des Vorderfußwurzelgelenks gemessen. Der Röhrbeinumfang sagt in Kombination

Der Röhrbeinumfang wird mit einem Maßband gemessen.

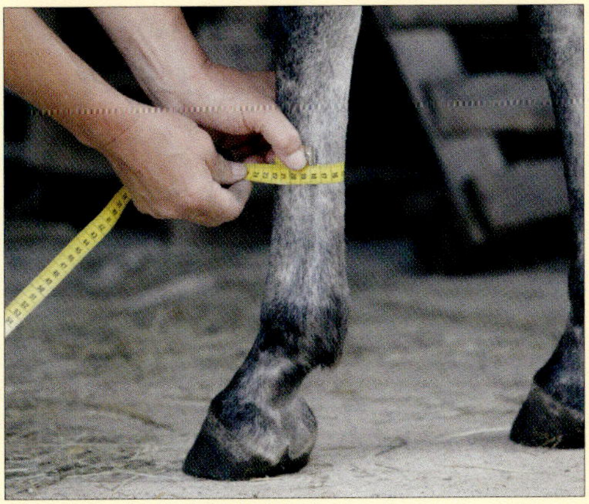

R

mit dem Stockmaß und dem Brustumfang etwas über das Gesamterscheinungsbild des Pferdes aus. Anhand dieser Eckdaten kann man sich den Körperbau des Pferdes vorstellen, ohne es vor sich stehen zu haben. Früher wurden zusätzlich Rumpflänge und Kruppenhöhe ermittelt.

Rosse

Der für die Fortpflanzung ausschlaggebende Zeitraum des Sexualzyklus der Stute. Die Rosse, die meistens zwischen März und September alle drei bis vier Wochen einsetzt, dauert durchschnittlich vier bis sieben Tage. Der Eisprung erfolgt meistens gegen Ende der Rosse. Während der Rosse suchen manche Stuten vermehrt körperliche Nähe zu anderen Pferden, heben den Schweif an, öffnen und schließen die Schamlippen (> *Blitzen*) und scheiden Harn und Schleim aus. Genau das ist auch der beste Zeitpunkt für den > *Deckakt*, denn dann ist der Muttermund geöffnet. Beim Natursprung liegt die Zahl der erfolgreichen Befruchtungen höher als beim kontrollierten Deckakt an der Hand.

Rotz

Infektionskrankheit, die mit Knötchen, Geschwüren, Narben an Schleimhaut, Haut und inneren Organen einhergeht. Rotz gehörte zu den > *Hauptmängeln*, galt zwischenzeitlich weitgehend als getilgt, tritt inzwischen aber wieder vermehrt in Asien und Südamerika auf. Fleischfresser und Menschen können sich ebenfalls mit Rotz infizieren.

Rückenformen

Der Rücken ist ein Teil der > *Mittelhand* des Pferdes. Gerade Rücken sind gut für die Eignung als Reitpferd, weil sie eine optimale Tragkraft mit Elastizität verbinden. Bei Senkrücken, die an eine Hängebrücke erinnern, mangelt es an Tragkraft – die Tauglichkeit als Reitpferd ist eingeschränkt. Ein nach oben aufgewölbter > *Karpfenrücken* macht das Pferd untauglich für den Reitsport.

Säbelbeinig
Weit unter den Pferdekörper gestellte Hinterbeine. Von der Seite betrachtet ist die extreme Winkelung am deutlichsten zu sehen.

Sabino
> *Schecke*

Saddler
> *American Saddlebred*

Saftfutter
Nahrung mit hohem Feuchtigkeitsanteil. Und der steckt sowohl in Gras als auch in Äpfeln, Möhren, Rüben, Roten Beeten und anderen saftigen Leckereien. Gras ist während der Weidesaison ein Hauptbestandteil des Ernährungsplanes, wogegen andere Saftfuttersorten in dosierten Mengen zusätzlich gefüttert werden.

Sandalwood Pony
Das hübsche Sandalwood Pony stammt von den Inseln Sumba und Sumbawa. Sein Name wurde durch das Hauptexportgut der Inseln, Sandelholz, inspiriert. Viele Sandalwood Ponys werden als Kinderreitponys nach Australien exportiert, andere auf thailändischen Rennbahnen eingesetzt. Auch in Indonesien gibt es Rennen, bei denen Sandalwood Ponys ohne Sattel und Gebisse geritten werden. Sandalwood Ponys sind mit 135 Zentimetern Stockmaß die größte indonesische Rasse. Man schätzt ihre Gängigkeit und die enormen Geschwindigkeiten, die diese kleinen Pferdchen mit den großen Augen, dem seidigen Fell und den harten Gelenken erzielen können. Noch heute ähneln die Sandalwood Ponys den Pferden, die die holländischen Kolonialisten früher im berühmten Gestüt Radang züchteten. Kenner bezeichnen das Sandelholz Pony als edelste indonesische Ponyrasse.

Gras ist das bevorzugte Saftfutter von Pferden.

Auch bei Miniature Horses gibt es schön gezeichnete Schecken.

Sattellage

Bereich des Pferderückens, der am Widerrist beginnt und sich entlang der Wirbelsäule bis ins hintere Drittel des Rückens erstreckt. Eine optimale Sattellage wird durch einen ausgeprägten, aber nicht zu hohen Widerrist, einen mittellangen Rücken und eine deutlich definierte Schulter gebildet.

Saugfohlen > *Abfohlen*

Fohlen, das sich von Stutenmilch ernährt. Die erste Milch, die Saugfohlen kurz nach der Geburt zu sich nehmen, ist die Kolostralmilch. Sie ist wichtig für den Abgang des > *Darmpechs* und die Stärkung des Immunsystems. Meistens trinken Fohlen bis zum sechsten Lebensmonat Stutenmilch. Zwischendurch knabbern sie allerdings auch schon an Gras, Heu und anderen Futtermitteln. Die Saugfohlenphase endet mit dem Absetzen des Fohlens – der Trennung von seiner Mutter.

Dieses wenige Tage alte Saugfohlen lässt sich die Muttermilch schmecken.

Schale

Knöcherne Auftreibung im Fessel-, Kron- oder Hufbeinbereich, die beidseitig auftritt. Ist nur ein Bein betroffen, spricht man von Leist. Verläuft die Knochenveränderung zirkulär, leidet das Pferd an einem Ringbein.
Die Hauptursache für diese Erkrankung ist eine Überlastung der Sehnen und Bänder – genau genommen der Stellen, an denen sie am Knochen ansetzen. In der ersten Phase kommt es zu einer Entzündung, die mit der Zeit chronisch wird und mit Knochenneubildungen einhergeht. Diese Neubildungen verursachen weitere Probleme, weil sie oft auf die Sehnen und Bänder drücken und sogar ganze Gelenke blockieren. Auch mangelhafte Beschläge und zu hohe Trachtenränder an unbeschlagenen Hufen scheinen

Knochenveränderungen zu begünstigen, vor allem in Kombination mit Stellungsfehlern. Im Anfangsstadium, das mit Schmerzen einhergeht, helfen entzündungshemmende, kühlende Salben und direkte Kühlung mit Wasser, die Symptome zu lindern. Im fortgeschrittenen Stadium sind wärmende Reizsalben angebracht.

Schecke > *Pinto*

Pferd, dessen Fell Flecken in zwei oder drei unterschiedlichen Farben hat.
Plattenschecken zieren große weiße Flecken auf anders gefärbtem Körperfell. Ziehen sich diese über den Rücken und ergeben ein relativ ruhiges Bild, nennt man das Pferd Tobiano-Schecke. Overo-Schecken fallen durch eine unregelmäßige Scheckung auf. Die Mischform aus beiden Scheckvarianten ist die Sabino-Scheckung.
Doch damit nicht genug: Es gibt auch noch Tigerschecken, deren dunkle Flecken an die Fellzeichnung eines Leoparden erinnern. Erstreckt sie sich über den gesamten Körper, handelt es sich um einen Volltiger. Beschränkt sie sich auf die > *Kruppe*, spricht man von einem Schabrackentiger.

Scheren

Kürzung des Körperfells mithilfe eines elektrischen Gerätes.
Eigentlich müssen Pferde nicht geschoren werden, es gibt jedoch einige Gründe, die unter bestimmten Voraussetzungen für den Einsatz einer Schermaschine sprechen: Alten Pferden fällt der > *Fellwechsel* vom Winter- zum Sommerfell schwer. Damit die üppige Behaarung nicht zu Kreislaufproblemen führt, sollte man das Winterfell abscheren, sobald die Temperaturen steigen und die kalten Nächte vorbei sind. Es gibt allerdings auch einen Nachteil: Geschorenes Fell bietet eine bessere Angriffsfläche für Fliegen, Bremsen etc.
Schwitzt das Pferd bei regelmäßigem und ausgiebigem Training stark unter seinem

Bei Tobiano-Schecken ziehen sich die weißen Flecken auch über den Rücken.

S

Winterfell, dauert die Abtrocknungsphase nach dem Ritt mitunter sehr lange und es besteht akute Erkältungsgefahr. Eine Schur beseitigt dieses Problem, hat aber auch Nachteile: Das Pferd muss eingedeckt werden, wenn es nicht unter dem Sattel ist.
Eine gute Alternative ist das partielle Scheren des Pferdes: Hierbei schert man beidseitig einen Streifen am Hals herunter und außerdem entlang der unteren Rumpfpartie das Fell ab. Dann schwitzt das Pferd auch im Wintermantel deutlich weniger.

Scheuen

Das Zurückschrecken des Pferdes vor einem Reiz. Scheuen ist eine natürliche Verhaltensweise eines > *Fluchttieres*, die im Kopf von Reitpferden ebenso verankert ist wie bei wild lebenden Rassen. Es kann durch Lebewesen, Gegenstände, Bewegungen, Geräusche, Gerüche, Schattenspiele und viele andere Faktoren ausgelöst werden. Die Reaktionen reichen von irritiertem Hochreißen des Kopfes über erschrecktes Zur-Seite-springen bis hin zu panischer Flucht. Scheuen ist ein Schutzmechanismus, mit dem sich Pferde vor drohenden Gefahren schützen.

Schimmel werden meist erst im Lauf der Jahre ganz weiß.

Scheuern

Mit scheuern reagiert ein Pferdes häufig auf Juckreiz. Meistens sind Mähnenkamm und Schweifrübe betroffen. Das Pferd reibt sich mit den juckenden Körperstellen an Wänden, Baumstämmen oder Zaunpfosten. Dadurch kann es zu Schwellungen, Haarausfall und offenen Hautstellen kommen. Pferde mit > *Ekzemen* haben manchmal einen generalisierten Juckreiz – das heißt, der ganze Körper ist davon betroffen.
Bei ständigem Juckreiz muss die Ursache unbedingt behandelt werden. Außerdem sollten fellschonende Kratzmöglichkeiten wie Bürstengalgen und Wälzplätze zur Verfügung stehen.

Schimmel

Pferd mit weißem Körperfell und weißem Langhaar. So blütenweiß kommen Schimmel aber nicht zur Welt. Die meisten sind dunkel, wenn sie geboren werden und entwickeln sich erst nach und nach zu Schimmeln.
Manche sind erst mit dem vollendeten zehnten Lebensjahr ganz weiß.
Einige Pferde werden allerdings tatsächlich mit hellem Fell geboren. Früher nannte man sie „Weißgeborene", heute Albinos, obwohl sie eigentlich > *Weißisabellen* sind. Zieren kleine dunkle Punkte das ansonsten weiße Fell, ist das Pferd ein Fliegenschimmel. Apfelgroße, mehr oder weniger dunkle Flecken kennzeichnen den Apfelschimmel. Beim Rappschimmel zeigt das Fell eine von Weiß über Grau bis Schwarz geprägte Farbe mit meistens hellerem Kopfbereich. Aber es gibt noch mehr Schimmel, z.B. Rotschimmel, deren weißes Fell einen rötlichen Schimmer hat. Das Langhaar ist oft richtig rot. Braunschimmel haben hingegen dunkles Langhaar und braun schimmerndes, helles Körperfell. Die weiße Fellfarbe des Schimmels vererbt sich dominant.

Schlafen

Tiefe Ruhephase, die im Stehen und im Liegen erfolgt. Die Schlafgewohnheiten von

Auch Pferde brauchen ihren Schlaf. Allerdings nicht am Stück, sondern über viele kleine Nickerchen hinweg verteilt.

Pferden unterscheiden sich deutlich von unseren. Pferde schlafen nicht sieben oder acht Stunden am Stück, sondern ruhen immer wieder zwischendurch. Dabei dösen sie oft auch einfach, um im Ernstfall blitzschnell hellwach zu sein. Pferde schlafen am liebsten in der direkten Nähe anderer Herdenmitglieder. Manche stehen dabei, andere begeben sich in Seitenlage, während mindestens ein anderes Pferd wacht. Bevorzugte Schlafplätze sind höher liegende Bereiche mit Rundumblick. Der Untergrund sollte trocken und sauber sein. Auf matschigen und verkoteten Ausläufen schlafen Pferde nicht gerne.

Schlauch
Teil der äußeren Geschlechtsorgane von Hengst und Wallach. Im Schlauch verbirgt sich der Penis, der beim Urinabsetzen, bei sexueller Erregung und Entspannung zum Vorschein kommt.

Schnippe
> *Abzeichen* auf der Oberlippe des Pferdes.

Schopf > *Langhaar*
Ein zwischen den Ohren wachsender Haarbüschel, der auf die Stirn des Pferdes herunterhängt.

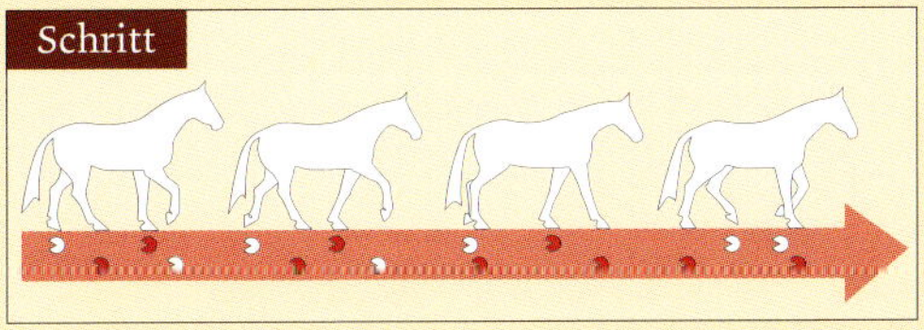

Schritt
Eine der drei > *Grundgangarten* des Pferdes. Schritt ist eine Viertaktgangart, in der immer mindestens zwei Hufe gleichzeitig auffußen. Ein guter Schritt ist taktrein, fleißig und raumgreifend. Die Hinterhufe sollten beim Auffußen mindestens in die Abdrücke der Vorderhufe treten – besser noch einen oder zwei Hufe breit darüber.
Die Schrittlänge beträgt je nach Pferd 1,30 bis 1,80 Meter, das Durchschnittstempo liegt bei sechs bis sieben Stundenkilometern.

Schulter
Sie befindet sich zwischen dem Widerrist und dem Buggelenk und wird vom Schulterblatt gebildet.
Die Schulter gehört zur > *Vorhand* des Pferdes. Zu den Reitpferdepoints zählt eine lange, schräge Schulter, weil sie dem Pferd viel Raumgriff ermöglicht und gemeinsam mit einem gut entwickelten Widerrist eine vorteilhafte Sattellage bildet. Eine kurze, steile Schulter behindert weit ausholende Bewegungen der Vorderbeine und begünstigt das Vorrutschen des Sattels – beides ist unerwünscht.

Schwaiganger
Rund 400 Pferde stehen heute auf dem bayerischen Haupt- und Landgestüt Schwaiganger. Edle Reitpferde, Haflinger und Kaltblüter bilden die Zuchtbasis. Zu dem 1.000 Hektar großen Gestüt gehören vier Nebenbetriebe, auf denen auch Schaf- und Rinderzucht betrieben wird.
Schwaiganger wurde im 10. Jahrhundert erstmals in Urkunden erwähnt und diente ab 1610 als Sommerweide des Hofgestüts Graßling. Die Aufnahme des Gestütsbetriebs erfolgte 1769 mit 70 Warmbluthengsten.
Später wurde Schwaiganger Armeegestüt und Remontendepot, dann Kaltblutgestüt für den bayerischen Staat. Mitte der sechziger Jahre des 20. Jahrhunderts erfolgte eine erneute Ausrichtung auf die Warmblutzucht.

Schwanenhals > *Halsformen*
Ein hoch angesetzter, langer und auffällig gewölbter Hals. Schwanenhälse sind in der Dressur eher ein Nachteil, weil Pferde mit diesem Halstyp zum falschen Knick neigen. Das bedeutet, dass der höchste Punkt des Halses in der Aufrichtung nicht das Genick, sondern der dahinter gewölbte Hals ist.

Immunschwäche

Vollblutaraber sollten vor dem Deckeinsatz auf SCID getestet werden, denn die Immunschwächekrankheit kann fatale Folgen für die Nachzucht haben:

- *Durchfall*
- *Fieber*
- *Lungenentzündung*
- *Tod innerhalb der ersten 40 Lebenstage*

Schwedisches Warmblut

Einst vor allem als Kavalleriepferd im Einsatz, brilliert das Schwedische Warmblut heute in der Sportreiterei.

Die Wurzeln des durchschnittlich 1,60 bis 1,70 Meter Stockmaß großen Warmbluts reichen bis weit ins 17. Jahrhundert zurück. Araber, Friesen, spanische und dänische Rassen bildeten die Zuchtbasis, Trakehner, Hannoveraner und Englische Vollblüter trugen zum Zuchterfolg bei. Füchse und Braune dominieren die Zucht.

Schweif > *Langhaar*

Aus der Schweifrübe wachsendes Haar, das Bodenlänge erreicht, wenn man es nicht kürzt.

Der Schweif hat mehrere Funktionen: Schlägt er kräftig hin und her, lassen sich damit Fliegen vertreiben. Er ist aber auch ein fester Bestandteil der Körpersprache. Unwirsches Schweifschlagen gehört zum Drohverhalten, ein hoch aufgestellter Schweif soll imponieren. Da es viele Jahre dauert, bis ein ausgerissenes Schweifhaar nachwächst, sollte der Schweif mit großer Sorgfalt gepflegt werden. Vor dem Bürsten immer verlesen – also jede einzelne Strähne mit den Fingern entwirren.

Schweifansatz

Die Stelle, an der die Schweifrübe in die > *Kruppe* übergeht.

Schweifdach

Kürzere Schweifhaare am > *Schweifansatz*, die das Pferd aufstellen kann. Das Schweifdach lässt Regenwasser so abfließen, dass die empfindliche Analpartie nicht damit in Berührung kommt.

Schweißmesser

Pflegeutensil, mit dem man Feuchtigkeit aus dem Fell des Pferdes streichen kann.

SCID

Immunschwächekrankheit. SCID ist die Abkürzung für Severe Combined Immunodeficiency. SCID kommt gehäuft bei Vollblutarabern vor und geht mit Lungenentzündung, Durchfall und Fieber einher. Betroffen sind Fohlen. Sie sterben in den ersten 40 Tagen ihres Lebens, denn ihnen fehlen alle Abwehrkörper.

Theoretisch kann jeder Vollblutaraber Träger dieser Krankheit sein, auch wenn die betreffende Blutlinie bislang dafür noch nicht bekannt war. Da Zuchtstuten in den meisten Fällen keinem SCID-Test unterzogen werden, weiß man bei vielen nicht, ob sie die Genmutation vererben. Bei Hengsten sieht das anders aus: Die meisten werden vor dem Deckeinsatz getestet und das ist sinnvoll: Man sieht es einem Pferd von außen nicht an, ob es SCID-Träger ist oder nicht.

SCID wird autosomal rezessiv vererbt. Autosomal rezessiv bedeutet, dass eine Krankheit nur dann zum Ausbruch kommen kann, wenn sich auf beiden Chromosomen die gleiche Veränderung (Mutation) in einem bestimmten Gen findet, das heißt, jeweils eine Veränderung vom Vater und eine von der Mutter geerbt wurde. Die Eltern sind dabei nicht erkrankt.

Die Schweifrübe des Pferdes geht direkt in die Kruppe über.

SCID wurde 1973 erstmals bei Vollblutarabern diagnostiziert und daraufhin als Immunschwäche erkannt. Die Vererbung von SCID kann zu 100 Prozent durch den SCID-Test verhindert werden.

Sehnenschaden

Meistens durch dauerhafte Überlastung, Verletzungen und falsches Belasten ausgelöste Sehnenerkrankung.

Ein Sehnenschaden kann in jeder Sparte der Reiterei auftreten. Das Verletzungsrisiko ist beim Springen, in der Vielseitigkeit und beim Jagdreiten zwar größer als im Dressurviereck, aber auch hier lauern Gefahren. Längst nicht jeder Reiter vermag sein Pferd korrekt zu belasten. Wer über Jahre hinweg auf der Vorhand reitet, zieht auf Dauer auch die gesündeste Sehne in Mitleidenschaft. Manchmal sind es auch die Dressurbandagen, die – zu fest gezurrt – Druck auf die Sehne ausüben und dadurch eine Entzündung verursachen. Öfter geschieht dies allerdings durch Überdehnung.

Wo auch immer die Ursache liegt: Erkrankungen der Sehne sind sehr schmerzhaft. Meistens ist eine mittel- bis hochgradige Stützbeinlahmheit zu beobachten. Hinzu kommen Schwellungen im Bereich der Sehne, die Pferde reagieren empfindlich auf Druck im entzündeten Bereich, das Bein ist deutlich wärmer. Chronische Entzündungen sind kaum noch feststellbar, gehen jedoch nicht selten mit einer geringgradigen Stützbeinlahmheit einher. Oft sind auch knotige Verdickungen an der Sehne zu fühlen. Bei Arbeitspferden, die extremen Belastungen ausgesetzt sind, kann es zu einer Sehnenverkürzung, dem sogenannten Sehnenstelzfuß, kommen.

Eine akute Sehnenentzündung erfordert eine sofortige Behandlung. Hierzu gehören:

- Vermeidung jeglicher Belastung;
- feuchte, kühlende Verbände anlegen;
- abspritzen mit kaltem Wasser;
- entzündungshemmende Medikamente;
- Alkoholumschläge;
- durchblutungsfördernde Mittel
- scharfe, hautreizende Einreibungen.

Geringe Schäden der Sehnen heilen manchmal bei sofortiger Arbeitspause und entsprechender Behandlung in kurzer Zeit völlig aus. Chronische und schwere Erkrankungen der Sehne erfordern hingegen einen Trainingsstopp von etwa zwölf Monaten.

Kurzinfo: Sehnen

Die Muskeln der meisten Gliedmaßen haben eine Endsehne, die fest mit dem Knochen verwachsen ist, an dem die Muskeln ansetzen. Ihre Aufgabe besteht in der Kraftübertragung. Sehnengewebe ist extrem zugfest, aber nicht für hohen Druck ausgelegt. Deshalb werden Sehnen, die über Biegungen hinweg führen, durch knorpel- und knochenartige Gebilde geschützt, die man Sesambeine nennt. Außerdem schützen Schleimbeutel und Sehnenscheiden die Sehnen vor Druck.

Sehvermögen > *Auge*

Eine der wichtigsten Sinnesleistungen des Pferdes.

Die Augen des Pferdes gelten als Spiegel seiner Seele. Sie gehören zu den wichtigsten Sinnesorganen.

Seitenwand > *Huf*
Der seitlich liegende Bereich des Hufes zwischen Kronsaum, Zehenwand, Tragrand und Trachtenwand.

Selektion
Auswahl. Selektion spielt sowohl in der freien Wildbahn als auch in der Zucht eine Rolle. Während die Selektion bei wild lebenden Pferden nach dem „Survival of the fittest"-Prinzip (= der Fitteste überlebt) funktioniert, erfolgt die Zuchtauswahl gezielt nach durch Rassestandards vorgegebenen Kriterien.

Senkrücken > *Rückenformen*
Ein nach unten durchhängender Rücken. Pferde mit Senkrücken sind reiterlich nur eingeschränkt nutzbar, weil sie wenig Traglast aufnehmen können und schnell unter Rückenproblemen leiden.

Sexualverhalten
Verhaltensmuster, die durch den Fortpflanzungstrieb bestimmt werden. Hengste, manche Wallache und Stuten zeigen Sexualverhalten. Beim Hengst gehören Flehmen, Markieren mit Kot und Urin sowie Imponiergehabe dazu. Stuten drehen dem Hengst das Hinterteil zu und heben den Schweif an, wenn sie rossig (> *Rosse*) sind.

Shagya-Araber
Shagya-Araber sind mit einem Stockmaß von 1,55 bis 1,65 Meter größer als Vollblutaraber und beeindrucken mit > *Reitpferdepoints*. Sie wurden uber 200 Jahre lang auf der Basis alter orientalischer Blutlinien in den Militärgestüten der österreichisch-ungarischen Monarchie gezüchtet.
Die Rassebezeichnung Shagya existierte noch nicht, als Ende des 18. Jahrhunderts schwere Landstuten mit Vollblutaraberhengsten verpaart wurden. Shagya-Araber heißen die rittigen Pferde erst seit 1978. Shagya war der Name eines 1836 nach Babólna importierten Araberhengstes, einem hervorragenden Vererber. Der Schimmelhengst wurde vom Beduinen-Stamm Bani Saher erworben.

Shagya-Araber machen auch unter dem Dressursattel eine ausgezeichnete Figur.

Das Gestüt Babólna gehörte neben den Gestüten Kotzmann (später in > *Radautz* umbenannt) und > *Mezőhegyes* zu den wichtigsten Begründern und Bewahrern der Rasse.
Wenn es um anspruchsvollen Dressur- und Springsport geht, laufen Shagya-Araber ihren vollblütigen Verwandten den Rang ab. Man sieht Shagyas auch im Distanzsport und in der Vielseitigkeit. Selbst im Jagdfeld machen die edlen Pferde eine gute Figur. Als Freizeitpferde sind Shagya-Araber ebenfalls beliebt. Die meisten Shagya-Araber sind Schimmel. Rappen, Braune und Füchse sind selten anzutreffen.
Shagyas haben übrigens auch zur Veredelung der Warmblutzucht beigetragen: Ramzes AA, Gazal VII ShA, Bajar ShA sind in den Pedigrees berühmter Sportpferde wie dem Dressur-Crack Rembrandt zu finden.
Dennoch steht es um die Shagya-Araber nicht so gut. Lag die Zucht früher vor allem bei den Nationalgestüten, haben inzwischen überwiegend private Züchter die Verantwortung übernommen. Die Internationale Shagya-Araber Gesellschaft koordiniert die Stutbücher.

Shetland-Ponys brauchen Beschäftigung. Zirkuslektionen bringen Abwechslung und jede Menge Spaß.

S

Shetland-Pony

Shetland-Ponys stammen von den baumlosen Shetland-Inseln und sind mit einer durchschnittlichen Widerristhöhe von 99 Zentimetern die kleinsten Vertreter der sogenannten Native Ponys. Zu diesen gehören unter anderem auch die Rassen Dartmoor und New Forest.

Der winzige Körper der Shettys täuscht, denn eigentlich sind die kleinen Engländer ganz große Pferde. Zumindest, was ihr Selbstbewusstsein und ihre Kraft angeht. Das ist sicherlich auch der Grund, weshalb Bauern und Fischer die robusten Ponys seit jeher für schwere Arbeiten einsetzen. Auch in Bergbauminen mussten Shettys schuften.

Diese Entwicklung schadete der Rasse, weil selbst bestes Zuchtmaterial in die Gruben musste. Ein Adliger, Marquess of Londonderry, gründete 1873 ein Shetland-Gestüt, um die Rasse zu erhalten. Dieser Beginn der gezielten Zucht gilt als Meilenstein innerhalb der Rassegeschichte.

Shettys sehen zwar niedlich aus, eignen sich aber nicht unbedingt als Einsteigerpferd für Kinder. Viele sind sehr intelligent und erlernen schlechte Angewohnheiten ebenso schnell wie gute.

Wenn die Haltungsbedingungen stimmen und man mit Shettys umgehen kann, gibt es aber keine Probleme. Dank ihrer Intelligenz erlernen sie die tollsten Kunststücke. Deshalb gehören sie oft zum festen Bestand von Zirkusfamilien.

Shettys werden häufig über 30 Jahre alt. Auch über 40-jährige Ponys sind nicht selten.

Shire Horse

Mit einem durchschnittlichen Stockmaß von 1,70 bis 1,96 Meter sind Shire Horses die größten Pferde der Welt.

Die planmäßige Zucht der Rasse begann im 18. Jahrhundert mit Robert Bakewell, der 1760 Leiter des Gestüts Dishley in Leicestershire wurde. Er schöpfte aus dem westfriesischen Pferdebestand und züchtete mit ausgesuchten Stuten regionaler Herkunft. Auch ein schwarzer Deckhengst aus Leicestershire soll seinen Beitrag zur Reinzucht der Shire Horses geleistet haben.

Die unermessliche Kraft der Shire Horses wurde schon bald wirtschaftlich genutzt. Die gutmütigen Riesen zogen Lasten und transportierten die unterschiedlichsten Dinge. Ab dem 19. Jahrhundert wurden Shires zu Verkehrsmitteln: Sie zogen die Vorgänger der Straßenbahnen und kutschierten Passagiere quer durch die Stadt.

Offensichtlich blieb die Qualität der Rasse irgendwann auf der Strecke. Hervorragende Shire Horses wurden ins Ausland verkauft, andere veredelten die Clydesdale-Zucht. Typvolle Shire Horses wurden Mangelware.

Die 1878 gegründete Shire Horse Society erkannte das Problem und kämpfte für die Reinzucht. Doch die Industrielle Revolution versetzte der Rasse einen weiteren Schlag. Die mächtigen Shire Horses wurden nicht mehr gebraucht und drohten auszusterben.

Das verhinderten Privatzüchter und Betreiber großer Brauereien, die Shires für ihre Brauerei-Wagen einsetzten. Noch heute sind die Riesen mit dem üppigen weißen Fesselbehang vor solchen Wagen zu sehen. Allerdings weniger bei der täglichen Arbeit als zu Showzwecken. Der Shire Horse Society, die noch heute eng mit den Brauereien zusammenarbeitet, ist es ebenfalls zu verdanken, dass die größte Kaltblutrasse der Welt noch immer die Herzen der Pferdefreunde erobert.

Sinne

Sehen, Riechen, Hören, Schmecken und Fühlen. Das Sehvermögen und der Geruchssinn sind die wichtigsten Sinne des Pferdes. Mit den Augen überblickt das Pferd den seitlich und hinter ihm liegenden Bereich. In der freien Wildbahn ermöglicht das die sichere Wahrnehmung sich anschleichender Raubtiere. Hierbei ist auch das Hörvermögen hilfreich: Es liegt bei 55 Hz bis 33,5 kHz. Menschen müssen mit 20 Hz bis 20 kHz auskommen. Die Flexibilität der Ohren – sie lassen sich um 180 Grad drehen – ist eine wichtige Voraussetzung für die genaue Ortung einer Geräuschquelle.
Geruchs- und Geschmackssinn sind ebenfalls wichtige Berater des Pferdes. Sie entscheiden bei der Nahrungsaufnahme über Genießbarkeit oder Ungenießbarkeit und beeinflussen die Auswahl von Sozial- und Sexualpartnern.
Der Tastsinn kommt bei gegenseitigen Berührungen wie der Körperpflege ins Spiel. Er transportiert auch das Schmerzempfinden, das oft Fluchtverhalten auslöst.

Skelett

Das Knochengerüst des Pferdes. Es besteht aus 252 Knochen, deren Namen oft denen menschlicher Knochen ähneln.

S

Skelett

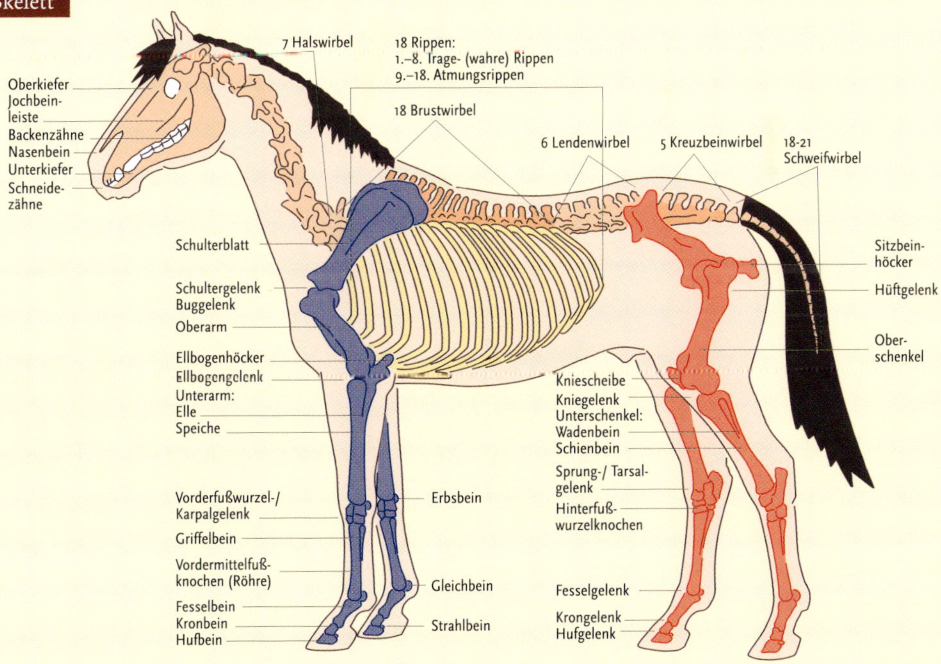

Solutré-Pferd

Während der Eiszeit in Südfrankreich lebender Pferdetyp, der nach dem burgundischen Solutré-Felsen benannt wurde, in dessen Nähe Archäologen nahezu 100.000 Wildpferdeskelette ausgruben. Die Knochen sind die Überreste eiszeitlicher Jagden, bei denen Pferde und andere Tiere in die Tiefe stürzten.

Sommerekzem

Eine allergische Reaktion der Haut.
Weltweit sind Tausende von Pferden, Ponys und Eseln vom Sommerekzem betroffen. In Südaustralien sollen rund 60 Prozent des Gesamtbestands darunter leiden. In Großbritannien sind es circa fünf Prozent. Nur auf Island sind Sommerekzeme unbekannt. Dort leben keine Kriebelmücken. Sie sind schuld am sommerlichen Dilemma.
Obwohl Sommerekzeme bei allen Rassen vorkommen, scheinen einige häufiger davon betroffen zu sein als andere, allen voran Islandpferde und Araber.
Ein Sommerekzem ist eine allergische Reaktion, mit hoher Wahrscheinlichkeit vererbbar und wie alle immunologischen Probleme schwer zu behandeln.
Insektenbisse führen zu einer Überreaktion des Immunsystems. Es versucht, in den Körper eindringenden Insektenspeichel – der nichts anderes als ein harmloses Protein enthält – abzuwehren und attackiert dabei körpereigene Zellen. Es kommt zu einer Zellschädigung, die sich durch ekzemtypische Symptome äußert.
Auslöser sind wenige Millimeter große Kriebelmücken, von denen es weltweit über 1.550 Arten gibt. Auch Gnitzen stehen beim Thema Sommerekzem im Fokus: Culicoides, die vorzugsweise den Körper des Pferdes stechen. Simulium equinum, aus der Gruppe der Kriebelmücken, hat eine ausgeprägte Vorliebe für die Ohren. Von Ende März bis Ende Oktober haben Kriebelmücken und Gnitzen Hauptsaison.
Sommerekzeme erfordern Handlungsbereitschaft, angefangen mit dem Standort:
Feuchte Wiesen sind tabu. Auf ihnen vermehren sich Kriebelmücken bestens. Das gilt auch für Weiden mit idyllischen Bachläufen oder anderen Gewässern. Auf kalkhaltigen, kargen Wiesen hausen weniger Mücken als auf fettem, kleereichem Grünland. Windige Standorte werden von Kriebelmücken gemieden. Gut drainierte Weiden sind optimal. Sollte es Bäume auf der Weide geben, ist altes Laub gründlich zu entfernen. Es bietet gute Lebensbedingungen für Mücken, ebenso wie Komposthaufen und andere Ansammlungen pflanzlicher Abfälle.
Ist kein flexibles Weide-Management möglich, kann man Ekzemer aufstallen. Zumindest dann, wenn die Mücken am aktivsten sind, in der Morgen- und Abenddämmerung. Ein großer Deckenventilator im Stallbereich verhindert, dass die geflügelte Schar einen Vorstoß ins Innere wagt. Das Aufstallen birgt jedoch auch zwei Gefahren: Zum einen können von Juckreiz geplagte Pferde Mähne und Schweif binnen weniger Stunden an der Stallwand ruinieren, zum anderen bedeutet Stallruhe Langeweile. Eine Outdoor-Lösung ist dem stundenlangen Aufstallen folglich vorzuziehen. Doch wie kann die aussehen?
Das Einsprühen oder Einreiben des Pferdes mit sogenannten Repellentien kann helfen. Diese Wirkstoffe schrecken die Insekten über den Geruchssinn ab, haben aber keine tödliche Wirkung. Damit sie wirken, müssen sie zwei- bis dreimal täglich auf das Pferdefell aufgetragen werden. Das kurze Sommerfell hält Duftstoffe nur kurze Zeit, Schweiß und Regen verkürzen diese Zeitspanne nochmals erheblich. Alternativ kann man Ohrenmarken mit Repellentien beidseitig in die Mähne des Pferdes einflechten.
Bei schweren Fällen empfiehlt sich der Einsatz von Insektiziden. Im Gegensatz zu Repellentien dienen Insektizide der Abtötung von Insekten. So kann das tägliche Einreiben ekzemgefährdeter Hautpartien mit Benzylben-

Hier zieht sich das Sommerekzem unterhalb des Mähnenkamms entlang.

zoat hilfreich sein. Wichtig: Benzylbenzoate dürfen nur auf intakter Haut eingesetzt werden, also bevor es ekzemartige Veränderungen gibt. Auch Permethrin bewährt sich oft. Es wird in der Tiermedizin hauptsächlich für die Bekämpfung von Läusen, Flöhen, Milben und Zecken eingesetzt. Beim Auftragen von Insektiziden sollte man immer Handschuhe tragen!

Weniger chemisch, manchmal aber durchaus effektiv, ist das Einreiben des Pferdes mit dünnflüssigem Öl (z. B. mit medizinischem Paraffinöl). Mücken meiden Ölfilme und bleiben fern. Dickflüssigere Öle haben zwar denselben Effekt, sind aber nicht praktikabel, weil sie das Fell verkleben und Schmutz anziehen. Kleinere Stellen können durchaus damit behandelt werden.

Ganz gleich, welches Mittel man bei der Behandlung des Sommerekzems einsetzt: Es sollte zuvor immer erst an einer circa drei Zentimeter großen Stelle am Hals oder an den Flanken getestet werden. Entsteht dort innerhalb der nächsten 24 Stunden eine Schwellung, könnte das Pferd gegen einen der Wirkstoffe allergisch sein.

Mit Nebenwirkungen ist auch beim Einsatz von Corticosteroiden zu rechnen. Sie setzen zwar die Immunreaktion herab, das aber auch nicht dauerhaft. Dasselbe gilt für Antihistaminika, die zwar allergische Reaktionen abmildern, aber das Pferd auch ermüden. Da erscheint der Einsatz einer Ekzemerdecke eine attraktive Alternative. Sie bedeckt fast den ganzen Körper des Pferdes und ermöglicht ihm normalen Weidegang.

Sommerwunden

Verdickte Hautstellen, die durch Wurmlarven entstehen. Die Larven gelangen durch Stechfliegen in Wunden und durchlaufen dort verschiedene Entwicklungsstadien. Die Behandlung der aufbrechenden Wunden ist schwierig und erfolgt durch den Tierarzt.

Sorraia-Pferd

Sorraia-Pferde sind eine seltene Rasse. Zur Zeit gibt es in Portugal drei Gestüte, die sich um den Erhalt des Sorraia-Pferdes bemühen. Das bedeutendste Gestüt Font'Alva wurde 1920 von Dr. Ruy d'Andrade gegründet. Die Sorraia-Zuchten der beiden anderen Gestüte, das Gestüt von Dr. Manuel Abecassis und das Nationalgestüt Fonte Boa, gingen aus der d'Andrade-Zucht hervor.

Sorraias wirken eher unscheinbar. Der Kopf ist trocken, das Profil konvex. Die Färbung des feinen Fells ist unspektakulär; Gelb- und Mausfalb mit Aalstrich sind besonders oft zu sehen, oft auch Zebrastreifen an den Beinen. Sorraias erreichen eine Widerristhöhe von durchschnittlich 1,40 bis 1,45 Meter. Mähne und Schweif weisen im dunklen Innenteil helle Haare auf, die nicht selten fast ganz weiß sind.

Überraschend sind die hervorragenden Grundgangarten der Sorraias. Ausgezeichnete Springanlagen und die Veranlagung zum Tölt sind häufig zu beobachten. Interessant ist, dass bei DNA-Analysen festgestellt wurde, dass keine Verwandtschaft zwischen Sorraias und Berbern, Arabern oder Vollblütern besteht. Lediglich Koniks weisen ähnliche Mutationsmuster auf.

Die berittenen Rinderhirten Portugals wussten die Robustheit und Genügsamkeit des

S

Sorraias als Arbeitspferd zu schätzen. Sorraias können lange Strecken mit optimaler Krafteinteilung zurücklegen und trotzen auch bei hohen Anforderungen den widrigsten klimatischen Einflüssen. Sie kommen zudem mit wenig Futter aus.

Sozialverhalten

Alle Verhaltensweisen, die der Verständigung mit Sozialpartnern dienen. Pferde sind Herdentiere und zeigen deshalb ein stark ausgeprägtes Sozialverhalten. Ohne diese Eigenschaft wäre es nicht möglich, eine funktionierende Herdenstruktur aufrechtzuerhalten. Zum Sozialverhalten gehören viele Komponenten, wie die Annäherung an einen Sozialpartner, das Imponiergehabe, Droh- und Aggressionsverhalten.

S

Spat

Knochenauftreibung an der Innenseite des Sprunggelenks. Diese Verknöcherung ist schmerzhaft und geht meistens mit Lahmheiten einher. Spat kommt gehäuft bei Pferde-Senioren, stark beanspruchten Dressur- und Trabrennpferden vor. Im fortgeschrittenen Stadium ist die Knochenwucherung vor der Kastanie des Hinterbeins deutlich zu sehen. Die schwächere Ausprägung lässt sich mithilfe einer Beugeprobe feststellen. Das Hinterbein wird eine Minute lang stark angewinkelt, dann muss das Pferd antraben. Leidet es an Spat, ist bei den ersten Schritten eine deutliche Lahmheit zu sehen.

Speed

Tempo, Geschwindigkeit.

Spielverhalten

Eine besonders bei Fohlen zu beobachtende Verhaltensweise, die als Vorstufe des Ernstverhaltens gilt. Zum Spielverhalten gehören Lauf- und Körperkontaktspiele, die am liebsten mit gleichaltrigen Fohlen ausprobiert werden. Aber auch erwachsene Pferde bewahren sich eine gewisse Verspieltheit – insbesondere Wallache. Stuten und ältere Pferde geben sich meistens wenig verspielt.

Stallapotheke

Pferde verletzen sich oder erkranken plötzlich. Bis der Tierarzt eintrifft, kann oft schon eine Erstversorgung erfolgen. Allerdings nur dann, wenn die Stallapotheke ordentlich bestückt ist.

Zärtliche Berührungen gehören zum Sozialverhalten zwischen Stute und Fohlen. Was das Fohlen in dieser Zeit lernt, nimmt Einfluss auf sein Verhalten in der Herde.

Das gehört in die Stallapotheke

- *Verbandsmaterial (Wundbehandlung)*
- *Schere*
- *Klebeband*
- *Fieberthermometer*
- *farbloses Desinfektionsspray (Grobdesinfektion)*
- *Jodtinktur (Desinfektion)*
- *Rivanol (entzündungshemmend und abschwellend)*
- *flüssiger Wundverschluss (z. B. Aluminiumspray)*
- *Zinksalbe (nässende Ekzeme)*
- *essigsaure Tonerde (als Lösung zum kalten Anguss)*
- *Gummihandschuhe*
- *Sportsalbe gegen Prellungen und Blutergüsse*
- *Gelpads zum Kühlen*
- *Zeckenzange/Pinzette*

Stallmut

Übermütiges Verhalten aufgrund von Bewegungsmangel. Stallmut tritt überwiegend bei Pferden auf, die die meiste Zeit des Tages ohne ausreichende Bewegung in einer > *Box* verbringen.

Stammbaum > *Pedigree*

Abstammungsnachweis des Pferdes.

Stellungsfehler

Nicht korrekt positionierte Gliedmaßen.
Zu den häufigsten Stellungsfehlern der Vorderbeine gehören die zehen- oder auch bodenweite Stellung bzw. die zehen- oder bodenenge Stellung.
An den Hinterbeinen sieht man Fassbeinigkeit (die Hinterbeine sind o-förmig, die Sprunggelenke ungewöhnlich weit voneinander entfernt), Kuhhessigkeit (die Hinterbeine verlaufen x-förmig, die Sprunggelenke liegen ungewöhnlich dicht beieinander) bzw. weite und enge Stellungen.

Stellung der Vordergliedmaßen von der Seite

von links nach rechts: regelmäßig, vorständig, unterständig, rückbiegig, vorbiegig

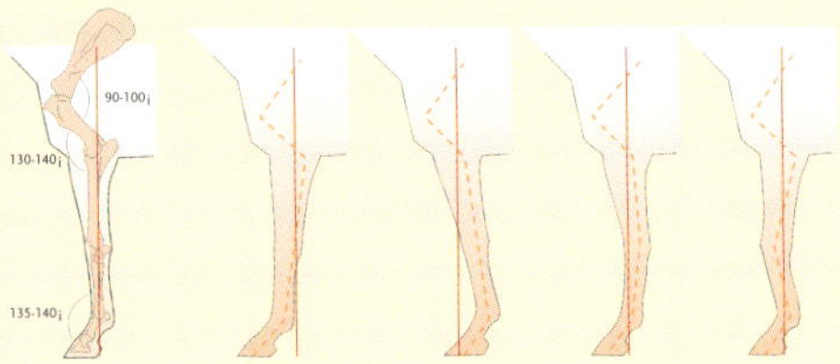

Stellung der Vordergliedmaßen von vorne

Regelmäßig, bodeneng, bodenweit, zeheneng, zehenweit

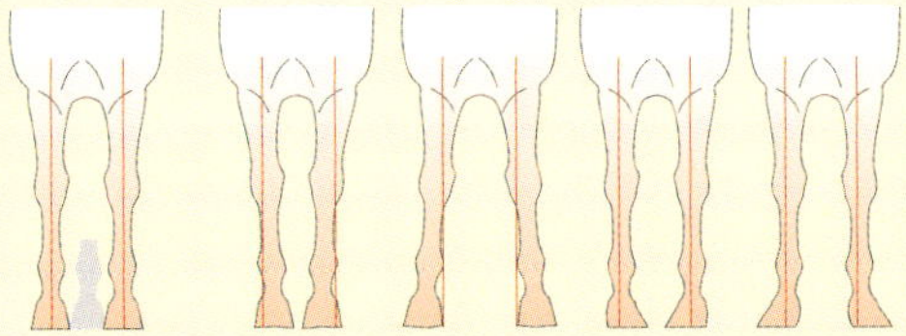

Stellung der Hintergliedmaßen von der Seite

Regelmäßig, rückständig, unterständig

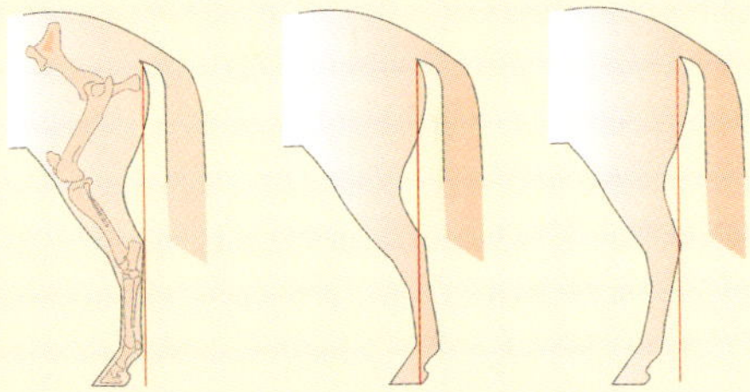

Stellung der Hintergliedmaßen von hinten

regelmäßig, eng, fassbeinig, kuhhessig, weit

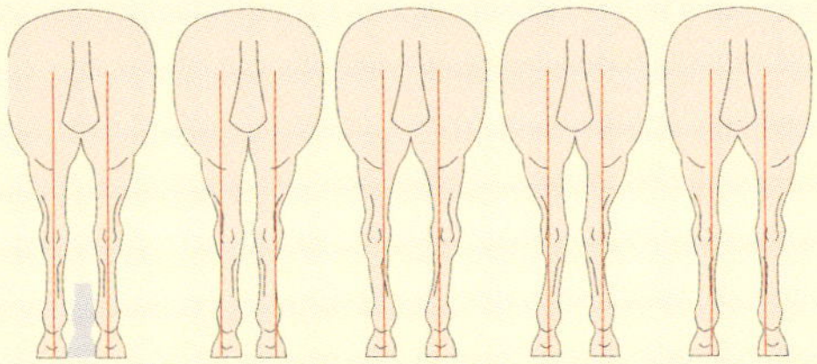

Steppenpferde
Pferde, die in baumlosen Graslandschaften mit gemäßigtem Klima leben.

Stern > *Abzeichen*
Abzeichen auf der Stirn des Pferdes.

Stockmaß
Maßeinheit, die sich auf die Höhe des Pferdes bezieht.
Um das Stockmaß zu ermitteln, verwendet man einen Stab mit einem waagerecht abgewinkelten zweiten Stab am oberen Ende. Er wird parallel zum Vorderbein aufgestellt und misst die Höhe zwischen Boden und höchster Stelle des > *Widerrists*.
Das so ermittelte Stockmaß eines Pferdes ergibt daher einen niedrigeren Wert als das sich an die Körperformen anpassende > *Bandmaß*.

Eine Hannoveraner-Stute mit Stern auf der Stirn.

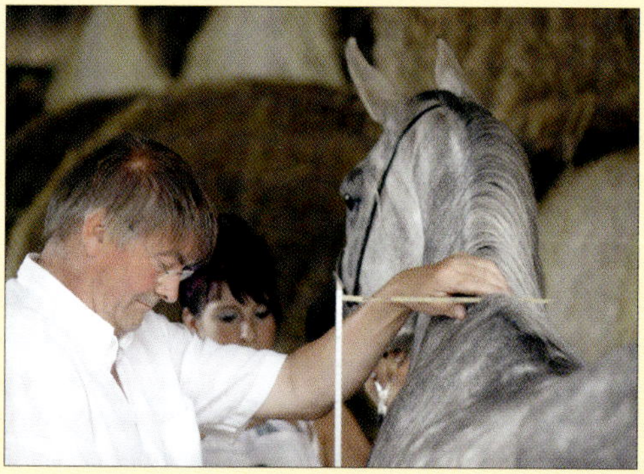

Ein Stab mit waagerecht abgewinkeltem Seitenarm hilft bei der Ermittlung des Stockmaßes.

Stollbeule
Mit Flüssigkeit gefüllte Ausbuchtung am Ellenbogenhöcker.
Stollbeulen sind häufig die Folge von Quetschungen, die sich beschlagene Pferde beim Liegen zuziehen, wenn sie die Vorderbeine unter dem Körper anwinkeln. Bei Eisen mit überstehenden Schenkelenden oder > *Stollen* ist die Verletzungsgefahr besonders groß.

Stollen
Metallelemente, die an den Schenkelenden des Hufeisens verschraubt werden, um die Hufeisen griffiger zu machen. Stollen sollten nach dem Einsatz auf rutschigem Boden wieder entfernt werden, weil sich das Pferd daran verletzen kann.

Strahl
Ein nach vorne hin spitz zulaufendes, elastisches Hornpolster, das mittig unter dem Huf verläuft.
Der Strahl ist ein wichtiger Bestandteil des Hufmechanismus, weil er beim Aufsetzen des Hufes wie ein Polster arbeitet, das die Belastung ins Innere des Hufes überträgt. Die vordere Spitze des Strahls nennt man Strahlspitze, rechts und links verlaufen die Strahlschenkel, und die Einbuchtung in der Mitte des Strahls wird als mittlere Strahlfurche bezeichnet. Die seitlichen Strahlfurchen ziehen sich rechts und links an den Außenseiten des Strahls entlang.

Strahlfäule
Durch mangelnde Pflege und das Stehen auf feuchtem Boden verursachte Schädigung des > *Strahls*.
Strahlfäule „zerfrisst" den Strahl, der dadurch mit der Zeit den Bodenkontakt verliert. Dieser ist aber wichtig, weil die Abfederung des Pferdegewichts über den Strahl eine Voraussetzung für verschleißfreies Reiten ist. Von Strahlfäule betroffene Bereiche entfernt der Schmied mit einem Hufmesser. Das punktuelle Auftragen ätzender Substanzen, die Schmied oder Tierarzt empfehlen, hilft bei der Bekämpfung tief gehender Fäulnisstellen. Die besten Vorbeugemaßnahmen gegen Strahlfäule sind regelmäßige > *Hufpflege*, saubere Boxen und Ausläufe.

Strich
Schmales, senkrecht verlaufendes Abzeichen an Stirn und Nasenrücken des Pferdes.

Striegel
Putzutensil, das der Pflege des Körperfells dient. Es gibt verschiedene Striegelarten: runde Gummistriegel, die in kreisenden Bewegungen über das Fell geführt werden und Nadel- oder Plastikstriegel, die stets in Wuchsrichtung des Fells arbeiten.

Stutbuch
Stammbuch einer Pferderasse, in der alle Zuchtstuten eingetragen werden, die dem gewünschten Zuchtziel entsprechen. Man unterscheidet das Hauptstammbuch mit den wertvollsten Stuten, das Stammbuch mit einem mittleren Qualitätsanspruch und das Vorbuch, in dem Stuten eingetragen werden, die kein lückenloses > *Pedigree* aufweisen, von denen man sich aber eine dem Standard entsprechende Nachzucht erwartet.

Den Gummistriegel führt man mit kreisenden Bewegungen über das Fell. Er löst grobe Verschmutzungen und lose Haare.

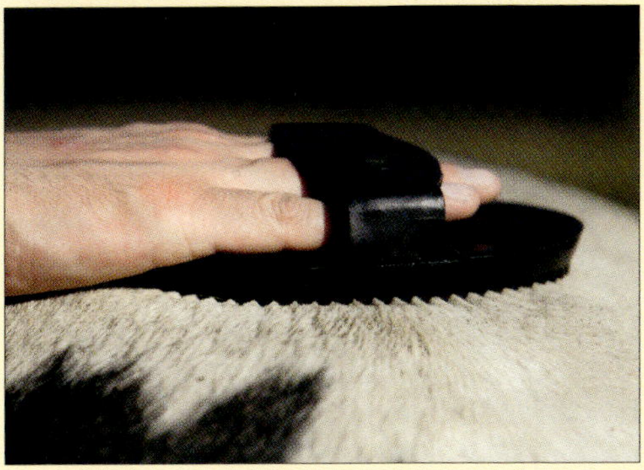

Stuten erfüllen ihre biologische Aufgabe, indem sie Fohlen bekommen.

Stute
Weibliches Pferd.

Tarpan

Waldtarpane gelten als ursprüngliche Wildpferde Europas. Sie bewohnten die Urwälder, nachdem sie sich vermutlich in der Nacheiszeit vom Steppentarpan abgespalten hatten. Ihr Verbreitungsgebiet erstreckte sich von Frankreich bis nach Polen. Doch Landwirtschaft und Industrialisierung verdrängten die Wildpferde immer mehr. Einige wurden eingefangen und Anfang des 19. Jahrhunderts in Tierparks ausgestellt. 1808 verteilte man sie an die lokale Bauernschaft.
Im Süden Russlands lebten die recht großen Steppentarpane. Eine graue Fellfarbe und ein schwarzer Aalstrich galten ebenso als typische Merkmale wie die schwarz gestreiften Fesseln und eine üppige Mähne.
1876 soll der letzte frei lebende Steppentarpan von Jägern zu Tode gehetzt worden sein. Der allerletzte bekannte Steppentarpan starb kurz darauf im Moskauer Zoo.
Allerdings soll es in den sechziger Jahren des letzten Jahrhunderts noch neun Tarpane in freier Wildbahn gegeben haben. Sie lebten in der nogaischen Steppe, nördlich der Halbinsel Krim. Sämtliche Versuche, sie lebendig einzufangen, um sie zu schützen, scheiterten allerdings.
1930 unternahm Heinz Heck im Tierpark Hellabrunn erste Rückkreuzungsversuche. Er kreuzte einen Przewalski-Hengst mit grauen Islandstuten und gotländischen Ponystuten. In Polen entdeckte Professor Vetulani von der polnischen Akademie der Wissenschaften 1920 ursprüngliche Landpferde: Koniks, die höchstwahrscheinlich mit den Waldtarpanen verwandt waren. Sie leisteten einen wertvollen Beitrag zur Rückzüchtung des Tarpans.

Tasthaare

Lange, stabile Haare, die rund um Maul und Nüstern wachsen. Auch oberhalb der Augen gibt es einige. Da sich Pferde mithilfe der Tasthaare beim Erkunden von Lebewesen und Gegenständen orientieren, dürfen diese Haare nicht entfernt werden. In Deutschland, Österreich und der Schweiz verstößt das Abrasieren der Tasthaare gegen das Tierschutzgesetz. In den USA ist es erlaubt und gängige Praxis.

Die feinen Tasthaare helfen bei der Orientierung.

Temperament

Gemüt des Pferdes. Die Ausprägung des Temperaments reicht von ruhig und gelassen über mittelmäßig erregbar bis hin zu Nervosität und feurigem Gebaren. Das Temperament ist zu einem Teil angeboren, zum anderen beeinflussen es äußere Faktoren wie Kastration, Haltung und Auslastung.

Temperamentvolle Pferde lassen ihrer unbändigen Kraft gerne freien Lauf.

Tennessee Walking Horse
Eine US-amerikanische Gangpferderasse, die im 19. Jahrhundert aus Narranganset Pacer, American Standardbred, Morgan Horses, Vollblütern und American Saddlebreds gezüchtet wurde.
Tennessee Walking Horses sind bekannt für ihren markanten Schritt, den Walk, der bis zu 16 Stundenkilometer schnell werden kann.

Termino > *Paso Peruano*

Tetanus
Wundstarrkrampf. Tetanus wird durch Bakterien übertragen, die im Boden, aber auch im Darm des Pferdes zu finden sind. Gelangen sie in offene Wunden, können die ausgeschiedenen Giftstoffe nicht selten zum Tod des Pferdes führen. Typische Symptome sind Nickhautvorfall, Speichelfluss, steife Bewegungen und Krämpfe. Da Pferde und Menschen sehr gefährdet sind, sollte eine regelmäßige Tetanusimpfung für beide selbstverständlich sein.

Tigerschecke > *Schecke*

Timor-Pony
In vergangenen Jahrhunderten wurden vermutlich von Indien aus Pferde nach Timor eingeführt. Timor-Ponys, die ein Stockmaß von 1,22 Meter erreichen, erweckten sogar das Interesse der Australier. 1803 importierten sie den ersten Timor-Hengst, er bildete – neben anderen Rassen wie Welsh Cobs und Hackneys – die Grundlage für die Entstehung des Australian Ponys.
Eine dicke Mähne, ein prächtiger Schweif, feines Fell und ein kurzer Hals gelten als Rassemerkmale. Der Kopf wirkt eher gewöhnlich, wobei es durchaus auch Tiere mit sehr schön geformten Köpfen gibt.

Tinker-Pony
Tinker war ursprünglich gar keine Bezeichnung für ein Pony, sondern der Name für in Schottland und Irland lebendes, fahrendes Volk. In England und Wales nannte man diese Menschen Potter. Tinker bedeutet ins Deutsche übersetzt „Kesselflicker“ und Potter etwa so viel wie „Töpfer“.

Tinker-Ponys gelten als unkomplizierte Freizeitpferde.

Da sowohl bei den einen als auch bei den anderen besonders oft gescheckte, schwere Pferde vor den Planwagen zu sehen waren, nannte man diese Tinker-Ponys. Heute ist dies die offizielle Rassebezeichnung.
Vermutlich haben Dales- und Fell-Ponys sowie Shire Horses und Clydesdales an der Entstehung des Tinker-Ponys mitgewirkt. Das kräftige, genügsame Pony kann schwer arbeiten und hat ein ruhiges und ausgeglichenes Wesen.
Auf zahlreichen Vollblut-Gestüten werden Tinker-Stuten als Ammen eingesetzt. Manchmal gesellt man sie auch zu nervösen Rennpferden, auf die sie eine beruhigende Wirkung haben. Viele gescheckte Sportpferde haben neben Englischen Vollblütern auch Tinker in der Abstammung.

Tobiano > *Schecke*

Tollwut
Viruserkrankung, die auf den Menschen übertragbar ist und tödlich verläuft. Meistens erfolgt die Tollwutinfektion über Füchse, weshalb robust gehaltene Pferde in Risikogebieten regelmäßig gegen Tollwut geimpft werden sollten. Die Ansteckung erfolgt durch Biss und Speichelkontakt. Ruhelosigkeit, Speichelfluss, aggressives Verhalten, Lähmungen und viele weitere Symptome gehören zum typischen Krankheitsverlauf. Tollwut ist eine anzeigepflichtige Seuche. Jeder Behandlungsversuch ist strafbar.

Tölt
Spezielle Gangart, die nur bei einigen Pferderassen wie > *Islandpferden*, > *Töltenden Trabern* oder > *Paso Peruanos* veranlagt ist.
Tölt ist eine gelaufene Gangart und von der Fußabfolge her mit dem Schritt vergleichbar. Allerdings kann ein Pferd im Tölt eine viel höhere Geschwindigkeit erreichen als

Tölt

im Schritt und bleibt dabei trotzdem absolut bequem zu sitzen. Das liegt daran, dass es im Tölt nie die Bodenhaftung verliert, wie es im Trab der Fall ist. Tölt kann in unterschiedlichen Tempi geritten werden.

Töltender Traber

Üblicherweise werden Traber für den Rennsport gezüchtet. Das ist auch bei Töltenden Trabern so. Allerdings handelt es sich hierbei um Pferde, die sich aus verschiedenen Gründen nicht für ein Leben auf der Rennbahn eignen. Sie zeigen vielleicht im Trab eine laterale Verschiebung in Richtung Pass und Tölt oder neigen zum Galoppieren. Manchmal fehlt ihnen auch einfach der Ehrgeiz, als Erster durchs Ziel zu traben.
Töltende Traber haben dank ihrer American Standardbred-Abstammung Gangpferde-Qualitäten, die sie bei Freizeitreitern beliebt machen. Um als Reitpferd zu brillieren, bedürfen die bis 1,70 Meter Stockmaß großen Traber einer speziellen Ausbildung. Sie gelten als nervenstark und problemlos im Umgang. Da in der Traber-Zucht nur Leistung zählt, kommt es zu einem recht abwechslungsreichen Erscheinungsbild der Pferde.

Trab

Grundgangart des Pferdes. Trab ist eine Zweitaktgangart, bei der immer das diagonale Beinpaar gleichzeitig auffußt – gefolgt von einer Schwebephase, bei der kein Bein den Boden berührt. Eine imposante Trabaktion beeindruckt immer, wobei das kraftvolle Untersetzen der Hinterbeine aus Reitersicht oft wichtiger ist als eine hohe Knieaktion.

Trachtenwand > *Huf*

Teil des Hufes. Die Trachtenwand liegt an der Rückseite des Hufes, zwischen Kronsaum und Tragrand.

Trächtigkeit

Zeitraum zwischen der Befruchtung der Eizelle und der Geburt des Fohlens.
Stuten tragen durchschnittlich elf Monate lang.

Tragrand > *Huf*

Teil des Hufes. Der Tragrand verläuft am Außenrand der Lauffläche des Hufes und nimmt, wie auch der > *Strahl*, bei jedem Schritt Traglast auf.

Trakehnen

Von 1731 bis 1944 war das ostpreußische Hauptgestüt in der Nähe der Stadt Trakehnen aktiv. Es galt als bedeutendstes Gestüt des Deutschen Reichs und war Zentrum der Trakehnerzucht. Ihm angeschlossen waren die vier Landgestüte Georgenburg, Rastenburg, Braunsberg und Marienwerder. Bis zum Zweiten Weltkrieg kamen viele erfolgreiche Spitzensportpferde aus Trakehnen.
Doch zurück zu den Anfängen: König Friedrich Wilhelm I. beschloss 1732 die Vereini-

Trab

T

gung aller preußischen Pferdebestände, was die Gründung des Königlichen Stutamtes Trakehnen nach sich zog. Sein Ziel war es, leistungsstarke Kavalleriepferde zu züchten. Da das Gestüt die königlichen Erwartungen nicht erfüllte, übertrug es der König auf seinen Sohn, den zukünftigen König Friedrich den Großen. Doch auch er brachte die Zucht nicht zur Blüte. Nach seinem Tod übernahm der Staat das Gestüt, das fortan Königlich-Preußisches Hauptgestüt Trakehnen hieß.
Alles entwickelte sich gut, das Gestüt brachte herausragende Pferde hervor. Zu den berühmtesten Beschälern gehören Tempelhüter und Pythagoras.
Mit dem Zweiten Weltkrieg kam das tragische Ende der Gestütsära: Es musste 1944 wegen des Einfalls der Roten Armee evakuiert werden. Nur ein Bruchteil der 25.000 Mutterstuten und 1.200 gekörten Hengste überlebte die verlustreiche Flucht in den Westen – schätzungsweise 1.500 Tiere. Aus dem Hauptgestüt konnten nur 25 Stuten gerettet werden. Mit ihnen wurde die Zucht neu aufgebaut.

Trakehner

Trakehner sind elegant, leicht und stehen nicht selten im Anglo-Araber-Typ. Sie machten unter anderem als Kavalleriepferde Karriere. Zähigkeit, Härte, Ausdauer und ein enormes Bewegungsvermögen zeichnen diese lebhafte Rasse aus. Ihr sensibles Wesen erfordert einen erfahrenen Reiter. Bei einfühlsamer und kompetenter Behandlung sind Trakehner bereit, Spitzenleistungen zu bringen. In der Vielseitigkeit und Dressur sind sie besonders stark, aber auch als Jagd- und Distanzpferd beliebt.
Der Ursprung der Rasse ist beim Deutschen Ritterorden zu suchen, der einst in Ostpreußen ansässig war. Das königliche Stutamt gibt es seit 1732. Das preußische Militär wurde bis 1913 vom Hauptgestüt Trakehnen mit Pferden versorgt. Der 1905 geborene Hauptbeschäler Tempelhüter (v. Perfektionist xx – Jenissei) ist einer der berühmtesten Trakehner.
Als Ostpreußen im Zweiten Weltkrieg zusammenbrach, waren 25.000 Zuchtstuten und 1.200 gekörte Hengste eingetragen. Nur rund 1.500 Pferde überlebten die dramatische Flucht durch das vereiste Haveler Watt. Sie sorgten für den Fortbestand der Rasse.

Trocken

Markante Sehnen und Muskeln, deutliche Knochenkonturen, wenig Fettgewebe und straffe Haut. Trocken ist das Gegenteil von schwammig. Schwammige Pferde haben viel Fettgewebe zwischen Haut und Knochen.

TTouch/TTEAM

TTouch bezeichnet streichende und kreisende Bewegungen unterschiedlicher Druckstärke, die mit den Händen am Pferdekörper ausgeführt werden und sich positiv auf das Körpergefühl des Pferdes auswirken. TTouch wurde von der kanadischen Pferdeexpertin Linda Tellington-Jones entwickelt, ebenso wie auch die TTEAM-Arbeit. TTEAM besteht vor allem aus Bodenarbeit. Verschiedene Übungen helfen, das Pferd gezielt zu gymnastizieren und seine Wahrnehmung für den eigenen Körper zu verbessern.

Trakehner sind nobel und elegant. Ihr sensibles Wesen setzt einen erfahrenen Reiter voraus.

Über viel Boden stehend

Mit diesem Ausdruck bezeichnet man ein Pferd mit großem > *Rahmen*. Insbesondere die Länge der > *Mittelhand* sorgt dafür, dass zwischen der Vor- und der Hinterhand viel Raum ist.

Überbaut

Ein Pferd, dessen > *Kruppe* höher liegt als der > *Widerrist*. Bei manchen Rassen ist das ein typisches Merkmal, so z. B. beim > *Quarter Horse*. Während des Wachstums durchlaufen die meisten Pferde immer wieder Phasen, in denen sie überbaut sind. Das ist jedoch eine vorübergehende Erscheinung. Überbaute Pferde sind bei Anhängern der klassischen Reitweise nicht so beliebt, weil es aufgrund der längeren Hinterbeine zu einer Mehrbelastung der Vorhand kommt.

Überbein

Knochenauftreibung, die meistens am Mittelfußknochen der Vorhand auftritt.

Überbeine entstehen in der Regel, wenn sich das Pferd selbst mit einem Huf an die Innenseite des gegenüberliegenden Beines tritt. Hierdurch kommt es zu einer Reizung der Knochenhaut.

U

Unarten

Unarten sind meistens das Ergebnis eines nicht pferdegerechten Umgangs mit dem Freizeitpartner Pferd. Vorbeugend helfen

- *eine artgerechte Haltung;*
- *Sozialkontakte;*
- *ausreichend Bewegung;*
- *altersgemäße Ausbildung;*
- *ausgewogene Ernährung;*
- *optimal angepasstes Sattel- und Zaumzeug;*
- *ein konsequenter, aber respektvoller Umgang mit dem Pferd:*
- *Profihilfe, wenn der Pferdehalter an seine Grenzen stößt.*

Pferde, die sich Menschen gegenüber aggressiv gebärden, gehören ausschließlich in erfahrene Ausbilderhände.

Je nach Lage und Ausprägung sind Überbeine reine Schönheitsfehler, die das Pferd nicht stören, oder sie führen zu Lahmheit.
Liegt ein Überbein tief unten am Röhrbein, kann es die Folge einer zu frühen Belastung des Jungpferdes sein. Ist die Knochenreizung schmerzhaft, kann man sie mit entzündungshemmenden Salben oder kühlendem Wasser behandeln. Im fortgeschrittenen Stadium helfen besser Wärmereizsalben.

Unarten

Unerwünschte Verhaltensweisen des Pferdes. Zu den schlimmsten Unarten gehören Steigen, Beißen, Schlagen, Bocken und Durchgehen. Meistens liegt die Ursache des schwierigen Verhaltens in Umgangs- oder Haltungsfehlern. Die wenigsten Pferde bringen die Veranlagung zu Unarten von Geburt an mit.

Unterhals
Stark entwickelte untere Halsmuskulatur. Meistens ist ein Unterhals die Folge einer falschen Gymnastizierung des Pferdes. Er entsteht, wenn das Pferd beim Reiten den Kopf hochnimmt und den Rücken wegdrückt. Das geschieht unter anderem bei einer zu harten Einwirkung der Reiterhand.
Auch anatomische Mängel wie ein Hirschhals können einen Unterhals begünstigen.

Unterlippe
Die Unterlippe des Pferdes sagt viel über die psychische Befindlichkeit des Pferdes aus. Hängt sie locker und entspannt herunter, döst das Pferd. Ein zusammengekniffenes Maul ist hingegen meistens ein Anzeichen für Stress und Verspannung. Einige Pferdeexperten sehen sogar einen Zusammenhang zwischen der Persönlichkeit eines Pferdes und seiner Unterlippe.

Die hängende Unterlippe ist ein Anzeichen für höchste Entspannung.

U

Urkaltblüter
Vorfahr moderner Kaltblutrassen. Da Urkaltblüter vor allem in nordeuropäischen und nordasiatischen Sumpfgebieten sowie am Nordrand der Alpen lebten, nennt man sie auch Tundrenpferde. Urkaltblüter sollen mit einem Stockmaß von bis zu 1,80 Meter sehr groß gewesen sein. Eine große Körperoberfläche, in Kombination mit einem hohen Gewicht, gibt wenig Wärme ab und schützt somit bei kalter Witterung. Derbes, wetterfestes Fell, Barthaare, Kötenbehänge, breite Hufe und abgeschlagene Kruppen sollen die Urkaltblüter ausgezeichnet haben. Ebenso recht lange Zähne, die hartes und gefrorenes Futter zerkleinern mussten, und Ramsnasen, die genügend Raum bieten, um eingeatmete Luft vorzuwärmen, bevor sie in die Lunge gelangt.

Urpony
Vorfahr moderner Ponyrassen. Die Urponys lebten in West- und Mitteleuropa, Klein-, Zentral- und Ostasien und in Nordamerika. Ihr Körperbau soll kompakt und gut bemuskelt gewesen sein. Weitere Merkmale waren: ein ausgeprägter unterer Kopfbereich, kurze Röhrbeine, kräftige Gelenke, runde Kruppen, dichte Mähnen, behaarte Ohren, wenig Widerrist und harte Hufe.
Exmoor- Ponys sollen dem Urpony ähneln.

Urvollblüter
Vorfahr moderner Vollblutrassen. Fruchtbare und bergige Regionen Eurasiens sollen die Heimat des Urvollblüters gewesen sein. Das lebensfreundliche Umfeld erforderte keine Anpassung an härtere Lebensbedingungen, daher der elegante Körperbau. Die relativ kurzen Zähne und zierlichen Kiefer sprechen für eine Ernährung mit weichen Gras- und Laubsorten – beides Kriterien, die einen schlanken > *Hechtkopf* ermöglichen. Weitere Merkmale des Urvollblüters waren große Augen, ein hoher Schweifansatz, eine gerade Kruppe und feste Hufe.

Vergiftung

Überempfindlichkeit, Unruhe, Verdauungsprobleme, Speichelfluss, Gleichgewichtsstörungen, geweitete Pupillen, Lichtempfindlichkeit und viele weitere Symptome bis hin zum Tod können auftreten, wenn Pferde unverträgliche Substanzen aufnehmen. Am häufigsten kommen Vergiftungen durch > *Giftpflanzen* vor, aber auch Chemikalien und Schimmelpilze können Pferden gefährlich werden.

Um Vergiftungen vorzubeugen, sollten Weiden regelmäßig nach Giftpflanzen und womöglich heimlich entsorgten Gartenabfällen abgesucht werden. Beim Ausritt ist darauf zu achten, dass das Pferd nicht nach am Wegesrand wachsenden Pflanzen schnappt.

Besteht Vergiftungsverdacht, umgehend den Tierarzt informieren.

Verhalten

Alle Reaktionen auf die Umwelt, andere Pferde oder sonstige Lebewesen. Das Verhalten wird durch genetische Anlagen, körperliche Bedürfnisse wie Hunger und Durst, Umweltreize und Lernprozesse bestimmt. Die Verhaltensforschung (Ethologie) beschäftigt sich wissenschaftlich mit diesem Bereich.

Eine artgerechte Haltung mit vielen Sozialkontakten beugt Verhaltensstörungen vor. Hunde ersetzen zwar keinen Artgenossen, freunden sich aber mit Pferden an.

Verhaltensstörungen

Schlechte Haltungsbedingungen, brutale Ausbildungsmethoden und Krankheiten können zu Verhaltensstörungen führen. So fangen ausschließlich in Boxen gehaltene Pferde manchmal an zu weben. Sie schwingen mit Kopf und Hals von links nach rechts und richten dabei ihre Vorderbeine zugrunde. Andere beginnen zu koppen. Sie schlucken Luft, entweder frei oder indem sie ihr Maul irgendwo aufsetzen. Koppen erhöht unter anderem die Kolikanfälligkeit. Auch Beißen und Treten von Menschen gehört zu den Verhaltensstörungen und wird fast immer durch schlechte Behandlung verursacht.

Vernageln

Falsches Einschlagen des Hufnagels mit Verletzung der Huflederhaut. Das Pferd reagiert auf Vernageln mit sofortigem Zurückziehen des Hufes und anschließender Lahmheit. Der Einschlagskanal sollte sofort desinfiziert und vom Tierarzt weiterbehandelt werden, damit keine Entzündung auftritt.

Verziehen

Manuelles Ausdünnen des Mähnenhaares. Dichte und lange Mähnen sehen bei vielen Pferden zwar gut aus, aber manchmal behindern sie auch. Um starkes Schwitzen unter der Haarpracht zu verhindern, kann man die Mähne verziehen. Hierzu stellt sich der Pfleger auf einen stabilen Hocker, um leichter an die Mähne zu kommen. Er sprüht die Mähne zuerst mit einem Pflegespray ein, damit nicht zu viele Haare auf einmal herausgerissen werden. Dann kann es mithilfe eines Mähnenkamms losgehen. Man teilt eine Strähne ab, hält sie mit einer Hand am unteren Ende fest und toupiert sie mithilfe des Mähnenkamms hoch. Dann wickelt man die verbliebenen Haare zwei- bis dreimal um

Ein Mähnenkamm hilft beim ordentlichen Verziehen des Mähnenhaars.

den Mähnenkamm und reißt die Strähne mit einem kräftigen Ruck aus. Eine Alternative ist es, die verbliebenen Haare direkt am Mähnenkamm abzuschneiden.
Eine verzogene Mähne gehört zum typischen Erscheinungsbild eines Warmbluts. Bei Spezialrassen wie Andalusiern oder Ponys wirkt es eher atypisch. Zu bestimmten Rassen gehört eben eine lange, gepflegte Mähne – so wie der üppige Wuschel-Look zu kecken Ponyköpfen.
Verziehmesser oder professionelle Ausdünnscheren leisten bei der Mähnenpflege auch gute Dienste.

Vollblut

Elegante, temperamentvolle Pferde, die als sensibel gelten. Vollblutaraber sind der Ursprung aller Vollblüter, zu denen auch das Englische Vollblut und Anglo-Araber gehören. Vollblüter sind zierlich gebaut, > *trocken* und haben eher dünnes Fell. Auch markante Köpfe und kleine Hufe sind typisch.

Vollblutaraber

Vollblutaraber gelten als eine der ältesten Pferderassen der Welt. Sie stammen von der arabischen Halbinsel, wo die Tradition der Vollblutaraber-Zucht nach wie vor einen hohen Stellenwert hat. In arabischen Ländern sind es vor allem Herrscherhäuser, die sich Gestüte leisten können, was im 19. Jahrhundert auch in Europa der Fall war.
Insbesondere im Distanz- und Rennsport liegen die Begabungen des Vollblutarabers. Hier kann er seine Ausdauer, Härte und Geschwindigkeit beeindruckend unter Beweis stellen.
Aber auch als vielseitige Freizeitpferde mit ansprechender Optik sind Vollblutaraber beliebt. Das Gerücht, sie seien übernervös, ja hysterisch, bestätigt sich nicht, wenn Vollblutaraber artgerecht gehalten und mit Know-how ausgebildet werden. Im Gegenteil: Sie erweisen sich dann sogar als ausgesprochen menschenbezogen, problemlos im Umgang und zuverlässig.
Ein kleines, feines Köpfchen mit der charakteristischen Einbuchtung der Nasenlinie (auch Dish genannt) gilt als typisch für Vollblutaraber. Dabei ist diese Einkerbung längst nicht bei allen Arabern vorhanden. Besonders ausgeprägt ist der Dish vor allem bei Schaulinien, dort erreicht er mitunter Extreme, die der Gesundheit des Pferdes nicht zugute kommen. Bei Pferden, die für den Distanz- oder Rennsport gezüchtet werden, zählen andere Qualitäten, z. B. ein korrekter Körperbau, stabile Beine und ein belastbarer Rücken. Das Stockmaß liegt bei 1,48 bis 1,56 Meter.
Abgesehen vom konkaven Kopf gilt auch der hohe Schweifansatz als arabertypisch.

Vorhand

Der gesamte Bereich des Pferdes, der sich vor der Reiterhand befindet: Kopf, Hals, Widerrist, Vordergliedmaßen und Schulter.

Walk
Eine Viertaktgangart mit Dreibeinstütze wie sie beispielsweise > *Tennessee Walking Horses* zeigen.

Wallach
Ein männliches Pferd, das durch operative Entfernung der Hoden unfruchtbar gemacht wurde.

Wälzen
Komfortverhalten mit Pflegefaktor. Am liebsten wälzen sich Pferde im Sand oder auf leicht feuchtem, erdigem Untergrund. Das Ritual verläuft immer ähnlich: Das Pferd schlendert mit gesenktem Kopf hin und her. Es beschnuppert den Boden. Wenn die richtige Stelle gefunden ist, knickt es zuerst mit den Vorderbeinen ein und lässt sich auf die Seite fallen. Dann rollt es schwungvoll von einer Seite auf die andere, um sich schließlich wieder mit den Vorderbeinen voran zu erheben.
Wälzplätze gehören zu einer artgerechten Pferdehaltung. Wälzen zu unterbinden, weil dadurch ein erhöhter Pflegeaufwand entsteht, ist keine pferdefreundliche Verhaltensweise.

Warendorf
Das Landgestüt Warendorf wurde 1826 gegründet, und zwar auf ausdrücklichen Wunsch der Züchter Westfalens und der Rheinprovinz. Es gilt als erstes preußisches Landgestüt im Westen. Heute untersteht das Gestüt dem Ministerium für Umwelt, Naturschutz, Landwirtschaft und Verbraucherschutz des Landes Nordrhein-Westfalen. Seine Aufgabe ist die Bereitstellung qualitätsvoller Deckhengste, die dem Zuchtfortschritt dienen. In den denkmalgeschützten Stallungen stehen Warmblüter, Vollblüter und Kaltbluthengste.

Warmblut
Ein leichtes bis mittelschweres Pferd mit gemäßigtem Temperament.

Hannoveraner sind Warmblüter. Ihr gemäßigtes Temperament prädestiniert sie auch für die Freizeitreiterei.

Sportlich

Warmblüter sind für ihr gemäßigtes Temperament bekannt und deshalb für viele Sportreiter auch die erste Wahl.
Warmblüter aus deutscher Zucht gehen erfolgreich in Dressur, Springen und Vielseitigkeit.

Weben

Verhaltensstörung, bei der das Pferd mit Kopf und Hals ständig von einer Seite zur anderen schaukelt. Dabei kommt es zu einer wechselseitigen Belastung der beiden Vorderbeine. Weben ist meistens die Folge einer nicht artgerechten Haltung. Langeweile, mangelnder Kontakt zu Artgenossen und zu wenig Bewegung spielen hierbei eine zentrale Rolle.
Weben ist nicht nur ein Anzeichen dafür, dass sich das Pferd psychisch unwohl fühlt, es schädigt auch die Beine.

Weidegang

Das Grasen auf sicher umzäunten Wiesen ist ein fester Bestandteil der artgerechten Pferdehaltung. Die Weidesaison geht von Mai bis Oktober, wobei es regionale und witterungsbedingte Unterschiede gibt. Ist genügend Fläche vorhanden, können Pferde auch ganzjährig auf die Weide. Pferde, die sich ausschließlich von Gras ernähren, benötigen einen halben bis einen Hektar Fläche. Ist weniger Fläche vorhanden, muss > *Raufutter* zugefüttert werden.
Die Gewöhnung an den Weidegang nach der Winterpause sollte langsam und schrittweise erfolgen. In den ersten Tagen reichen zehn bis 15 Minuten. Dann steigert man die Weidezeit täglich etwas, bis nach circa drei Wochen die angestrebte Sommerweidezeit erreicht ist. Zu schnelles Anweiden kann zu gesundheitlichen Problemen wie > *Hufrehe* führen.

Welsh Pony

Welsh Ponys werden in vier Sektionen unterteilt: Sektion A „Welsh Mountain Pony", Sektion B „Welsh Pony, Riding oder Show Typ", Sektion C „Welsh Pony, Cob Typ" und Sektion D „Welsh Cob". Im Gestütbuch werden außerdem Welsh-Partbreds geführt, in deren Adern mindestens 25 Prozent walisisches Blut fließen muss.
Das naturbelassene britische Fürstentum Wales ist die Heimat der widerstandsfähigen und ausgesprochen leichtfuttrigen Welsh Ponys. Seit 1901 werden sie von der „Welsh Pony und Cob Society" betreut, die sich in Aberystwyth in Nord-Wales befindet. Ein halbwildes Dasein, harte Lebensbedingungen und kaum menschlicher Kontakt waren

Täglicher Weidegang tut Pferden gut. Die normale Weidesaison geht von Mai bis Oktober. Wer viel Fläche hat, kann auch Winterweiden betreiben.

W

Dieser Welsh Cob-Rappe zeigt, dass zu Beginn der Zucht auch iberische Pferde Einfluss auf die Rasse nahmen.

die Voraussetzungen der Welsh Pony-Zucht. Die Züchter schickten allenfalls von Zeit zu Zeit ausgewählte Hengste in die Herden, um das Zuchtpotenzial zu verbessern; allerdings kam die Auslese minderwertiger Hengste gleichzeitig zu kurz.

Aufgrund ihrer körperlichen und charakterlichen Eigenschaften erfreuen sich Welsh Ponys nicht nur in Großbritannien größter Beliebtheit. Alle vier Sektionen sind in Europa und auf den meisten anderen Kontinenten verbreitet und sowohl als Kinderreitponys als auch als Spring-, Dressur-, Fahr- und Freizeitpferde bekannt.

Heute präsentiert sich die Welsh-Zucht als Fundus für Reiter, die kernige Ponys mit vielseitigen Qualitäten schätzen. Klein, mittel, groß – bei den walisischen Flitzern ist für jeden etwas dabei.

West Nile Virus

Kurz vor der Jahrtausendwende sorgte das West Nile Virus (WNV) in den USA zum ersten Mal für Schlagzeilen. Seitdem hat es sich rasant verbreitet. Pferde sind besonders anfällig für diese Erkrankung, die mit einer lebensgefährlichen Schwellung des Gehirns einhergeht.

Zwischen 1999 und 2005 sind fast 25.000 Pferde in den USA an WNV erkrankt und fast 10.000 daran gestorben. Hätte das Virus mit gleichbleibender Kraft weiter gewütet, wäre die Anzahl der betroffenen Pferde weiter gestiegen, doch das konnten verschiedene Impfstoffe verhindern. Einen hundertprozentigen Schutz bieten sie jedoch bislang nicht.

Das Virus überträgt sich durch Mückenspeichel. Wenn Mücken ein Pferd stechen, gelangt das Virus in den Blutkreislauf des Pferdes. Doch wie infizieren sich die Mücken mit dem Virus? Indem sie das Blut infizierter Vögel oder anderer Tiere aufnehmen.

Bislang gibt es keine nachweislichen Übertragungen des WNV von Mensch auf Mensch oder Tier auf Mensch. Dennoch sollten beim

Wiehern kann viele Bedeutungen haben. Hier wiehert ein im Stall zurückgebliebenes Pferd nach seinen Artgenossen.

Umgang mit einem an WNV erkrankten Pferd Sicherheitsvorkehrungen getroffen werden, wie sie auch bei anderen viralen Erkrankungen üblich sind.
Auch eine Übertragung von Pferd zu Pferd ist bislang nicht nachweislich aufgetreten. Dennoch raten Veterinäre dazu, an WNV erkrankte Pferde vor Insekten zu schützen, um eine Übertragung unwahrscheinlicher zu machen.

W

Widerrist

Eine Wölbung zwischen Halsansatz und Rücken. Der Widerrist ist der obere Messpunkt bei der Größenermittlung durch das Stockmaß. Ein ausgeprägter Widerrist ist wichtig für eine gute > *Sattellage.*

Wiehern

Pferdetypische Lautäußerung. Gewiehert wird aus vielen Gründen, zum Beispiel um Artgenossen oder Bezugspersonen zu begrüßen, wenn ein Pferd den Sichtkontakt zu seinen Artgenossen verliert oder wenn eine Mutterstute ihr Fohlen ruft.
Die Stimmlage des Wieherns variiert mit seiner Bedeutung. Lautes, schrilles Wiehern ist oft Imponierverhalten, wogegen leises, tiefes Wiehern meistens als Begrüßung gemeint ist. Darüber hinaus gibt es viele weitere Varianten für jede Lebenslage.

Wildpferde

Nicht domestizierte Pferde, die ohne menschliches Zutun überleben.
Oft leben als Wildpferde bezeichnete Herden nur halbwild, z. B. die Dülmener Wildpferde im Meerfelder Bruch. Mustangs, die Wildpferde der USA, sind verwilderte Hauspferde, um die sich niemand kümmert, wie auch die Brumbies in Australien.

Winterfell
Dichtes, wärmendes Haarkleid, das das Pferd vor Kälte, Wind und Feuchtigkeit schützt. Abhängig von Witterung und Haltungsform beginnt das Winterfell Ende September zu wachsen und hüllt das Pferd spätestens im November in einen molligen Pelz. Im Frühjahr muss die Haarpracht wieder runter und das Pferd verliert bei einem bisweilen spektakulär verlaufenden > *Fellwechsel* büschelweise Haare. Bei robust gehaltenen Pferden und Ponys ist das Winterfell besonders üppig ausgeprägt.

Woilach
Eine veraltete Alternative zur Satteldecke, die aus einer neunfach gefalteten Decke besteht. Aufgrund der Umständlichkeit des Faltens benutzt fast niemand mehr einen Woilach.

Wunden
Verletzungen. Leichte Wunden sind oberflächlich, schwere können bis tief ins Fleisch hineingehen und auch innere Organe, Knochen und Sehnen betreffen.
Auch kleine Wunden sollten gründlich desinfiziert und beobachtet werden, weil sie durchaus schwerere Folgen wie einen > *Einschuss* haben können.
Bei größeren Wunden holt man den Tierarzt und benutzt bei der Erstversorgung nur farbloses Desinfektionsspray, damit der Tierarzt die Wunde gut sehen kann. Farbige Desinfektionsmittel wie z.B. Blauspray verfälschen den Eindruck.

Wundstarrkrampf > *Tetanus*

Würmer
Parasiten, die sich im Organismus des Pferdes aufhalten.
Es gibt immer eine gewisse Anzahl von Würmern im Pferd, doch sollte die Population nicht überhandnehmen. Sind zu viele Würmer aktiv, leidet das Pferd. Es kommt zu Abmagerung, struppigem Fell, Konditionsschwäche und erhöhter Krankheitsanfälligkeit. Auch Koliken, Durchfälle und Husten können Anzeichen für einen starken Wurmbefall sein.
Meistens sind gefährliche Rundwürmer an diesem desolaten Zustand schuld. Einige Übeltäter lassen sich eindeutig identifizieren, wenn man eine Kotprobe des Pferdes vom Tierarzt untersuchen lässt. Die einzelnen Larvenstadien der großen Palisadenwürmer, der Spul- und Zwergfadenwürmer sind bei dieser Analyse allerdings nicht detailliert festzustellen. Dabei bergen sie das größte Risiko. Genau aus diesem Grund ist es nicht ratsam, das Pferd nur dann entwurmen zu lassen, wenn ein positives Untersuchungsergebnis vorliegt. Viel sicherer ist es, auch ohne Kotuntersuchung regelmäßig zu entwurmen.

Ponys und Pferde des nordischen Typs hüllen sich während des Winters in einen kuschelig warmen Winterpelz.

Wurmkur
Chemische Bekämpfung von Würmern.
Über den Entwurmungsrhythmus gibt es sehr unterschiedliche Ansichten. Manche Tierärzte empfehlen, Pferde während der Weidesaison grundsätzlich alle vier Wochen zu entwurmen. Andere sprechen von einem sechs- bis achtwöchigen Rhythmus. Hierbei spielen die Größe des Pferdebestands, züchterische Aktivitäten und die Anzahl der Neuzugänge eine Rolle. Die häufige Entwurmung während der Weidezeit hat folgenden Hintergrund: Sie reduziert die Ausscheidung von Wurmeiern und hält somit die Durchseuchung der Weiden gering.
Um effektiver zu sein, sollten prinzipiell alle Pferde gleichzeitig entwurmt werden. Geschieht dies nicht, infizieren sich die frisch entwurmten Tiere über den Kontakt zu nicht entwurmten Pferden neu. Die Wirkung der Wurmkur wird dadurch zunichtegemacht. Kommt ein neues Pferd in die Herde, sollte es vorher entwurmt worden sein und 48 Stunden lang nicht mit der neuen Herde auf den Auslauf oder die Weide dürfen. Seine Box muss nach der Wurmkur komplett ausgeräumt werden. Ansonsten könnte es sich an seinem eigenen Kot erneut infizieren.

Kothaufen muss man regelmäßig entfernen. Das ist aktive Wurm-Prophylaxe.

Wurmkuren werden als Paste, Pellets oder Granulat angeboten. Pasten sind mithilfe eines spritzenähnlichen Dosierers direkt in das Maul des Pferdes zu spritzen. Dabei sollte es keine Futterreste im Maul haben, weil sich diese mit der Paste vollsaugen und anschließend herausfallen könnten. Ein Dosierer ist die beste Garantie dafür, dass das Pferd auch tatsächlich die erforderliche Menge an Wurmpaste aufnimmt. Tipp: Lässt sich das Pferd partout nicht entwurmen, kann man die Wurmpaste auch in lauwarmes > *Mash* einrühren. Der angenehme Eigengeruch des Mashs überdeckt den Geruch der Wurmpaste und verführt die meisten Pferde dazu, alles aufzuschlecken. Zwar besteht auch hierbei die Gefahr, dass nicht die volle Menge des Wirkstoffs aufgenommen wird, aber das ist immer noch besser, als ganz auf eine Entwurmung zu verzichten.
In Reitbetrieben und Ställen, in denen nicht gezüchtet wird, sollten Pferde mindestens viermal pro Jahr entwurmt werden. Einmal im Winter, mit einer Wiederholungsbehandlung nach sechs Wochen, und einmal im Sommer mit einer erneuten Wiederholungsbehandlung nach sechs Wochen. Bei jungen Pferden muss dabei die Behandlung gegen Spulwürmer, bei älteren die gegen Palisaden- und Madenwürmer berücksichtigt werden. Drei bis fünf Tage vor Ende der Weidesaison empfiehlt sich eine erneute Entwurmung, um die Verschleppung der Würmer auf die Winterausläufe zu reduzieren.
In Zuchtbetrieben ist ein kürzerer Entwurmungsrhythmus sinnvoll. Während der Weidesaison sollten unbedingt alle vier Wochen Wurmkuren erfolgen.
Wurmkuren sind sicherlich eine effektive Maßnahme gegen Parasiten, die Weidehygiene ist allerdings ein wichtiger weiterer Aspekt. Wurmeier und -larven werden von Pferden mit dem Kot ausgeschieden. Deshalb findet man auf ungepflegten Weiden rund um die Pferdeäpfel eine hohe Verseuchung mit Wurmlarven. Hier können sich Pferde

W

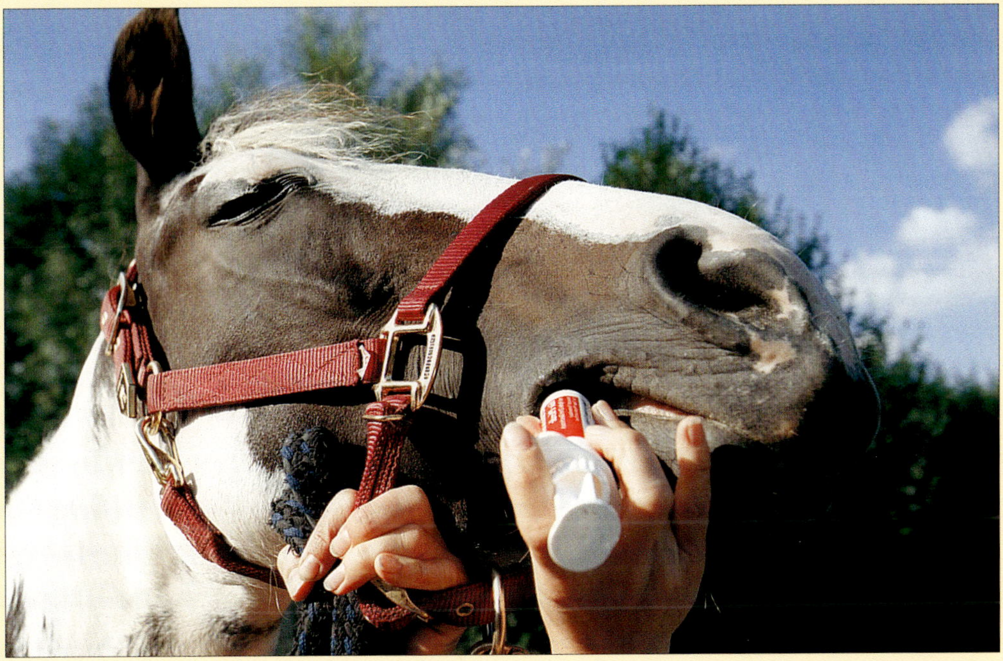

Regelmäßige Entwurmungen erhalten das Pferd gesund. Würmer können sogar lebensbedrohlich werden.

infizieren und innerhalb kurzer Zeit erneut stark verwurmen. Deshalb sollten Pferdeweiden regelmäßig abgesammelt werden. Das ist ein wichtiger Beitrag zur Gesunderhaltung der Tiere.
Wurmlarven überleben selbst harte Wintermonate auf der Weide. Deshalb ist die diesjährige Wurmbekämpfung schon aktive Gesundheitsvorsorge für das nächste Jahr.

Württemberger

Genau wie der Rheinländer steht auch der Württemberger im Typ des Deutschen Reitpferdes. Mit einem durchschnittlichen Stockmaß von 1,63 Meter gehören die vielseitig veranlagten Württemberger zu den kleineren deutschen Warmblütern. Sie werden überwiegend im Haupt- und Landgestüt Marbach gezüchtet. Mit dem schweren Alt-Württemberger, der noch vor 50 Jahren gezüchtet wurde, hat der moderne Württemberger nicht mehr viel zu tun. Er überzeugt nun vielmehr im sportlichen Format.

x
Kennzeichnung für Anglo-Araber.

xx
Kennzeichnung für Englisches Vollblut.

Englische Vollblutpferde haben ausgesprochen edle Köpfe.

Youngster
Ein junges, unerfahrenes Pferd.

Yorkshire Coach Horse > *Cleveland Bay*

Er muss noch viel lernen!

X
Y

Zähne

Erwachsene Pferde haben sechs Schneidezähne im Oberkiefer und sechs Schneidezähne im Unterkiefer. Hinzu kommen jeweils zwölf Mahl- und Backenzähne.

Hengste, Wallache und > *Hakenstuten* haben außerdem jeweils zwei > *Hakenzähne* in Unter- und Oberkiefer.

Zwischen den Schneide- und den Backenzähnen gibt es einen zahnlosen Raum, den man als > *Laden* bezeichnet. Wachsen direkt vor den Backenzähnen weitere kleine Zähne, sind das Wolfszähne – das Erbe ferner Pferdevorfahren. Sie haben keinerlei Nutzen und müssen entfernt werden, wenn sie Probleme bereiten.

Mit einem Jahr ist das Milchzahngebiss des Jährlings meist vollständig. Der Zahnwechsel zum Erwachsenengebiss erfolgt zwischen dem zweiten und dem vierten Lebensjahr.

Eine möglichst artgerechte Ernährung mit hohem Raufutteranteil ist eine natürliche > *Zahnpflege*, zu der auch regelmäßige Gebisskontrollen und bei Bedarf Behandlungen durch den Pferdezahnarzt gehören.

Anhand der Zähne des Pferdes lässt sich sein Alter bestimmen – zumindest ungefähr (> *Altersbestimmung*).

Auch Pferde müssen manchmal zum Zahnarzt, um Probleme rechtzeitig zu entdecken.

Mindestens einmal pro Jahr sollten die Zähne des Pferdes gründlich untersucht werden, denn rund 80 Prozent aller Pferde leiden irgendwann unter Zahnproblemen.
Jungpferde kommen meist ab dem zweiten Lebensjahr in den Zahnwechsel. Die Milchzähne haben sich so weit abgenutzt, dass sie von den nachschiebenden Zähnen ersetzt werden. Die Reste der Milchzähne nennt man Kappen, die normalerweise von selbst abfallen. Verkeilen sie sich, muss man sie entfernen.
Aber auch Pferde mittleren Alters können Zahnprobleme haben, da Pferdezähne ständig nachwachsen. Vor allem Pferde, die in reiner Boxenhaltung gehalten werden, können ihre Zähne nicht genügend abschleifen. Aber auch bei artgerechter Haltung kann der Abrieb der Zähne unzureichend sein. Das führt möglicherweise zu Zahnspitzen. Diese verletzen die Mundschleimhaut, schmerzhafte Schwellungen sind die Folge.
Zahnstein tritt meistens bei älteren Pferden auf. Er ist grau bis zementfarben und kann zu Karies führen. Deshalb sollte man ihn bei Bedarf entfernen lassen.
Frakturen der Schneide- und Backenzähne sind keine Seltenheit. Diese können durch Tritte, aber auch beim Beißen auf hartes Material (wie zum Beispiel Steinchen) entstehen. Manchmal wird dann daraus ein Wellen- oder Stufengebiss. Das muss behandelt werden. Während horizontal gebrochene Zähne durch Abschleifen oder Sägen des Zahns und seines Gegenspielers im Ober- oder Unterkiefer eher leichter zu behandeln sind, sind Längsbrüche oft nur durch Extraktion zu kurieren. Im Bereich der hinteren Backenzähne ist dies meistens nur stationär möglich. Auch Vereiterungen und Entzündungen sind oft eine Folge von Frakturen.
Frisst das Pferd nicht oder nur schlecht? Kaut es ewig an seinem Leckerchen und verliert dabei die Hälfte? Das könnte an Zahnspitzen liegen. Auch die sogenannte Würstchendreherei bei der Heuaufnahme kann ein Anzeichen für Kanten und Spitzen sein. Kanten befinden sich in der Regel am Oberkiefer außen und am Unterkiefer innen. Diese Spitzen führen zu Verletzungen der Mundschleimhaut und der Zunge, die sehr schmerzhaft sein können. Dem Problem kann leicht durch regelmäßige Kontrollen (einmal jährlich) und Abraspeln abgeholfen werden.
Kopfhochreißen und gegen das Gebiss gehen können Anzeichen für Wolfszähne sein. Diese nadelspitzen Zähne sind ein Rudiment wie beim Menschen der Blinddarm und sitzen in der Regel genau in der Gebisslage.
Woran erkennt man einen guten Pferdezahnarzt? An Ausbildung und Praxiserfahrung. Während des Studiums lernt zwar jeder Großtierarzt etwas über Pferdegebisse, aber darauf spezialisiert ist er deshalb nicht. Fortbildung ist angesagt, wie sie beispielsweise von Fachtierärzten angeboten wird. Der Begriff Pferdedentist ist nicht geschützt und macht keine Aussage über Ausbildung und Wissensstand. Pferdedentisten dürfen in Deutschland im Gegensatz zu Tierärzten keine Betäubungsmittel einsetzen. Tun sie es doch, handeln sie illegal.

Tipp: Den Tierarzt fragen, wenn es um Zahnprobleme geht, oder einen Spezialisten mit fachgerechter Ausbildung suchen.

Zehenwand > *Huf*

Züchter
Person, die gezielt Pferde anpaart, um Nachzucht zu produzieren. Meistens haben sich Züchter der Zucht einer oder mehrerer bestimmter Rassen verschrieben. Das unterscheidet sie von Vermehrern.

Zuchtpferd
Ein Pferd, das die wichtigsten Kriterien seiner Rasse vereint und diese an seine Nachzucht vererbt. Bei guten Zuchtpferden ist die Qualität der Nachzucht oft noch herausragender als bei ihnen selbst. Um dieses Ziel zu erreichen, werden insbesondere Zuchthengste sehr kritisch ausgewählt. Vor der Deckerlaubnis müssen sie erfolgreich eine > *Körung* absolvieren. Das Leistungsvermögen wird bei der Hengstleistungsprüfung unter Beweis gestellt.
Hengste können Hunderte von Nachkommen zeugen, Stuten durchschnittlich höchstens 15 Fohlen. Deshalb ist ihr Einfluss auf die Zucht im Verhältnis geringer als die der > *Beschäler*.

Zuchtrichter
Vertreter eines Zuchtverbands, der die Qualifikation besitzt, Pferde nach den festgelegten Zuchtkriterien zu beurteilen.

Zuckfuß > *Hahnentritt*

An Zuchtstuten werden höchste Ansprüche gestellt. Sie sollten dem Rassestandard möglichst nahekommen.

Showreif

Zuchtschauen, auf denen Vollblutaraber vorgestellt werden, sind immer ganz besonders aufwendig. Hierfür typisch sind:

- *ausrasierte Halsnacken;*
- *geölte Nüstern- und Augenpartie;*
- *Aufstellung mit extrem gestreckter Halspartie.*

Auf einer Zuchtschau präsentieren Züchter die aktuelle Nachzucht. Für die besten Pferde gibt es Pokale und Titel.

Zuchtschau

Eine Veranstaltung, bei der sich Zuchtpferde und ihre Nachzucht präsentieren.

Zuchtschauen werden in unterschiedliche Klassen unterteilt, die sich nach dem Alter und Geschlecht der Pferde richten. Die Zuchtrichter bewerten Qualität und rassetypische Ausstrahlung der Pferde. Die besten Pferde werden prämiert.

Zwanghuf

Ein Huf mit stark eingezogenen > *Trachten*. Als Folge hiervon verliert der > *Strahl* die Bodenhaftung, was zu einer Fehlbelastung führt.

Zweibrücken

Es ist das kleinste staatliche Gestüt Deutschlands und war einst eines der größten: das Landgestüt Zweibrücken in Rheinland-Pfalz. Christian IV. gründete es in den fünfziger Jahren des 18. Jahrhunderts. 1783 war ein äußerst erfolgreiches Jahr für das Gestüt: Der preußische König kaufte 150 Zweibrücker-Pferde für das Gestüt Trakehnen. 1793 führte die Besetzung durch französische Truppen zu einer Umsiedelung aller Gestütspferde nach Frankreich. Doch Kaiser Napoléon Bonaparte ließ 1806 das Hauptgestüt Zweibrücken erneut aufleben. Er veranlasste den Zukauf qualitätsvoller deutscher, spanischer und ungarischer Pferde. Der Bestand wuchs auf rund 260 Hengste und 100 Stuten an.

Nach vielen Umstrukturierungen prägen heute Hannoveraner, Holsteiner und Westfalen die Zucht. Es gibt aber auch einige Trakehner und Vollblüter.

Service

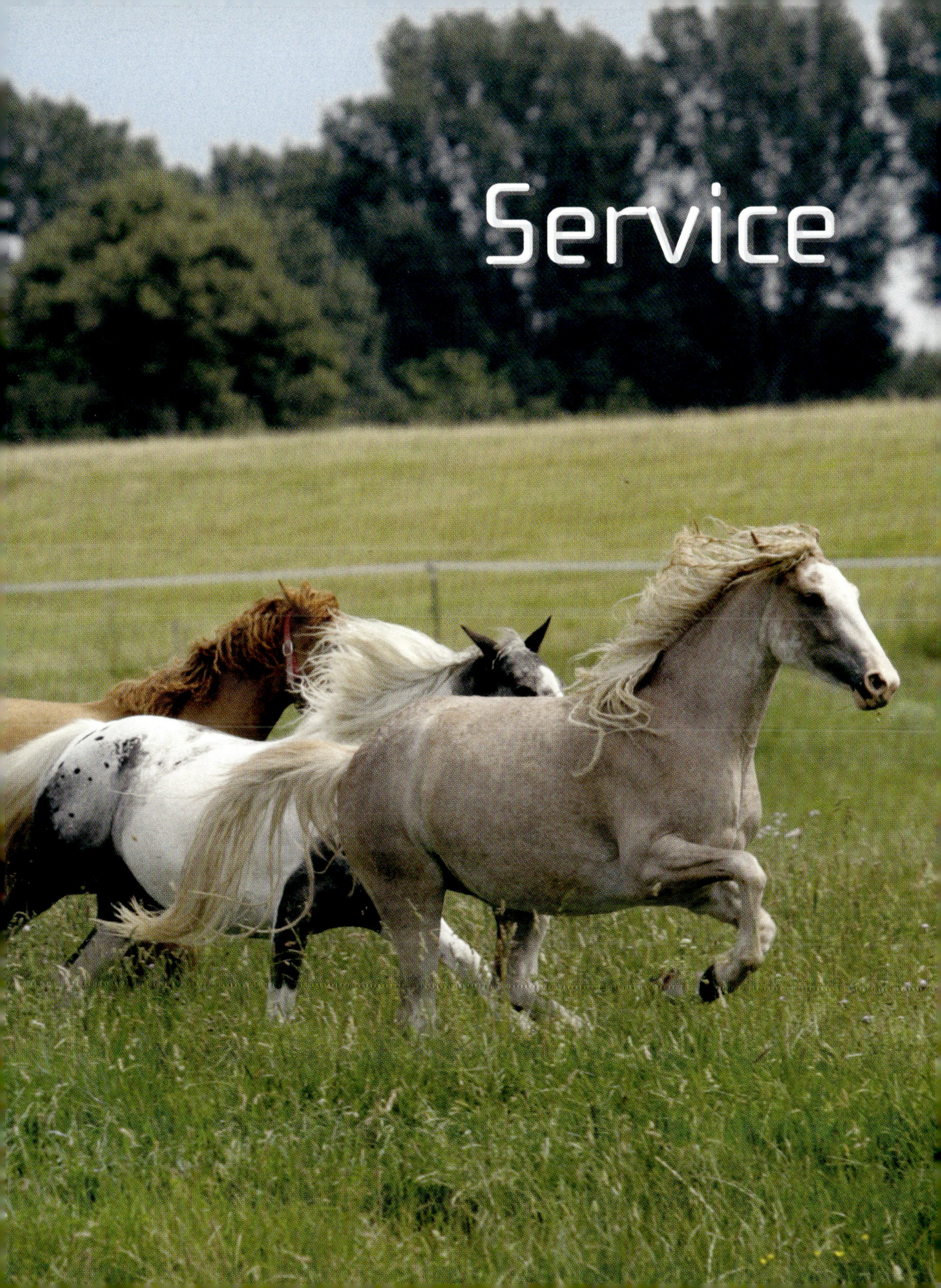

Nützliche Adressen

Deutsche Reiterliche Vereinigung
Bundesverband für Pferdesport und Pferdezucht
Fédération Equestre Nationale (FN)
Freiherr von Langen-Straße 13
D – 48231 Warendorf
Tel.: ++49(0)2581/6362-0
E-Mail: fn@fn-dokr.de
www.pferd-aktuell.de

Deutsches Olympiade-Komitee für Reiterei (DOKR)
Postfach 110253
D – 48231 Warendorf
Tel.: ++49(0)2581/ 6362-0
Fax: ++49(0)2581/ 62175
www.fn-dokr.de

Bundesfachverband für Reiten und Fahren in Österreich (BFV)
Geiselbergstraße 26-32/Top 512
A – 1110 Wien
Tel.: ++43(0)1-7499261-50
Fax: ++43(0)1-7499261-650
E-Mail: office@fena.at
www.fena.at
Auf der Homepage finden Sie auch die aktuellen Adressen der Landesfachverbände.

Schweizerischer Verband für Pferdesport (SVPS)
Papiermühlestraße 40H
Postfach 726
CH – 3000 Bern 22
Tel.: ++41(0)31-3354343
Fax: ++41(0)31-3354358
E-Mail: info@fnch.ch
www.fnch.ch

Deutsche Richtervereinigung für Pferdeleistungsprüfungen
www.drv-online.de

Pferdesportverband Baden-Württemberg
www.pferdesport-bw.de

Bayerischer Reit- und Fahrverband
www.brfv.de

Landesverband Pferdesport Berlin-Brandenburg
www.lpbb.de

Bremer Reiterverband
www.bremer-reiterverband.de

Landesverband der Reit- und Fahrvereine Hamburg
www.pferdesport-hamburg.de

Hessischer Reit- und Fahrverband
www.hrvb.de

Landesverband Mecklenburg-Vorpommern für Reiten, Fahren und Voltigieren
www.mecklenburger-pferde.de

Pferdesportverband Hannover
www.psvhan.de

Reiterverband Hannover-Bremen
www.paragon.de

Pferdesportverband Weser-Ems
www.psvwe.de

Verband der Reit- und Fahrvereine Nordrhein-Westfalen
www.pferdesport-rheinland.de

Pferdesportverband Rheinland
www.Pferdesport-Rheinland.de

Provinzialverband westfälischer Reit- und Fahrvereine
www.pv-muenster.de

Pferdesportverband Rheinland-Pfalz
www.psvrp.de

Pferdesportverband Saar
www.pferdesportverband-saar.de

Landesverband Pferdesport Sachsen
www.Sachsens-pferde.de

Landesverband der Reit- und Fahrvereine Sachsen-Anhalt
www.pferde-sachsen-anhalt.de

Landesverband der Reit- und Fahrvereine Schleswig-Holstein

Thüringer Reit- und Fahrverband
www.lvth.pferd-aktuell.de

Deutscher Islandpferde Reiter und Züchterverband e. V. (IPZV)
Bundesgeschäftsstelle
Postfach 1220
D – 31159 Bad Salzdetfurth
Tel.: ++49(0)5063-271566
Fax: ++49(0)5063-271567
www.ipzv.de

Österreichischer Islandpferde Verband (OEIV)
Taborstraße 39
A – 1020 Wien
Tel.: ++43(0)699-12611512
www.oeiv-islandpferde.at

Islandpferde Vereinigung Schweiz (IPV CH)
Geschäftsstelle
Nussberg
CH - 8418 Schlatt b. Winterthur
www.ipvch.ch

Internationale Gangpferdevereinigung (IGV)
www.igv-online.de

Deutsche Quarter Horse Association (DQHA)
Geschäftsstelle
Daimlerstr. 22
D – 63741 Aschaffenburg
Tel.: ++49(0)6021-58459-0
E-Mail: info(at)dqha.de
www.dqha.de

Vereinigung der Freizeitreiter und -fahrer in Deutschland (VFD)
Auf der Hohengrub 5
D – 56355 Hunzel
Tel.: ++49(0)6772-9630980
Fax: ++49(0)6772-9630985
E-Mail: bundesgeschaeftsstelle@vfdnet.de
www.vfdnet.de

FS Test Zentrum Reken
Frankenstr. 37
D – 48734 Reken
Tel.: +49(0)2864-2434
Fax +49(0)2864-5860
E-mail: fs.reitzentrum@t-online.de
www.fs-reitzentrum.de

TTEAM Deutschland
Bibi Degn
Hassel 4

D – 57589 Pracht
Tel.: ++49(0)2682-8886
Fax ++49(0)2682-6683
E-Mail: gilde@tteam.de
www.tteam.de

TTeam Österreich
Martin Lasser
TTEAM Office Austria
Spitalgasse 7
A – 2540 Vöslau / Gainfarn
Tel.: ++43(0)664-12 50 252
E-Mail:office@tteam.at
www.tteam.at

TTeam Schweiz
TTeam- Gilde für die Schweiz
Christine Wittwer
Kornberg
CH – 3504 Oberhünigen
Tel.: ++41(0)-031-791-17-22
E-Mail: Gilde@tteam.ch
www.tteam.ch

Xenophon
Gesellschaft für Erhalt und Förderung der klassischen Reitkultur e.V.
Buschortstraße 17
D – 33775 Versmold
Tel.: ++49(0)54 23-4 93 71
E-Mail: info@xenophon-classical-riding.org
www.xenophon-classical-riding.org

Bundesverband für klassisch-barocke Reiterei e. V.
Blumenweg 12
D – 30900 Wedemark
Tel.: ++49(0)5130-8282

Zum Weiterlesen

Alles über Pferde

Amler, Ulrike: **Alles über Pferde und Reiten.** KOSMOS 2008
Das ultimative Buch für Pferdefreunde! Vom richtigen Umgang mit dem Pferd über die korrekte Ausrüstung für die Reitstunden bis hin zum Erfolg im Sattel: So macht das neue Hobby „Reiten" Freude von Anfang an!

Bender, Ingolf (Hrsg.): **Kosmos-Handbuch Pferd.** KOSMOS 2006
Ein Nachschlagewerk für Amateure und Profis aus Expertenhand – umfassend, aktuell und wissenschaftlich fundiert, dazu aber praktisch und klar verständlich wird dem Leser modernes Wissen rund um Pferde und den Reitsport vermittelt.

Hölzel, Petra: **Basis-Pass Pferdekunde;** Das Prüfungswissen der FN in Frage und Antwort. KOSMOS 2006
An diesem Buch kommt niemand vorbei: Der Basispass ist Voraussetzung für jeden Reiter und Pferdesportler, der sein erstes offizielles Abzeichen ablegen möchte!

Pferderassen

Behling, Silke: **Pferderassen.** KOSMOS 2005
Ein kompaktes Nachschlagewerk mit informativen Texten und vielen Farbfotos.

Haller, Martin: **Der neue Kosmos-Pferdeführer.** KOSMOS 2003, 2009
Der Pferderassen-Klassiker in aktualisierter Form! Erfahren Sie Wissenswertes rund um Herkunft, Charakter und Körperbau von über 250 Pferderassen aus aller Welt. Ein umfassender Überblick mit Bildern zu jeder Rasse.

Metz, Gabriele: **Alles über Pferderassen.** KOSMOS 2007
Traumpferd gesucht? Dieses Buch nimmt sie mit auf eine faszinierende Reise durch die Welt der Pferde. Bekannte und exotische Rassen, wunderschön fotografiert und unterhaltsam vorgestellt. Ein Rasseführer, der einfach anders ist.

Pferde verstehen

Binder, Sybille Luise: **Was denkt mein Pferd?** KOSMOS 2006
Pferde senden viele Körpersignale aus, und wer sie richtig deutet, ist auf dem besten Weg

zu einer verständnisvollen Partnerschaft! Zahlreiche Bilder helfen, typisches Pferdeverhalten richtig zu erkennen und zu verstehen.

Gohl, Christiane: **Pferde kennen und verstehen.** KOSMOS 2005
Das ideale Buch für Einsteiger beantwortet alle Basisfragen rund ums Pferd. Mit vielen praktischen Extra-Tipps.

Schöning, Barbara Dr.: **Pferdeverhalten.** KOSMOS 2008
Der artgerechte Umgang mit Pferden setzt die Kenntnis ihrer Kommunikation und ihrer Verhaltensweisen voraus. Das gesamte Basis- und Hintergrundwissen zum Pferdeverhalten kombiniert mit den neuesten Forschungserkenntnissen macht den Leser zu einem Pferdekenner.

Tellington-Jones, Linda und Taylor, Sybil: **Die Persönlichkeit Ihres Pferdes.** KOSMOS 2008
Mensch und Pferd sind beide Individuen mit eigener Persönlichkeit – daher passt nicht jedes Pferd auch zu jedem Reiter. Linda Tellington-Jones zeigt, wie man anhand von Körpermerkmalen Typ, Temperament und Charakter des eigenen Pferdes erkennt und bestärkt.

Thiel, Ulrike: **Die Psyche des Pferdes.** KOSMOS 2007
Wer weiß wirklich, wie Pferde fühlen und wie sie das Gerittenwerden erleben? Ein Blick in die Psyche des Pferdes vermittelt überraschende Einsichten und beantwortet viele Fragen: Warum lassen sich Pferde nicht belügen? Warum sieht das Pferd den Reiter nicht immer als Partner, sondern auch als Raubtier? Warum ist Balance für Pferde lebensnotwendig? Lernen Sie, die Welt mit den Augen des Pferdes zu sehen!

Umgang und Pflege

Behling, Silke: **Wie erziehe ich mein Pferd.** KOSMOS 2007
Dieser Ratgeber zeigt einfach und übersichtlich den richtigen Umgang mit dem Pferd, der für die Harmonie zwischen Mensch und Tier wahre Wunder wirkt!

Metz, Gabriele: **So pflege ich mein Pferd.** KOSMOS 2008
Gepflegte Pferde sind gesund und fühlen sich rundum wohl in ihrer Haut. Und wer darüber hinaus Wert auf einen glänzenden Auftritt legt, findet hier die besten Styling-Tipps!

Schöning, Barbara Dr.: **Das Kosmos Erziehungsprogramm Pferde.** KOSMOS 2004
Das kleine Einmaleins des guten Benehmens für Pferde und wie Sie es auch mit Ihrem Pferd spielerisch und mit Freude erreichen.

Tellington-Jones, Linda: **TTouch und TTeam für Pferde**. KOSMOS 2003
Linda Tellington-Jones' berühmte TTouches für Pferde und die TTeam Bodenarbeit in detailgenauen Schritt-für-Schritt-Anleitungen. Für eine harmonische Mensch-Pferd-Beziehung.

Pferdehaltung

Bender, Ingolf: **Praxishandbuch Pferdehaltung.** KOSMOS 2004
Zur Eigenhaltung oder auch zur Beurteilung von Pferdehaltungen gibt dieser Ratgeber Amateuren und Profis fundierte Tipps.

Bender, Ingolf: **Praxishandbuch Pferdefütterung**. KOSMOS 2000, 2008
Grundlage für Wohlbefinden, Leistungsfähigkeit und Vitalität der Pferde ist eine gesunde Ernährung. Mit vielen Tipps vom Experten, zahlreichen Illustrationen, Tabellen und Checklisten.

Bender, Ingolf: **Praxishandbuch Pferdeweide.** KOSMOS 2003
Ein Ratgeber für Amateure und Profis zur landschaftsverträglichen Anlage und Nutzung einer Pferdeweide.

Pferdegesundheit

Bartz, Dr. Jürgen: **Kräuterapotheke für Pferde.** KOSMOS 1996, 2006
Heilkräuter stärken die Gesundheit, beleben das Immunsystem und stimulieren die Selbstheilungskräfte des Körpers bei Erkrankungen. Ob Husten, Stress, Ekzem oder Verdauungsstörung – für jedes Problem stellt Tierarzt Jürgen Bartz das richtige Heilkraut vor.

Bartz, Dr. Jürgen: **Bis der Tierarzt kommt**; Erste Hilfe für Pferde. KOSMOS 2008
Dieser Ratgeber gibt Antworten auf alle dringlichen Fragen. Über die Erste-Hilfe-Maßnahmen hinaus erfährt der Leser Wissenswertes zu den Krankheitsbildern.

Bender, Ingolf: **Praxishandbuch Pferdegesundheit.** KOSMOS 2008
Rundum zufriedene und leistungsstarke Pferde sind die Freude eines jeden Pferdebesitzers. Doch viele Pferde leiden heute unter Zivilisationskrankheiten. Dieses Buch hilft, sie zu erkennen, die Ursachen zu beseitigen und zur richtigen Therapie zu finden.

McEwen, John: **Das Kosmos Buch Pferdekrankheiten.** KOSMOS 2006
Dieser Ratgeber ist auf dem neuesten Stand der Pferdemedizin und gibt kompetente Antwort auf alle Fragen der Pferdegesundheit. Zahlreiche Infokästen ermöglichen einen schnellen Überblick zu Diagnose und Behandlungsmethoden.

Wittek, Cornelia: **Von Apfelessig bis Teebaumöl.** KOSMOS 1999, 2005
Auch bei Pferden lassen sich die sanften Helfer aus der Natur erfolgreich anwenden. Dieses Buch erklärt die Wirkung, Anwendung und Dosierung von rund 70 Haus- und Naturheilmitteln. Teerezepte, Gesundheitspläne für jede Jahreszeit und Tipps vom Hausarzt geben Ihnen zusätzlich nützliche Anregungen.

Wittek, Cornelia: **Stallmeisters Hausapotheke.** KOSMOS 2009
Magen-Darmprobleme, Husten, Hufrehe – es gibt kaum etwas, wofür die Hausapotheke kein Mittelchen parat hätte. Dieser Ratgeber ist ideal für alle, die das Wohlbefinden und

die Gesundheit ihres Pferdes auf natürliche Weise fördern und erhalten wollen.

Geschenktipps für Pferdefreunde

Binder, Sibylle L.: **Populäre Irrtümer über Pferde.** KOSMOS 2005
Kurioses, Wunderliches und Erstaunliches über Pferde, worüber selbst erfahrene Reiter und Pferdekenner staunen.

Binder, Sibylle L.: **Wer zäumt das Pferd von hinten auf?** KOSMOS 2008
Mit viel Witz und Sachkenntnis widmet sich die Autorin unterhaltsamen Anekdoten und Irrtümern aus der Welt der Pferde und des Reitsports. Auch für erfahrene Reiter und Pferdekenner hält dieses Buch noch so manche Überraschung bereit.

Brannaman, Buck: **Pferde, mein Leben.** KOSMOS 2009
Buck Brannaman, einer der gefragtesten Pferdeflüsterer der USA, erzählt seine bewegende Lebensgeschichte. Erfahren Sie, wie er durch die Hilfe der Pferde lernte, seine durch Gewalt und Angst geprägte Kindheit zu verarbeiten und eine neue Sicht auf das Leben zu gewinnen.

Gohl, Christiane: **Was der Stallmeister noch wusste.** KOSMOS 1998, 2008
Kurioses, Amüsantes und Nützliches rund um Pferde – aus einer Zeit, in der Reiten kein Hobby, sondern Alltag war.

Resnick, Carolyn: **Tochter der Mustangs.** KOSMOS 2007
Bewegende Erlebnisse einer Frau, die das Vertrauen einer Wildpferdeherde erlangt. Dieses Buch stillt die Sehnsucht nach tiefer Verbundenheit mit den Pferden und zeigt einen Weg, sich partnerschaftlich mit ihnen auszutauschen.

Puls, Susanne: **Von Ross und Reiter.** KOSMOS 2006
Ein satirisches Typenhandbuch, in dem die Pferdeszene leibt und lebt. Mit einem Augenzwinkern werden alle typischen Spleens vom schicken Warmblutreiter bis zum lässigen Westernreiter aufs Korn genommen.

Widdicombe, Sarah: **Kosmos Pferde-Sammelsurium.** KOSMOS 2008
Ob handfeste Fakten oder schier unglaubliche Kuriositäten: Dieses Buch ist ein wahres Schatzkästchen für Pferdefreunde. Ein Stöber-Kompendium, das man so schnell nicht wieder aus der Hand legt.

Bildnachweis

184 Farbfotos wurden von Gabriele Metz, Mülheim, für dieses Buch aufgenommen (www.gabriele-metz.de).

Mit 17 Illustrationen von Cornelia Koller, Schierhorn, sowie von Marianne Golte-Bechtle (9, S. 62 o.l., M., o.r., u.r., S. 63 alle), Sigrid Haag (1, S. 62 u.l.) und aus dem Archiv von Jasper Nissen (1, S. 44 o.).

Impressum

Umschlaggestaltung von eStudio Calamar unter Verwendung eines Farbfotos von Sabine Stuewer, www.stuewer-tierfoto.de (Umschlagvorderseite) und eines Farbfotos von Gabriele Metz (Umschlagrückseite).

Mit 184 Farbfotos und 28 Farbzeichnungen.

Unser gesamtes lieferbares Programm und viele weitere Informationen zu unseren Büchern, Spielen, Experimentierkästen, DVDs, Autoren und Aktivitäten finden Sie unter **www.kosmos.de**

Gedruckt auf chlorfrei gebleichtem Papier

2009, Franckh-Kosmos Verlags-GmbH & Co. KG, Stuttgart.
Alle Rechte vorbehalten
ISBN 978-3-440-11515-2
Redaktion: Birgit Bohnet
Gestaltungskonzept: eStudio Calamar
Produktion: Claudia Kupferer
Printed in Germany / Imprimé en Allemagne

Alle Angaben in diesem Buch erfolgen nach bestem Wissen und Gewissen. Sorgfalt bei der Umsetzung ist indes dennoch geboten. Der Verlag und die Autorin übernehmen keinerlei Haftung für Personen-, Sach oder Vermögensschäden, die aus der Anwendung der vorgestellten Materialien und Methoden entstehen könnten.

Pferde kennen und pflegen

Gabriele Metz
Alles über Pferderassen
144 Seiten, 198 Abbildungen
€/D 9,95; €/A 10,30; sFr 19,10
ISBN 978-3-440-10946-5

- Groß oder klein, kräftig oder zierlich, einfarbig oder bunt – Pferd ist nicht gleich Pferd.
- In diesem Buch werden die schönsten Pferderassen der Welt vorgestellt und alles über Herkunft, Ansehen und Fähigkeiten der einzelnen Pferdetypen beschrieben.

Gabriele Metz
So pflege ich mein Pferd
80 Seiten, 115 Abbildungen
€/D 9,95; €/A 10,30; sFr 19,10
ISBN 978-3-440-11298-4

- Die meisten Pferde genießen es, wenn sie richtig und liebevoll gebürstet werden. Für jeden Pferdetyp finden Sie hier die richtige Verwöhnpflege.
- Neben dem perfekten Styling für Auftritt, Show und Turnier werden Special Tipps für Schimmel, Rappen und eilige Pferdebesitzer gegeben.

www.kosmos.de/pferde

Preisänderung vorbehalten

Vom Pferdefreund zum Pferdekenner

Ulrike Amler
Alles über Pferde und Reiten
280 Seiten, ca. 500 Abbildungen
€/D 12,95; €/A 13,40; sFr 24,90
Preisänderung vorbehalten
ISBN 978-3-440-11300-4

- Pferde verkörpern Energie, Kraft, Schnelligkeit und Anmut. Ihre Größe und Schönheit begeistern uns. Doch welche Bedürfnisse haben sie, wie geht man richtig mit ihnen um und wie lernt man erfolgreich Reiten? Alles Wissenswerte für Pferdefreunde in einem Buch.

KOSMOS

www.kosmos.de/pferde